# MEMOIRES

## CONCERNANS

## LE COMTÉ-PAIRIE

## D'EU,

### ET

## SES USAGES PRETENDUS LOCAUX.

### AVEC

## LES ARRESTS DU PARLEMENT DE PARIS

### QUI LES ONT CONDAMNÉS.

*Par* M. LOUIS FROLAND *Ancien Avocat au Parlement de Paris.*

### A PARIS,

Chés la Veuve CHARPENTIER, Grand'Salle du Palais,
à la Couronne d'Or.

---

### M. D. CC. XXII.

*AVEC APPROBATION ET PRIVILEGE DU ROY.*

# A MESSIEURS
# LES AVOCATS
## DU PARLEMENT
## DE PARIS.

ESSIEURS MES TRES-HONORE'S CONFRERES,

*Dans l'arrangement que je me suis proposé de mes dettes,
trouvez bon, s'il vous plaît, qu'après m'être acquitté de ce
que je devois à Monsieur de Riparfont, je fasse la même chose
à vôtre égard. Je vous avouerai que dans l'ordre que j'ai fait
de mes créanciers j'ai toûjours regardé cet illustre Confrere, &*
*Vous comme ceux qui étoient les plus privilegiés, & qui me
tenoient le plus au cœur, tant par la qualité de vos dettes, que*

a iij

par les facilités que vous avez eues pour vôtre debiteur, & le
credit que vous avez bien voulu lui faire sans murmurer jufqu'à ce qu'il ait pû vous satisfaire. Aussi voyez vous que vous
n'avez pas obligé, comme on dit ordinairement, un ingrat, &
que je ne me suis pas trouvé si-tôt en état de me liberer que j'ai commencé par vos deux creances, & ce d'autant plus qu'elles étoient
de telle nature, que si je ne les avois pas acquittées de mon vivant, il y a bien de l'apparence que mes heritiers n'en auroient
pas dechargé ma succession. Il est vrai que prenant la liberté de
vous offrir en payement ces Memoires qui concernent le Comté-
Pairie d'Eu, & ses Usages pretendus locaux, c'est vous presenter une monnoie qui peut-être ne vous conviendra pas. Je demeure d'accord qu'il n'est plus permis à qui que ce soit de payer en
papier. Mais outre que dans le tems que j'ai composé ces Memoires, & que j'ai redigé l'ordre de mes creanciers, c'étoit la
monnoye courante, vous sçavez que d'une mauvaise paye il
faut toûjours prendre ce qu'on en peut tirer, & que la preference
que je vous donne sur tous ceux à qui je suis redevable me doit
tenir lieu de quelque chose. Enfin vous n'avez pas lieu de vous
plaindre. Un debiteur est quitte en abandonnant ses biens. Je n'ai
rien quant à present que cet ouvrage, je vous le cede & vous
en fais un sacrifice de très-bon cœur. Il faut bien vous resoudre à
l'accepter, & ce d'autant plus qu'il est à proprement parler le
vôtre, & que vous avez deja dessus un privilege qu'on ne
sçauroit vous contester, n'étant composé que de matieres que j'ai
empruntées de vous, & dont je reconnois de bonne foi que je
vous dois le prix. Si jamais je parviens à meilleure fortune, je vous
en ferai part. C'est tout ce que vous pouvez exiger de moi. Au
reste, Messieurs, creusons je vous supplie un peu plus la matiere,
& voyons quelle monnoye je pourrois vous offrir, & s'il en est
quelqu'une dont la nature pût égaler celle de vôtre creance. Ces
graces que je reçois depuis tant d'années, & avec tant de pro-

fusion & d'abondance de chacun de vous en particulier ; l'honneur que vous m'avez fait de m'admettre dans vôtre Ordre sans m'assujettir à une nouuelle reception d'avocat à ma sortie du Parlement de Rouen où j'en avois exercé la Profession pendant dix ans ; la bienveillance dont vous m'avez honoré depuis ; la part que vous m'avez donnée dans vôtre estime ; la bonté de vôtre cœur à souffrir continuellement de mes imperfections ; enfin tous ces bienfaits qui m'ont constitué vôtre debiteur à l'instant même que je suis entré dans la Compagnie, sont autant de choses dont rien ne peut égaler la valeur. Dans cette situation quel embarras, quel desagrement pour moi ! Il faut que je passe à l'avenir pour un mauvais payeur, ou pour un ingrat. Par rapport à la premiere qualité, je n'ai rien à dire ; pauvreté n'est pas vice, dit l'ancien proverbe ; mais quant à l'autre, je ne la merite point, & ne sçaurois la souffrir. Ceux qui n'ont pas assez de fortune pour s'acquitter solidement & avec effet des obligations reçues peuvent se mettre parfaitement bien à couvert du blâme qu'on impute aux ingrats. Il n'en est pas des obligations contractées moralement comme des autres dettes. Le plus pauvre homme du monde, dit l'Orateur Romain, peut s'acquitter des plus grandes de cette nature par une gratitude interieure, etiamsi gratiam referre non potest, habere certè potest. Et quoique des paroles soient fort peu de choses pour repondre à des effets, elles doivent pourtant ici tenir lieu de satisfaction envers les hommes, & particulierement quand l'obligation reçue est si grande, comme dans le cas present, qu'il ne se trouve point de richesses capables de l'acquitter. Sur ce pied là, Messieurs, je puis bien vous assûrer que ce seroit me faire gratuitement injure si l'on m'accusoit d'ingratitude envers vous. Quelques grands que soient vos bienfaits, ma reconnoissance est encore au dessus ; & si je pensois que vous ne fussiez pas penetrés de cette verité, je m'assujettirois volontiers à ces loix rigoureuses de la Moscovie, & de la plûpart des

*Indes Orientales qui veulent que le debiteur insolvable devienne esclave de son creancier. Ce n'est pas pourtant que cette qualité convienne aux personnes de ma Profession où la liberté regne avec tant d'empire ; mais du moins cette protestation sincere faite de ma part avec renonciation precise à tout privilege, me servira-t'elle à vous faire connoître ma soûmission aveugle, mon parfait devouement, & le profond respect avec lequel j'ai l'honneur d'être,*

*MESSIEURS,*

Vôtre très-humble &
très-obéïssant Serviteur,
FROLAND.

# PREFACE.

IL n'y a perſonne qui ne ſçache que le Comté d'Eu
fait partie du Duché de Normandie, & que néanmoins il eſt du Reſſort du Parlement de Paris depuis
ſon érection en Pairie.

On ſçait encore que les Habitans de ce Comté prétendent n'être point abſolument ſujets à la Coûtume generale de la Province ; être en droit de rejetter les articles de diſpoſition nouvelle, & les Reglemens du Parlement de Rouen ; & avoir quelques Coûtumes locales
& particulieres ſur certaines matieres, qu'ils diſent
avoir été gardées chés eux pendant pluſieurs ſiecles.

Il ſeroit aſſés difficile de diſconvenir de ces Uſages:
mais comme ils n'ont point été redigés par écrit, ou du
moins autoriſés par le Prince, on ne peut pas dire qu'ils
ayent toûjours eu une execution entiere & parfaite.

Quelquefois il s'eſt trouvé des particuliers qui n'en
ſont pas demeurés d'accord, & de-là vient que la Cour
pour faire droit ſur les Queſtions qui ſe préſentoient à
juger, a dit par pluſieurs Arreſts qu'il ſeroit fait des
enquêtes par turbes, au moyen de quoi très-ſouvent le
droit du plus fort étoit celui qui prévaloit.

Quelquefois auſſi s'eſt-t'il trouvé des perſonnes qui ne
méconnoiſſoient pas ces Uſages, mais qui prétendoient
qu'on n'y devoit avoir aucun égard, parce qu'ils étoient
contraires au texte de la Coûtume de Normandie, ce
qui a donné lieu à differens Jugemens, dont les uns ont

été rendus en conformité , & les autres au contraire, la matiere se trouvant tantôt bien , & tantôt foiblement défendue.

Depuis cinquante ans ou environ , je trouve la Jurisprudence assés uniforme sur la Question. Le Parlement de Paris qui a vû les abus qui pouvoient naître de ces Coûtumes locales non redigées, ni approuvées par aucun Arrest du Conseil, a décidé depuis ce tems-là par plusieurs Arrests que le Comté d'Eu se devoit en tout regir par la Coûtume de Normandie.

Mais on n'est point encore parvenu à faire embrasser ces décisions par les Officiers de la Ville d'Eu. Ils perseverent toûjours à juger plusieurs Questions par rapport à leurs Usages quoiqu'absolument opposés au droit municipal de la Province, ce qui est très dangereux par la raison qu'ils engagent les parties qu'ils ont condamnées dans des appellations dans lesquelles ceux en faveur de qui ils s'étoient déterminés ne manquent pas de succomber.

Je conviens pourtant que leurs Sentences peuvent avoir été quelquesfois confirmées par un défaut d'instruction, cette matiere n'étant traitée dans aucun livre, & personne, à proprement parler, ne s'en étant fait une étude particuliere; mais toutes les fois que la Question a été bien soûtenue, on a cassé leurs Jugemens, lorsqu'on a trouvé qu'ils renfermoient des dispositions contraires aux maximes de la Province.

J'ai eu la curiosité de recueillir la meilleure partie de ces Arrests; d'en faire une recherche fort exacte ; & de m'informer très fidelement des especes dans lesquelles ils ont été rendus ; & m'en étant vû une quantité assés considerable, j'ai crû que le Public ne me sçauroit pas mauvais gré de lui en faire un prefent.

Cette premiere idée qui a flatté mon efprit par l'efperance d'être utile à mes amis, & à ceux même que je ne connoiffois pas, m'en a fait concevoir une feconde. Je me fuis imaginé qu'il falloit creufer plus avant la matiere, & que perfonne ne l'ayant jufqu'à prefent traitée, je ferois plaifir de donner quelques Memoires touchant le Comté d'Eu, fon ancienneté, fon érection en Pairie, & les foins que les Princes qui en ont été les proprietaires & poffeffeurs fe font donnés pour tâcher d'en faire rediger les Coûtumes.

Le fuccès a répondu à mon attente. J'ai trouvé la meilleure partie des chofes dont j'avois befoin, & j'en ai compofé un ouvrage d'une affés grande étendue, dont j'ai tiré celui-ci qui eft beaucoup plus précis.

J'y parle premierement de la fituation du Comté d'Eu, de fon ancienneté, de fes dépendances, & de fon érection en Pairie; des Princes qui l'ont poffedé; des conteftations qui ont été entre le Parlement de Paris, & l'Echiquier & le Parlement de Rouen pour le reffort; & des Declarations que nos Roys ont faites fur ce fujet; & en parlant de chaque matiere je rapporte quantité de faits qui pourront fatisfaire la curiofité du Lecteur.

Je parle enfuite des Coûtumes prétendues locales du Comté d'Eu; des Lettres Patentes que M. le Duc de Guife obtint en 1579 pour les faire rediger; & de l'Affemblée des Etats qui fut faite en confequence, fans néanmoins aucune execution.

Ce qui fe paffa lors des Lettres de 1577, 1585, 1586, & 1599 accordées pour la réformation de la Coûtume; la redaction des Ufagas locaux de la Province; & la revifon du titre des executions par decret.

D'autres Lettres accordées à feüe Mademoiselle de Monpenfier Comteffe d'Eu pour la redaction de fes Ufages locaux; de ce qui fut fait en execution des articles qu'elle fit rediger; & de leur inexecution.

Enfin de plufieurs Arrefts qui en differentes efpeces ont jugé que la feule Coûtume de Normandie devoit regir les habitans & les biens de ce Comté.

Sans le penchant naturel de l'homme à critiquer ce que fait fon prochain, je me flatterois que ces Memoires ne feroient pas regardés d'un mauvais œil, & ce d'autant plus qu'on ne peut citer aucun Auteur qui ait traité de cette matiere, & que je puis me donner la gloire d'être le premier qui ait entrepris d'en parler.

On ne dira donc pas que je fois un *Plagiaire*, & que je reffemble à ce Timée de l'Antiquité à qui l'on donna le vilain nom *de vieille ramaffeufe*, parce qu'il ne débitoit que des rapfodies recueillies de tous côtés.

Ce n'eft pas que je fiffe difficulté de me fervir des fentimens d'autrui, & de m'approprier les raifonnemens & les exemples que j'aurois trouvés ailleurs, fi j'avois affés de dexterité pour les mettre en œuvre, les adopter ingenieufement, & leur donner la grace de l'invention & de la nouveauté. Il y a long-tems que j'ai lû dans M. de la Mothe le-Vayer que le Peintre qui reçoit fes couleurs toutes broyées, & l'Architecte à qui l'on a préparé la chaux & le moilon, n'en font pas moins eftimés s'ils les fçavent bien employer.

# TABLE
## DES CHAPITRES
Contenus en ces Memoires.

### CHAPITRE PREMIER.


**D**E la Normandie en general; du Comté d'Eu; & de la Ville d'Eu.     pag. 1

Chap. II. *Des Seigneurs qui ont possedé le Comté d'Eu.*    10

Chap. III. *Dans quel Ressort est le Comté d'Eu.*    17

Chap. IV. *L'érection des grandes Terres en dignité ne change pas toûjours le Ressort , & n'assujettit pas les Vassaux à la Jurisdiction du Parlement de Paris.*    36

Chap. V. *Le Comté d'Eu étoit sujet à l'ancienne Coûtume de Normandie.*    46

Chap VI. *Des Lettres Patentes obtenues par le Comte d'Eu pour la redaction de ses Coûtumes locales en l'année 1579.*    53

Chap. VII. *Des nouvelles Lettres obtenues par les Etats de la Province pour la reformation de la même Coûtume en l'année 1582.*    66

Chap. VIII. *Des Lettres obtenues par le Sindic des Etats de Normandie pour la rédaction des Usages locaux de la Province en 1585, & 1586, & du Jugement rendu par les Commissaires contre les Habitans du Comté d'Eu.*    71

Chap. IX. *En quoi consistent les Usages pretendus locaux du Comté d'Eu.*    81

Chap. X. *Si le droit de Viduité de mari sur les biens de sa femme a lieu dans le Comté d'Eu.*    87

Chap. XI. *Si la demande en declaration d'hypoteque doit avoir lieu dans le Comté d'Eu.*                    122

Chap. XII. *Si le tiers coûtumier accordé par la Coûtume de Normandie aux enfans qui renoncent à la succession de leur pere ou mere doit avoir lieu dans le Comté d'Eu.*                    133

Chap. XIII. *Quelle part la femme doit avoir dans les conquêts faits en Bourgage dans le Comté d'Eu.*                    144

Chap. XIV. *Si la majorité s'acquiert à l'âge de 20 ans dans le Comté d'Eu comme dans le reste de la Province de Normandie.*                    154

Chap. XV. *Si les freres partagent également entr'eux dans le Comté d'Eu les biens qui sont situés en Bourgage.*                    186

Chap. XVI. *Si les Declarations de 1604 & 1614; les Réponses de nos Rois aux Remontrances des trois Etats de la Province de Normandie; l'Article 594 de la Coûtume; l'Edit de création des Offices de Commissaires aux Saisies réelles de 1677; & les Arrests du Conseil qui font défenses de pourfuivre les decrets d'immeubles situés en Normandie ailleurs que pardevant les Juges ordinaires des Lieux, ont leur effet dans le Comté d'Eu.*                    209

Chap. XVII. *Si dans le Comté d'Eu les fruits qui sont sur la terre après le jour de la Nativité de S. Jean-Baptiste, & qui tiennent encore par les racines sont* meubles, *comme il est d'usage en Normandie.*                    219

Chap. XVIII. *Si dans le Comté d'Eu celle qui se marie peut donner à son futur époux pour son don mobil le tiers de ses immeubles; & si ce don peut subsister étant porté par un contrat de mariage fait sous signature privée, & n'ayant été insinué.*                    223

Chap. XIX. *Si l'Edit du mois d'Août 1606 qui a abrogé le Senatus-Consulte Velleien, & l'Autentique, Si qua mulier, & qui a été registré au Parlement de Paris doit être suivi dans le Comté d'Eu lequel est dans le Ressort de ce Parlement.*                    238

Chap. XX. *Si les Habitans du Comté d'Eu doivent être su-*

jets aux *Reglemens generaux & particuliers du Parlement de Rouen ; à la Jurisprudence établie par ses Arrests ; & aux Ordonnances, Edits & Declarations du Roi, Lettres Patentes, & Arrests du Conseil concernans la Province.* 249

Chap. XXI. *Dissertation curieuse touchant les Coûtumes pretendues locales du Comté d'Eu.* 277

## APPROBATION.

J'AI lû par ordre de Monseigneur le Chancellier les Memoires de Monsieur F R O L A N D, ancien Avocat au Parlement, concernans l'*Observation dn Senatus-Consulte Velleïen dans le Duché de Normandie ; la Prohibition d'évoquer les Decrets d'immeubles situés en cette Province; le Comté-Pairie d'Eu, & ses Usages prétendus locaux; & Diverses Questions mixtes de Droit & de Coûtume avec les Arrests qui les ont decidées.* La singularité des matieres, & l'ordre & la solidité avec lesquels elles sont traitées par un Auteur, qui dans l'opinion du public en a fait sa principale étude, ne permettent pas de douter que l'impression de ces differens Ouvrages ne lui soit aussi agréable qu'utile. A Paris ce 26 Juillet 1721. *Signé ,* C A P O N Avocat au Parlement.

## PRIVILEGE DU ROY.

L O U I S par la grace de Dieu Roi de France & de Navarre: A nos amés & féaux Conseillers les Gens tenans nos Cours de Parlement, Maîtres des Requêtes ordinaires de nôtre Hôtel, Grand Conseil, Prévosts de Paris, Baillifs, Sénéchaux, leurs Lieutenans Civils, & autres nos Justiciers qu'il appartiendra, S A L U T. Nôtre bien amé Maître Louis F R O L A N D Avocat en nôtre Cour de Parlement de Paris, Nous a fait remontrer qu'il souhaiteroit faire imprimer, & donner au public un Ouvrage de sa composition qui a pour titre , *Memoires* dudit Maître Louis Froland Avocat audit Parlement , *concernans l'Observation du Senatus-Consulte Velleïen dans le Duché de Normandie ; la Prohibition d'évoquer les Decrets d'immeubles situés en cette Province; le Comté-Paire d'Eu, & ses Usages prétendus locaux; & Diverses Questions mixtes de Droit & de Coûtume , avec les Arrests qui les ont décidées,* s'il Nous plaisoit lui accorder nos Lettres de Privilege sur ce necessaires. A ces causes, voulant favorablement traiter ledit exposant, Nous lui avons permis, & permettons par ces Presentes de faire imprimer ledit Livre en telle forme, marge, caractere, en un, ou plusieurs volumes, conjointement, ou féparement, & autant de fois que bon lui femblera, & de le faire vendre & debiter par tout nôtre Roïaume pendant le tems de quinze années confecutives, à compter du jour de la date defdites Prefentes; Faifons défenfes à toutes fortes de perfonnes de quelque qualité & condition qu'elles foient d'en introduire d'impreffion étrangere dans aucun lieu de nôtre obéïffance; Comme auffi à tous Libraires, Imprimeurs, & autres d'imprimer, faire imprimer, vendre, faire vendre, débiter, ni contrefaire ledit Livre en tout ni en partie, ni d'en faire aucuns extraits fous quelque prétexte que ce foit d'augmentation, correction, changement de titre, ou autrement fans la permiffion expreffe & par écrit dudit Expofant, ou de ceux qui auront droit de lui; à peine de confifcation des exemplaires contrefaits; de quinze cens livres d'amende contre chacun des contrevenans, dont un tiers à Nous, un tiers à l'Hôtel-Dieu de Paris, l'autre tiers audit Expofant; & de tous dépens, dommages, & interêts; à la charge que ces Prefentes feront enregiftrées tout au long fur le Regiftre de la Communauté des Libraires & Imprimeurs de Paris, & ce dans trois mois de la date d'icelles; que l'impreffion de ce Livre fera faite dans nôtre Royaume, & non ailleurs, en bon papier, & en beaux caracteres conformément aux Reglemens de la Librairie; & qu'avant que de l'expofer en vente le manufcrit ou imprimé qui aura fervi de copie à l'impreffion dudit Livre fera remis dans le même état où l'approbation y aura été donnée és mains de nôtre très-cher & féal Chevalier Chancelier de France le Sieur Dagueffeau; & qu'il en fera enfuite remis deux exemplaires dans nôtre Biblioteque publique; un dans celle de nôtre Château du Louvre; & un dans celle de nôtredit très-cher & féal Chevalier, Chancelier de France le Sieur Dagueffeau; le tout à peine de nullité des Prefentes; du contenu defquelles vous mandons & enjoignons de faire jouir l'Expofant, ou fes ayans caufes, pleinement & paifiblement, fans fouffrir qu'il leur foit fait aucun trouble. Voulons que la copie defdites Prefentes qui fera imprimée tout au long au commencement ou à la fin dudit Livre foit tenue pour duement fignifiée, & qu'aux copies collationnées par l'un de nos amés & féaux Confeillers & Secretaires foi foit ajoûtée comme à l'Original; Commandons au premier nôtre Huiffier ou Sergent de faire pour l'execution d'icelles tous actes requis & neceffaires, fans demander autre permiffion, & nonobftant clameur de Haro, Charte Normande, & Lettres à ce contraires. CAR tel eft nôtre plaifir. Donné à Paris le feptiéme jour du mois de Juillet l'an de grace mil fept cens vingt-un, & de nôtre Regne le fixiéme. Par le Roi en fon Confeil. *Signé*, CARPOT.

*Regiftré fur le Regiftre* VI. *de la Communauté des Libraires & Imprimeurs de Paris, pag. 261. N°. 826; conformément aux Reglemens, & notamment à l'Arreft du Confeil du 13 Août 1703. A Paris le 9 Août 1721.*
*Signé,* DE LAULNE *Sindic.*

MEMOIRES

# MEMOIRES

## CONCERNANS

## LE COMTÉ-PAIRIE D'EU,

### ET

## SES USAGES PRETENDUS LOCAUX.

## CHAPITRE PREMIER.

De la Normandie en general. Du Comté d'Eu.
Et de la Ville d'Eu.

### SOMMAIRE.

I. *Normandie anciennement Neuſtrie. Origine du mot Normand.*
II. *Genie des anciens Normands.*
III. *Conceſſion de la Province à Rollo premier Duc par Charles le Simple.*
IV. *Hommage de Rollo.*

A

V. *Fort amateur de la Justice; origine de la clameur de Haro.*
VI. *Usage de cette Clameur.*
VII. *Etenduë du Duché de Normandie; ses Generalitez; son Parlement; ses Cours; un Archevéché; six Evêchez.*
VIII. *Ses Bailliages.*
IX. *Description du Pays de Caux.*
X. *Le Comté d'Eu fait partie du Duché de Normandie.*
XI. *De la Ville d'Eu; son Nom; son Bailliage; ses Vicomtez; où ressortissent les appellations des Jugemens.*

I.    IL est peu de Personnes qui ne sçache que ce que nous appellons aujourd'huy Normandie s'appelloit autrefois Neustrie, & que cette nouvelle dénomination luy fut donnée, parce que les Peuples qui s'en étoient emparez après differentes incursions étoient sortis du Dannemark, de Norwegue, & autres pays du Nord.

II.    Ces Peuples avoient anciennement leurs Roys particuliers qui alloient à la Guerre avec eux, & de ce nombre furent Geoffroy & Sigisfroy.

Il faut convenir qu'il y eut beaucoup de cruauté & de barbarie de leur part dans les premieres courses qu'ils firent en France, & qu'ils ne traiterent pas les François avec toute la moderation que les François eurent pour les Habitans des Gaules lorsqu'ils les subjuguerent.

III.    Après être entrés plusieurs fois & à differens tems dans ce Royaume; y avoir donné quantité de Combats; & en être sortis le plus souvent victorieux, ils revinrent dans la Neustrie sous le Regne de Charles le Simple Roy de France, qui pour arrêter leurs Conquêtes fut contraint de donner sa fille & cette Province à Rôllo qui étoit leur Chef, à la charge qu'il releveroit en hommage

lige de la Couronne de France. C'eſt à proprement parler ce grand Capitaine qui fut le premier Duc de cette
Province qui commença dès lors à s'appeller Normandie.

Par-là il en devint le Souverain, à la reſerve toutefois de l'hommage, & l'Hiſtoire marque qu'il le fit entre les mains du Roy, *ſtatim francorum coactus verbis; ma-*
*nus ſuas miſit inter manus Regis, quod nunquam pater ejus, avus,*
*& proavus cuiquam fecit. Dud. ſan. quint. Deca. lib. 2. de morib.*
*Norm.* Mais quand on voulut l'obliger à baiſer les pieds
du Roy, il le refuſa fierement en prononçant ces paroles,
*Numquam curvabo genua mea alicujus genibus, nec oſculabor cu-*
*juſquam pedem,* après quoy il commanda à un de ſes Capitaines de baiſer ceux du Roy.

Il fut fort amateur de la Juſtice; il puniſſoit très ſeve-
rement le crime, & ſur tout le Larcin; & certainement
il n'y en a point dont nos Hiſtoriens faſſent plus d'éloges,
& dont ils racontent plus de merveilles. Ces chaînes d'or
pendues au milieu des forêts, ſans que perſonne y oſât
toucher, & cette Clameur de Haro par laquelle les Normands invoquent encore aujourd'huy ſon nom dans toutes les occaſions où ils ſe trouvent opprimez, ſont des
marques éclatantes de la juſtice de ſon Regne, & de
l'amour qu'il avoit pour ſes Sujets.

Ce qui ſe paſſa lors de la ſepulture de Guillaume le
Conquerant Duc de Normandie & Roy d'Angleterre
eſt digne de remarque. Tous les Grands Seigneurs de ſa
Cour aſſiſtans à ſes funerailles qui ſe faiſoient en l'Abbaye de Saint-Etienne de Caën dont il étoit le fonda-
teur, un pauvre païſan nommé Aſſelin, lors qu'on ſe
diſpoſoit à porter le corps, interjetta Clameur de Haro,
prétendant que le Duc avoit uſurpé ſur luy un héritage
dont il ne luy avoit point fait juſtice; ce qui arrêta pour

I V.

V.

V I.

A ij

quelque tems le cours de la Ceremonie qui fut continuée
après qu'Henry III. son Successeur & son fils eût satisfait
à la plainte ; *qui Regna oppressit Armis, me quoque metu mortis oppressit. Ego injuriæ superstes, pacem mortuo non dabo; in quem infertis istum hominem locum meus est; in alienum solum inferendi mortui jus nemini esse defendo; sin extincto tandem indignitatis autore vivit adhuc vis, Rollonem conditorem parentemque gentis appello, qui legibus ab se datis quam cujusquam injuria plus unus potest polletque. Paul Emile. Guill. Mamelburgi. lib.* 3. *rer. angl.* Baron. to. 11. de ses annal. Godeffroy
& Basnage en leur préface *Tit. de Haro* Coût. de Norm.
Monstrelet *Ch.* 20.

VII.　Il seroit assez difficile d'expliquer au juste quelle
étoit alors la veritable étenduë de ce Duché ; tout ce
qu'on peut dire, est qu'il est aujourd'huy beaucoup moins
considerable, & que la chronique de Normandie porte
suivant la remarque de Berault en sa premiere préface
qu'il s'étendoit anciennement jusqu'à la Ville de Dunkerque qui est par de-là Calais, & Gravelines vers la
mer près le Comté de Flandres, comprenant en soy les
Païs & Comtez de Ponthieu, Boullenois, d'Oye, Guyne,
& Theroüenne ; & même Dreux, Chateauneuf en Timerais, Mortagne, Belesmes, Chaumont, Magny,
Ponroise, *& le Comté d'Eu.*

Quoiqu'il en soit il faut demeurer d'accord qu'il est
encore un des plus vastes Païs du Royaume ; il est composé de trois grandes Generalitez, sçavoir, Roüen,
Caën, & Alençon ; il y a un Archevêché & six Evêchez
qui en dependent ; & dans Roüen qui est la Capitale
Ville de la Province nous avons un Parlement, une
Chambre des Comptes, & une Cour des Aydes ; cette
Chambre & cette Cour ne composent plus qu'une seule

Compagnie par l'union qu'on en afaite, & on l'appelle la Cour des Comptes, Aydes, & Finances de Normandie.

Du Parlement relevent fept Bailliages qui font Roüen, Caux, Evreux, Gifors, Caën, Conftentin, & Alençon. Le Bailliage de Caux a fous luy plufieurs Vicomtez, & fon principal Siege eft la Ville de Caudebec. **VIII.**

Tous ceux qui ont vû la Normandie conviennent que ce Païs de Caux eft un des plus agréables Cantons de la Province. On y trouve grand nombre de Prieurés & d'Abbayes Royales; de grandes Terres; des Baronnies; des Comtez; des Marquifats; des Duchez; des Pairies; & un Royaume qui eft le Royaume d'Yvetot; & de-là vient qu'on l'appelle *le noble Païs de Caux.* **IX.**

De tout tems le Comté d'Eu en a fait partie; il eft dans l'étenduë de fon Bailliage fur les Confins de la Province, & en deçà de la Riviere qui la fepare de la Picardie. **X.**

Tous les aveux que les anciens Comtes ont rendus aux Roys de France, & qui ont été paffez en la Chambre des Comptes, portent que le Comté d'Eu, & les Vicomtez & Baronnies unies qui en dépendent, tiennent du Roy par une feule foy & hommage, à caufe du Duché de Normandie où il eft fitué, & qu'il doit aide & relief tels que la Coûtume de Normandie les définit.

Cela fut ainfi rapporté par les Barons & les Seigneurs qui en relevent, par le Bailly de la Ville d'Eu, & par fes Officiers, devant M. Jean Fraguier Auditeur des Comptes en 1508. dans l'Enquête qu'il fit à la Requête de Dame Charlotte de Bourbon, veuve de Meffire Engilbert de Cleves, Comte d'Eu, pour la verification des droits & revenus de ce Comté.

Et à l'égard des aveux qui font rendus par les Barons

& les Vaſſaux qui en dépendent, ils contiennent diſertement que leurs Fiefs ſont aſſis en Normandie. C'eſt la remarque qui fut faite en 1586. par M<sup>r</sup> Thomas Avocat General au Parlement de Roüen, & de laquelle eſt fait mention dans ſon plaidoyé que nous trouvons dans le Procès verbal de la Redaction des Uſages locaux de la Province, qui eſt à la fin des Commentaires de la Coûtume.

Ce Comté eſt une Seigneurie fort noble & fort ancienne; & nous montrerons dans la ſuite qu'elle fit autrefois partie du Domaine de nos Ducs & l'Apanage de leurs puiſnez.

M<sup>e</sup> Guy Coquille en ſon Hiſtoire du Païs & Duché de Nivernois, dit en parlant de la Maiſon d'Eu, que les anciennes Armes de cette Maiſon ſont *un Leopard d'or en champ d'Azure*, & font portion des anciennes Armes de Normandie; & le ſieur Dumoulin Curé de Charleval dans l'Hiſtoire qu'il a donnée de cette Province, les blazonne ainſi; *d'Azur au Lion d'or rempant billeté d'or.*

Ce dernier Auteur en parlant de ceux qui accompagnerent Robert Duc de Normandie & Godefroy de Boüillon en la Conquête de Jeruſalem, dit que *le Comte d'Eu* étoit des Principaux Seigneurs; & dans la derniere Hiſtoire de la Conquête d'Angleterre par Guillaume II. Duc de Normandie, nous trouvons que ce Conquerant ayant reſolu de paſſer en Angleterre pour faire ceſſer les obſtacles qu'on apportoit au choix qu'Edouard dernier Roy avoit fait de ſa perſonne pour luy ſucceder au Gouvernement du Royaume, aſſembla ſon Conſeil pour deliberer des moyens dont il ſe falloit ſervir dans une occaſion ſi delicate, & que ce Conſeil étoit compoſé de ſept perſonnes, auſquelles il avoit une confiance extrême; sçavoir, Euldes Evêque de Bayeux, & Robert Comte de Mortain, ses freres uterins; Guillaume Aubert Comte de Breteüil, Roger Comte de Montgommery, Gaultier Guiffart Comte de Logueville, Roger Comte de Beaumont, & Robert *Comte d'Eu.*

Celuy qui nous a donné en 1702. les Origines de la Ville de Caën parlant au Chapitre IX. de la prise que les Anglois firent de cette Ville en 1346. observe que le Comte de Tancarvile & le Connestable d'Eu qui étoient deux grands Seigneurs qui deffendoient *leur Patrie* se retirerent alors sur un Pont qu'on appelloit anciennement le Pont de Darnetal.

Enfin nous ferons voir que le Comté d'Eu n'a point cessé de faire partie du Duché de Normandie; que s'il est du ressort du Parlement de Paris, c'est à cause de la Pairie dont nous aurons soin d'expliquer l'origine quand il en sera tems, afin d'éviter la confusion; mais qu'il est toûjours sujet à la Cour des Aydes de Roüen, à la Jurisdiction de M<sup>r</sup> L'Archevêque, à l'autorité du Lieutenant de Roy, aux ordres du Commissaire départi, & aux subsides qui se payent dans la Province, & qu'il joüit de ses Privileges.

La Ville d'Eu est le Chef; elle se nomme dans les vieux Ecrivains *Auga, Augum, & Aucum,* & dans les Auteurs Anglois *Ou.* D'où s'est formé le nom *d'Eu* qui selon eux est le même que celuy d'Ou. *Ou* est un Comté appartenant à Robert que Robert du Mont qualifie *Comté d'Ou.* **XI.**

Cette Ville n'est éloignée que d'une demie lieue de la Mer, & il y a une Riviere qu'on appelle la Bresle qui l'arrose.

On compte au dedans trois Paroisses sçavoir.

L'Abbaye de Nôtre-Dame; Saint Jean; & Saint Jacques. Cette Abbaye est appellée par quelques-uns l'Abbaye du Châtel d'Eu; elle fut fondée en l'année 1002. par Guillaume I. Comte d'Eu, qui étant mort quelque tems après y fut inhumé; ce sont des Chanoines Reguliers qui la déservent; on y garde en grande veneration le Corps de Saint Laurent Confesseur Archevêque de Dublin en Irlande qui y deceda en 1191. & qui fut canonisé en 1220.

Il y a dans cette Ville des Jesuites qui y ont un College; un Convent de Capucins; des Ursulines; des Religieuses Hospitalieres; un Hopital; un Noviciat des Sœurs de Charité que nous appellons vulgairement des Sœurs grises par rapport à leur habillement, que feu Mademoiselle de Montpensier Comtesse d'Eu a fondées, & hors la Ville du côté de la Picardie il y a la Paroisse de la Trinité qui est sous l'Evêché d'Amiens.

On y a établi des Jurisdictions de differente nature; un Grenier à Sel; une Election; une Amirauté; des Officiers des Traites-Foraines; des Officiers des Eaux & Forêts; & un Bailliage qui est la Jurisdiction ordinaire, & qui est composé d'un Bailly qualifié Bailly, Vicomte, Juge Civil & Criminel du Comté & Pairie d'Eu; d'un Lieutenant General Civil & Criminel; d'un Lieutenant Particulier; d'un Avocat Fiscal; d'un Procureur Fiscal; & de plusieurs Avocats & Procureurs des Parties. Autrefois il y avoit Jurisdiction du Bailly, du Vicomte, & des grands Jours; mais tout cela est réuni présentement, & de-là vient que le principal Officier du Siege est appellé Bailly, Vicomte, Juge Civil & Criminel.

Quatre Vicomtés dépendent de ce Bailliage; la Vicomté de Mesnieres près de Neuf-Châtel; Roumare

près

près de Dieppe; Roumare près de Roüen; & Ourville près de Caudebec; & de chacune de ces quatre Vicomtez relevent plusieurs Villages.

Gremonville a été démembré depuis quelques années de la Vicomté d'Ourville, & a été érigé en Bailliage; les Proprietaires de la Terre étoient petits-fils de Monsieur Boucherat Chancelier de France, & par l'autorité duquel cette érection en Bailliage a été faite.

Les Appellations des Jugemens rendus en ces quatre Vicomtez & dans ce Bailliage ressortissent au Bailliage d'Eu, & celles du Bailliage d'Eu se relevent au Parlement de Paris. J'en expliqueray les raisons dans la suite.

PAtronam hæc Abbatia agnoscit Sanctissimam Virginem Mariam Deiparam à suâ erectione; sita apud *Aucum*, Oppidum nobilissimum, Diocœsis Rothomagensis, in confinio Normaniæ & Picardiæ; non longè à mari Magno Oceano. Cujus primarius Fundator legitur Guillelmus I. Comes *Auci*, filius Nothus Richardi I. cognomento *Intrepidi* Ducis Normaniæ, à quo & Commitatum Aucensem dono accepit, pro suâ legitimâ, &c. Guillelmus igitur Comes Auci primus Fundator hujus loci agnoscitur. Ann. 1004, V. Arturi. *du Monstier* in Neustriâ Piâ, page 694.

*Fondation de l'Abbaye de Nôtre-Dame d'Eu.*

## CHAPITRE II.

### Des Seigneurs qui ont possedé le Comté d'Eu.

#### SOMMAIRE.

I. *Le Comté d'Eu a passé en differentes Maisons illustres.*
II. *Sa confiscation sur Raoul de Nesle Connestable de France décapité à Paris.*
III. *Concession dudit Comté par le Roy Jean à Jean d'Artois.*
IV. *Son Erection en Pairie en faveur de Charles d'Artois.*

I.  MOn intention n'étant pas d'écrire l'Histoire en general du Comté d'Eu, & ne me proposant pour objet principal que les Usages qui s'y sont établis du commun consentement des Peuples, & qui se trouvent contraires aux dispositions de la Coûtume generale de Normandie, je ne m'arrêteray point à marquer les noms de tous ceux qui ont possedé cette grande Terre tant auparavant que depuis la conquête de Raoul ou Rôllo qui a été nôtre premier Duc.

Je diray seulement en general que selon quelques Historiens de France, de Normandie, & d'Angleterre; M<sup>e</sup> René Choppin en son Traité du Domaine de la Couronne; & M<sup>e</sup> Guy Coquille en son Histoire du Duché de Nivernois, où il a fait la généalogie de plusieurs Maisons illustres, & notamment celle de la Maison d'Eu, ce Comté a passé dans les Maisons de Normandie; d'Yssoudun; de Braine; d'Artois; de Bourgogne-Nevers; de Cleves; & de Lorraine-Guise; que feue Mademoi-

felle de Montpenfier fille de Gafton d'Orleans frere du
Roy Loüis XIII. l'a eu depuis par la voye du decret qui
en a été fait fur le dernier Poffeffeur; & que Loüis Au-
gufte de Bourbon fils legitimé de France, Prince Souverain de Dombes, Duc du Maine & d'Aumalle, le
poffede aujourd'huy; me refervant toutefois la liberté
de faire part de tems en tems au Lecteur de quelques
traits d'Hiftoire dont j'auray befoin pour remplir mon
deffein, & rendre mon Ouvrage plus clair & plus in-
telligible.

Il y a bien de l'apparence que Rollo qui fit la diftribution de la plûpart des Terres dont il étoit devenu le
Souverain, à fes Capitaines & à fes Gendarmes, fe re-
ferva la poffeffion de cette Seigneurie, comme étant
une des plus confiderables de la Province.

On ne peut pas douter auffi qu'elle n'ait été poffedée
par Guillaume, dit *Longuépée*, fon fils qui fut Duc de Normandie comme luy, & par Richard, dit *Sans peur*, fils de
Guillaume, & qui mourut en l'année 996. puifque ce
Richard I. ayant eu deux fils, fçavoir Richard II. &
Guillaume, l'ainé la donna à fon puifné pour fon partage en la fucceffion de fon Pere en l'an 1002.

Ce Guillaume qu'on regarde comme le premier Comte d'Eu eut pour fils Robert *qui juxta ann.* 1056. *confilio
Maurilii Rotomagenfis Archiepifcopi fundavit Cœnobium vel
Abbatiam ulterioris-Portus* l'Abbaye du Trefport, & qui de
fon côté eut pour enfant Guillaume II.

De celuy-cy fortit Henry I. du nom Comte d'Eu,
qui époufa Marguerite fille de Robert Duc de Normandie; ce fut lui qui fonda l'Abbaie de Foucarmont en 1116.
*juxta Rumetium*; en 1119. felon Coquille; & en 1130. felon Artur du Monftier Religieux Recollet *in fuâ Neuf*
B ij

*triâ piâ p.* 745. & qui fit tranfmuer les Chanoines Secu-
liers de la Ville d'Eu en Chanoines Reguliers.

Il eut pour Succeſſeur Jean ſon fils, qui épouſa Alix
fille du Comte d'Arondel Anglois, dont il eut Henry II.
qui eut pour femme Mahault de Longueville. De ce
Mariage ſortit une fille unique appellée comme ſa mere
Alix Comteſſe d'Eu, laquelle fut mariée à Raoul d'Yſſouldun Comte de la Marche, qui mourut à Damiette
en Egypte l'an 1219.

Voilà de quelle maniere le Comté d'Eu ſortit de la
Maiſon de Normandie, pour paſſer en celle d'Yſſouldun
où il ne fit pas un long ſéjour.

Raoul d'Yſſouldun n'eut en effet d'Alix Comteſſe d'Eu
ſon épouſe qu'un fils pareillement nommé Raoul Comte
d'Eu, qui épouſa Leonord de Bretagne dont il eut Marie
Comteſſe d'Eu, qui fut mariée à Alphonſe, fils de Jean
de Braine Roy de Jeruſalem, Empereur de Conſtantinople, & de Berangiere de Caſtille ſa femme. Cet Alphonſe avoit titre de Chambrier de France. Il mourut
en la guerre d'Outre-Mer ſous Tunis en Barbarie, au-
près du Roy Saint Loüis la veille de Sainte Croix en Septembre 1270. & par honneur ſon corps fut enterré à
Saint Denis en France en la Chapelle S. Martin.

Le Comté d'Eu ſorti de la maiſon d'Yſſouldun, re-
ſta un peu plus long-tems en celle de Braine, qui
dans la ſuite en fut dépoüillée par la condamnation
de celui de cette lignée qui le poſſeda le dernier.
Alphonſe de Braine & Marie d'Yſſouldun Comteſſe
d'Eu ſa femme eurent un fils nommé Jean qui épouſa
Beatrix de Saint-Paul, & qui deceda en 1280. & de ce
mariage ſortit un autre Jean qui épouſa Jeanne de Cou-
cy, & qui fut tué à la bataille de Courtray en 1302.

Le Succeſſeur de ceux-cy fut Raoul Comte d'Eu & de **II.** Guynes leur fils, qui épouſa Jeanne Dame de Merlo, dont il eut Raoul ſurnommé de Neſle Comte d'Eu, Conneſtable de France, qui pour crime de Leze-Majeſté dont il fut atteint & convaincu, fut condamné, & décapité à Paris en 1350.

Cette mort qui emporta confiſcation, fit tomber le **III.** Comté d'Eu au Roy Jean qui en fit don à Jean d'Artois ſon Couſin, iſſu du Sang Royal de France, ſoit par un effet de la conſideration particuliere qu'il pouvoit avoir pour luy, ſoit pour ſatisfaire aux Anciennes loix du Royaume, ſuivant leſquelles nos Roys avoient coûtume de vuider leurs mains des Fiefs qui leur étoient échûs par la voye de la confiſcation.

Ce Jean d'Artois étoit fils de Robert d'Artois troiſiéme de ce nom, de la maiſon Royale, ainſi qu'il vient d'être dit, & de Jeanne de Valois ſa femme, fille de Charles Comte de Valois, & de Catherine Imperatrice de Conſtantinople. Il épouſa Iſabelle de Melun veuve de Pierre Comte de Dreux, & le ſix Avril 1386. étant mort, ſon Corps fut inhumé en l'Abbaye du Chaſtel d'Eu, anciennement fondée ſous l'invocation de Nôtre-Dame.

Son fils qui s'appella Philippe d'Artois deuxiéme du nom, Comte d'Eu, fut Conneſtable de France, & il épouſa Marie de Berry fille de Jean de Berry, fils de Roy, Duc de Berry, & qui pour lors étoit veuve de Loüis Comte de Blois; ſon mariage fut celebré en 1392. & il fut tué en la bataille qui fut donnée en Hongrie contre les Turcs, quand Jean de Bourgogne Comte de Nevers, fils aîné de Philippe le Hardy Duc de Bourgogne, fut pris priſonnier devant Nicopoli en 1397.

De ce mariage fortirent deux enfans, dont il eft abfo-lument neceffaire de parler icy, fçavoir Charles d'Artois Comte d'Eu & Bonne d'Artois.

Charles eut deux femmes; il fut prifonnier des Anglois à la journée d'Azincourt; & il garda prifon pendant vingt-trois ans.

A l'égard de Bonne d'Artois fa Sœur elle fut auffi mariée deux fois; elle époufa en premieres nôces le 20, Juin 1413. Philippe de Bourgogne Comte de Nevers & de Rhetel, troifiéme fils de Philippe de Hardy, dont elle eut Charles; & Jean de Bourgogne dit le bon Duc neveu de fon premier mary, dont elle n'eut point d'enfans; ce fecond mariage ne fut pas de longue durée; elle deceda l'année fuivante à Dijon, c'eft-à-dire en 1425.

IV.     Charles fon frere fe fignala en quantité d'occafions; & ce fut en reconnoiffance des fervices qu'il avoit rendus à l'Etat que le Comté d'Eu qui luy appartenoit comme Héritier de fes peres fut érigé en Pairie par le Roy Charles VII. tenant fon lit de Juftice à Vendôme où toute fa Cour & le Parlement des Pairs étoient affemblez. Les Lettres font du mois d'Aouft 1458. & dès lors il en fit la foy & hommage au Roy.

Il vécut jufques en 1471. qu'il deceda à Blangi; & comme il mourut fans enfans, ce fut Jean de Bourgogne fils du premier mariage de Bonne d'Artois fa Sœur qui receuillit fa Succeffion, attendu que Charles fon frere aîné étoit en ce tems-là decedé. C'eft par là que le Comté d'Eu eft forti de l'illuftre maifon d'Artois pour paffer en celle de Bourgogne.

Tous ces Seigneurs Comtes d'Eu du nom d'Artois conferverent les anciennes Armes de la maifon d'Artois,

qui étoient les Armes de France *chargées au Chef de Lam-*
*beaux de trois pieces de guelles à Neuf-Châteaux d'argent,* à cauſe
des Neuf-Châtellenies d'Artois, & ne prirent point les
Armes du Comté d'Eu, parce qu'ils ne le tenoient pas
originairement à titre d'heredité.

Il eſt paſſé depuis dans la maiſon de Cleves, & dans
celle de Lorraine-Guiſe; & depuis encore, comme j'ay
déja dit deux fois, à feüe Mademoiſelle de Montpenſier, & à Loüis Auguſte de Bourbon fils legitimé de
France qui en joüit actuellement.

K AROLUS Dei gratia Francorum Rex, ad honorem cœli & gloriam *Erection du Comté d'Eu en Pairie de France.*
Regnantium & Regnorum : ſi ad Regiæ Poteſtatis dirigenda negotia
inſignibus viri conſpicui præficiantur officiis, & inclytis perſonæ claræ
dignitatibus præferantur, ut & ipſæ ſua gaudeant nomina honoribus inti-
tulata magnificis, & cura regiminis talibus decorata lateribus à ſollicitu-
dinibus relevetur, paciſque ac juſtitiæ robora, quæ Regnorum omnium
fundamenta conſiſtunt, conſervari commodiùs valeant, & efficaciùs miniſ-
trari : ex hoc etiam gratiam credimus extolli regnantium, & creſci vigo-
rem fidei & devotionis in fidelibus, ſi viri præclari virtutibus & nitore
perſpicui, meritorum congruis efferantur honoribus, & fidelium obſe-
quioſa devotio condignis præmiorum retributionibus proſequatur, ut &
ipſæ pro ſive meritis probitatis ſibi honoris titulos accreviſſe, & alii eorum exemplo ad ſimilia ſerventiùs animentur. Notum igitur facimus uni-
verſis tam præſentibus quàm futuris quòd nos attendentes devotionis,
fidei, & fidelitatis probatæ conſtantiam, necnon prudentiam, & providæ
circumſpectionis induſtriam cariſſimi & dilecti Conſanguinei noſtri Caroli
de Attrebateſio Comitis Augi, grataque & accepta ſervitia quæ nobis in noſtris & Regni noſtri negotiis probatis effectibus impendit diutiùs & exhibet
inceſſanter, ac labores etiam & expenſarum onera quæ ad noſtrum & ipſius Regni honorem ſubiiſſe dignoſcitur, ſicque volentes eumdem Comitis
hujuſmodi ſuæ probitatis & præcellentium meritorum obtentu honoribus
præmovere præcipuis, Comitem ipſum de gratiæ noſtræ abundantiâ &
plenitudine regiæ poteſtatis & præfati Regni noſtri Franciæ creamus &
promovemus in Parem & Paritatis hujuſmodi dignitatem Comitatui Augi
annexantes, præſentium tenore ſtatuimus, ut tam ipſe quàm hæredes
ejus Comitis Augi qui pro tempore fuerint Pares ejuſdem Regni perpetuis honoribus habeantur, omnique prærogativa, libertate, & honore lætentur pariter & utantur quibus alii pares Franciæ uti ſolent, pro quâ
ſiquidem Paritate nobis homagium præſtitit idem Comes, ac pariter hæredes ſui Comitis Augi nobis & Succeſſoribus noſtris Franciæ Regibus

præstare perpetuo tenebuntur. Quod ut firmum & stabile perpetuò perseveret præsentibus Litteris nostrum facimus apponi Sigillum. Datum apud Vindocinum mense Augusti anno Domini millesimo quadringentesimo quinquagesimo octavo. Regni vero nostri tricesimo sexto. Sic signatum per Regem sedentem in suâ Curiâ communitâ Paribus: ROLANT. *Visa* Contentor. J. DU RAY. Et in dorso erat scriptum, lecta, publicata, & registrata. Parisiis in Parlamento die decimâ octavâ Decembris anno Domini millesimo quadringentesimo quinquagesimo octavo. Sic signatum, CHENETAU.

Henricus Aucensis Comes Abbatiæ Furcaldi-Montis fuit Fundator, & posteà ipsi addictus Monasterio ex consensu Summi Pontificis, & Uxoris suæ, &c. Sepultus est autem Joannes filius ejus in eodem Monasterio cum habitu ejusdem Ordinis quem coluerat, & appositus ad Patrem suum, visitur etiamnum ibidem lapis eorum Tumulo superpositus, utriusque effigiem referens sub Monachali habitu cum hisce versibus. *V. du Monstier in Neust. piâ. p. 775.*

*Epitaphe d'Henry I. & de Jean son fils Comtes d'Eu.*

> *Est Pater Henricus, primus Gregis hujus amicus.*
>
> *Ejus erat natus, Joannes jure vocatus,*
>
> *Filius Henrici fuit hic, sed posteà Frater,*
>
> *Hos Monachos genuit Domino domus hæc pia Mater.*
>
> *Qui legis absque mora, pro tantis Fratribus ora.*

CHAPITRE

# CHAPITRE III.

## Dans quel Reſſort eſt le Comté d'Eu.

### SOMMAIRE.

I. *Le Comté d'Eu étoit du reſſort de l'Echiquier de Roüen avant ſon Erection en Pairie.*
II. *Il eſt devenu par ſa nouvelle dignité du reſſort du Parlement de Paris.*
III. *Conteſtations pour le reſſort entre l'Echiquier de Normandie érigé depuis en Cour de Parlement, & le Parlement de Paris.*
IV. *Différentes Lettres obtenuës par les deux Parlemens.*
V. *La proviſion demeurée au Parlement de Paris, & neanmoins repond ledit Comté, à la Cour des Aydes, à la Lieutenance de Roy, & à l'Archevêché de Roüen.*

ON ne peut pas douter que le Comté d'Eu ne fût anciennement du reſſort de l'Echiquier de Roüen; auſſi voit-on que les Comtes étoient appellez & avoient ſeance aux Echiquiers qui ſe tenoient dans la Province, & que les Abbez d'Eu, du Treport, & de Foucarmont, & les Barons de Meinieres, de Cuverville, & du Freſne y étoient pareillement appellez, & y avoient ſeance, comme il eſt porté dans les anciens Regiſtres de l'Echiquier dont j'ay des Coppies très fidelles.

M<sup>r</sup> l'Avocat General Thomas allegua dans le plaidoyé qu'il fit lors de la redaction des Uſages locaux de la Province, & duquel nous avons déja fait mention, pluſieurs faits très importans pour établir la Juriſdiction

C

de l'Echiquier sur le Comté d'Eu & ses Habitans.

Le premier que de tout tems, & même pendant que la maison d'Artois & celle de Bourgogne étoient en possession du Comté d'Eu, leurs Officiers cessoient & discontinuoient tout excercice de Justice & Jurisdiction, ainsi que les autres Juges de Normandie, tandis que l'Echiquier tenoit ses Assemblées.

Le second que la veuve de Charles d'Artois qui avoit été honoré du titre de Pair, intenta son action par devant les Juges d'Arques pour la liquidation de son doüaire, & qu'elle fut deboutée de sa demande sur l'opposition du Procureur du Roy qui soûtint que Charles d'Artois son mary ne tenoit le Comté qu'à vie, & qu'il n'en avoit joüi que par forme d'usufruit.

Le troisiéme qu'en ce même tems, & depuis encore jusqu'à l'introduction du Procès qui étoit à juger au Conseil du Roy pour raison du Ressort entre le Procureur general du Parlement de Roüen & le Comte d'Eu, toutes les Remissions, causes de Patronnages, & autres cas Royaux avoient été jugez à Arques, & par appel en l'Echiquier de Normandie.

Le quatriéme que le 18. Avril 1485. le Roy Charles VIII. assité des Ducs d'Orleans & de Bourbon Connestable de France; du Duc de Lorraine; de Monsieur de Beaujeu; des Comtes de Richemont, de Vendôme, & d'Albret; du Prince d'Orange; de plusieurs autres Seigneurs; & même de son Chancelier condamna, étant en son lit de Justice en l'Echiquier de Roüen, *le Comte d'Eu* en l'amende pour ne s'y être pas trouvé, encore bien que Nicolas aux Coulombs Bailly d'Eu qui étoit présent avec les autres Officiers, Prélats, & Barons, comme l'Abbé de Foucarmont, & les Barons de Mei-

nieres, de Cuverville & du Fresne, & autres, eût fait
tout son possible pour empêcher la condamnation de
l'amende tant contre le Comte d'Eu, que contre l'Abbé
de Nôtre-Dame; que pour cet effet il avoit présenté
Requeste par laquelle il avoit exposé que le Comte étoit
ancien & sujet à des indispositions; & que cependant
les Regiftres portoient que *la demande du Procureur du Roi
mise en deliberation fut trouvée duë & raisonnable; que le Comte
d'Eu fut condamné en l'amende; & qu'il fut dit que deffenses lui
seroient faites & à ses Officiers de tenir aucune Jurisdiction durant les Echiquiers, ny même à Arques pendant les Pleds suivans.*

Et le cinquiéme qu'en 1532. les Habitans de la Ville d'Eu obtinrent du Roy François I. des Lettres par
lesquelles il commît Messieurs de Marcillac & Feu President au Parlement de Roüen pour juger leurs Procès,
en attendant que la contestation pour le reffort d'entre
ce Parlement & celuy de Paris eût été terminée.

A regarder ces faits avec un peu d'attention il ne se-     II.
roit peut-être pas mal aisé d'affoiblir les inductions qu'on
en tire, & de faire voir qu'ils ne donnent pas à l'Echiquier une Jurisdiction bien absoluë sur le Comté d'Eu;
mais il faut s'écarter le moins que nous pourrons de nôtre objet, & se renfermer dans la teneur des Lettres du
quinze Janvier 1465. regiftrées au Parlement le dix Février suivant.

Il paroît par ces Lettres que Loüis XI. qui avoit été
contraint de donner à Charles son frere qui fut depuis
Duc de Guyenne, le Duché de Normandie pour son
appanage, avoit consenti que les Sujets du Comté d'Eu
ressortissent à l'Echiquier de Roüen; que Charles d'Artois prétendit que le Traité qui en avoit été fait dero-
geoit aux Lettres d'Erection en Pairie du mois d'Aoust;

1458; & qu'en execution de ces mêmes Lettres il fît dire que ses Sujets & luy ressortiroient au Parlement de Paris, avec deffense à l'Echiquier de prendre aucune Jurisdiction ny connoissance de leurs affaires.

III.  L'Echiquier regarda ce changement avec douleur. Et bien loin de defferer à ces nouvelles Lettres que Charles d'Artois venoit d'obtenir, il revendiqua sous differens prétextes la Jurisdiction qu'on luy vouloit faire perdre; prononça des condamnations d'amende contre les Sujets du Comté d'Eu dés 1466 & 1470; & fit faire divers emprisonnemens.

IV.  Mais les Comtes d'Eu s'opposerent toûjours & avec chaleur à sa prétention, & je trouve que Jean de Bourgogne Successeur de Charles d'Artois obtint Lettres en 1484. qui luy faisoient deffenses de connoître de ses affaires & de celles de ses Vassaux.

Le Parlement de Paris se trouva offensé des procedures violentes de l'Echiquier; il donna divers Arrêts qui contenoient des deffenses pareilles à celles de 1484; & même il étendit son autorité jusques au point de prononcer par Arrest du 20. May 1485. un ajournement personnel tant contre des Présidens & des Conseillers de l'Echiquier, que contre le Procureur du Roy du Bailliage de Roüen, le Procureur des Etats du Bailliage de Caux, & le Procureur des Etats de Normandie.

L'Echiquier tint ferme, & ne voulut point se rendre à ces Arrêts; il en donna même un grand nombre de contraires; & regardant les Lettres obtenuës par les Comtes d'Eu en 1484, 1490, 1496 & 1499. comme des Lettres qui avoient été surprises, il continua de plus en plus à soûtenir son droit, & particulierement depuis son

Erection en Cour de Parlement qui fut en 1499. se trouvant lors beaucoup plus d'autorité qu'il n'en avoit auparavant.

Ce qu'il soûtenoit se reduisoit à trois choses. La
premiere que l'Erection en Pairie n'avoit point changé
le ressort, les Lettres n'en faisant aucune mention expresse; La seconde que quand elle auroit pu par elle-
même, & de plein droit y apporter quelque changement, ce n'eut été qu'en faveur des Comtes sans toucher à leurs Vassaux qui seroient toûjours demeurez
sujets à sa Jurisdiction; Et la troisiéme que la Pairie
étoit éteinte.

Dans ces entrefaites, nouvelles Lettres obtenües de
part & d'autre; divers Arrêts; emprisonnement respectifs;
enfin procedure conduite avec toute la vivacité possible
depuis 1503. jusqu'au 15. May 1511. que le Roy François I.
ordonna par Arrêt que les Parties écriroient sur le Fait
de la Pairie.

Si l'on veut être pleinement instruit de toutes ces
Contestations, il n'y a qu'à jetter les yeux sur le plaidoyé que fit M<sup>r</sup> Galope contre le Procureur des Etats
de Normandie touchant le Pairie du Comté d'Eu, &
qui est rapporté tout au long dans un livre imprimé
en 1611. contenant un Recueil de plaidoyez notables
qu'on dit avoir été faits en la Cour. On ne trouve point
la datte de ce plaidoyé; mais on voit qu'il fut fait en
la présence du Roy François I. & en execution de l'Arrêt dont nous venons de parler.

Quoiqu'il en soit, il faut convenir que la Provision est
V.
demeurée au Parlement de Paris, quelques mouvemens
que le Parlement de Roüen ait pû se donner pour faire
juger le contraire. Aussi voyons-nous que François de

Cleves fils de Charles de Cleves Comte d'Eu, & de Marie d'Albret Comteſſe de Nevers étant tombé par le decès de ſon pere en la garde du Roy conformément à la Coûtume de Normandie, les Lettres qui contenoient le don fait à la mere par le Roy François I. de la Garde Royale en datte du 11. Octobre 1520. ou 1521. furent addreſſées au Parlement de Paris, où il y eut Arrêt d'Enregiſtrement le ſix Février ſuivant.

Par d'autres Lettres du 19. Mars 1551. obtenuës par le Duc de Nevers Comte d'Eu, le Roy Henry II. ordonna que toutes ſes affaires & celles de ſes Sujets, Vaſſaux & Habitans, ſeroient jugées au Parlement de Paris comme étant le Parlement des Pairs, & ces Lettres y furent enregiſtrées le 3. May 1552. en execution de l'ordre que le Parlement en avoit reçû le 6. Avril 1551.

Lors qu'Antoine de Crouy Prince de Porcian, Marquis de Renel & Comte d'Eu du Chef de Madame ſon épouſe obtint des Lettres de Confirmation de la dignité de Pairie, elles furent encore addreſſées au Parlement de Paris, où l'Enregiſtrement en fut fait le dix Aouſt 1566. & où depuis toutes ſes affaires particulieres, & celles de ces Vaſſaux furent perpetuellement traduites.

Tous ces avantages ne firent pourtant point perdre au Parlement de Roüen les eſperances qu'il avoit conçûes de pouvoir un jour parvenir à ſon but, & il regarda toûjours ces Lettres comme des Jugemens qui étoient ſeulement proviſoires & non déciſifs.

Auſſi lit-on dans le Procès verbal de la Redaction des Uſages locaux de la Province que le differend étoit encore indecis au Conſeil en 1586. & même long-tems après quand le Parlement de Roüen a pû trouver une occaſion favorable à ſes intentions, il n'a pas manqué de s'en prévaloir.

Au mois de Février 1641. dans le tems de la minorité du Roy Loüis XIV. il y eut un Edit publié le premier jour de Mars enfuivant, le fceau tenant en la Chancellerie, par lequel il fut dit qu'à l'avenir il auroit la
connoiffance des affaires des Habitans du Comté d'Eu
qui feroient jugées & terminées felon les Ufages &
Coûtumes locales ainfi qu'elles avoient été établies.

Mais cet Edit n'eut point de fuite; le Comte d'Eu
forma oppofition à fon enregiftrement, & par une Declaration du 29. Avril de la même année qui le revo-
qua & qui fut verifiée au Parlement de Paris le 19. Juin
fuivant, on luy attribua la connoiffance de toutes fes
affaires telle qu'il l'avoit auparavant.

Ces Conteftations n'ont point encore été jugées; & il
y a bien de l'apparence que les chofes demeureront à
jamais dans le même état où elles font prefentement.

Le Comté d'Eu ne laiffe pas pour cela de faire toûjours partie du Duché de Normandie, auffi voyons-
nous qu'il a perpetuellement été foûmis à la Jurifdiction de la Cour des Aydes de Roüen; & même par un
Edit du Roy Loüis XIV. donné à Verfailles au mois de
Février 1696. regiftré en cette Cour l'onze Avril fuivant,
on a crée un Corps & Siége d'Election en la Ville d'Eu
& un Bureau de recepte des Tailles en Chef pour être
de la Generalité de Roüen & du reffort de ladite Cour.

J'ay oüy dire que M' l'Archevêque de Roüen com-
met en cette Ville un Official pour regler ce qu'il y a
de Spirituel, & ce qui eft de la competence ordinaire
des Officiaux. Il eft vray que les appellations comme
d'abus interjettées de fes Jugemens fe portent au Parlement de Paris; mais il eft toûjours conftant que c'eft
l'Archevêque de Roüen qui le prepofe, & qui luy com-

munique l'autorité qu'il a de juger.

Les Habitans de cette contrée reconnoiffent ce Pré-lat pour Diocefain ; ils obéïffent au Lieutenant de Roy de la haute Province ; ils reçoivent les ordres du Com-miffaire départi dans la Generalité de Roüen ; la Ville d'Eu contribuë, dit M. Thomas dans fon Plaidoyé dont j'ai parlé cy-devant, aux emprunts qui fe font en Nor-mandie fur les Villes clofes ; à la folde de 50000 hom-mes ; aux Tailles ; aux Gabelles ; aux Quatriémes, & aux autres Aydes ; enfin les Vaffaux de ce Comté portent leur part & portion des charges & des impofi-tions qu'on répand fur la Province ; & ç'a été fur ce fon-dement que Loüis-Augufte de Bourbon Duc du Maine, à prefent Comte d'Eu a obtenu les Arrefts du Confeil des années 1697, 1698 & 1699, dont il fera parlé dans la fuite ; & par lefquels il a fait faire deffenfes de pour-fuivre ou d'évoquer à Paris les Decrets d'Immeubles y fituez fuivant les anciens Privileges accordez aux Etats de Normandie.

<table>
<tr><td>Declaration<br>du Roi Louis<br>XI. du 15.<br>Janv. 1465.</td><td>LOUIS par la Grace de Dieu Roy de France : A nos amez & feaux Confeillers, les Gens tenans & qui tiendront nôtre Parlement à Paris.</td></tr>
</table>

De la Partie de nôtre très-cher & très-amé Coufin le Comte d'Eu nous a été expofé qu'il tient en Pairie de Nous ledit Comté d'Eu fous le Ref-fort & Souveraineté de nôtre Cour de Parlement à Paris, a pareils & femblables droits, prérogatives, prééminences comme les autres Pairs & Seigneurs de nôtre Royaume tenans en Pairie, lefquels par les droits & privileges de ladite Pairie font exemts de toutes autres Cours & Jurif-dictions en quelque lieu qu'elles foient : Et combien que par lefdits droits de Pairie nôtredit Coufin, fes Hommes, Vaffaux, & Sujets ne foient tenus de reffortir en quelque inftance que ce foit en nôtredite Cour de Parle-ment à Paris, néanmoins nôtredit Coufin a puis n'agueres entendu qu'és appointemens faits entre Nous & nôtre très-cher & très-amé frere Charles touchant le bail & tranfport de nôtredit Duché de Normandie, fut par Nous accordé à icelui nôtredit frere avec les autres chofes qu'il convenoit fur ce paffer pour efchever & obvier à plus grands inconveniens, que combien qu'icelui nôtredit Coufin d'Eu fût Pair de France : & tenant de

Nous

Nous en Pairie ledit Comté d'Eu, & à cette cause fût exempt & sesdits
Sujets de toutes autres Jurisdictions fors les siennes, & le ressort de nôtredite, Cour de Parlement à Paris, sesdits Hommes & Sujets ressortiront doresnavant audit Echiquier de Normandie és causes d'appel & doleances
qui de ses Juges & Officiers seroient intervenües, & de toutes autres con-
cernantes le dernier ressort. Et jaçoit que ledit accord & octroy fait à
nôtredit frere Charles touchant le fait dudit Ressort de ladite Cour d'Eu
en nôtredit Echiquier ne doit raisonnablement préjudicier à nôtredit Cousin, tant pour les causes dessusdites que pour ce qu'il fait en son absence,
& lui non oüy, ce nonobstant icelui nôtre Cousin doubte qu'au moyen
desdits appointemens & des Lettres par nous octroyées à nôtredit frere
touchant le ressort de ladite Comté d'Eu & des Sujets d'icelle en nôtredit
Eschiquier, vous les Gens de nôtredit Eschiquier qui serez pour le temps
voulissiez entreprendre Cour, Jurisdiction, ou connoissance des causes
d'appel ou de doleance, ou és autres instances procedantes, ou qui vien-
dront de nôtredit Cousin, de ses Juges, ou qui le pourroient toucher, &
ses Sujets de sondit Comté d'Eu en aucune maniere, & contraindre icelui nôtredit Cousin & ses Sujets de répondre & sortir Jurisdiction autre
part qu'en nôtredite Cour de Parlement, qui seroit, comme maintient
nôtredite Cousin, venir directement contre les droits, prérogatives, &
prééminences de le Pairie de France, l'usage, & stile notoirement gardé
en telle matiere, & au très grand grief, préjudice, & dommage d'icelui
nôtredit Cousin & de ses sujets du Comté d'Eu, & plus pourroit estre
se par nous n'étoit pourvû de remede convenable, ainsi qu'il nous a ré-
montré très humblement requerant icelui.

Pour ce est-il que Nous, ces choses considerées, voulans les droits &
prérogatives de Pairs de France, & de ceux qui tiennent en Pairie estre
tenus & gardez en leurs termes, sans enfraindre icelui, à nôtre Cousin
Comte d'Eu avons octroyé & octroyons par ces Presentes qu'il & ses hoirs
Comtes d'Eu, tant pour eux que pour leurs Hommes & Sujets dudit Comté
d'Eu joüissent & usent ores & pour le tems à venir pleinement & paisiblement de l'effet de ladite Pairie de France, & des droits, prérogatives,
& prééminences d'icelle ainsi & par la forme & maniere que sont les autres Pairs & tenans en Pairie de France, & comme nôtredit Cousin eust
fait & pû faire paravant lesdits appointemens faits entre Nous & nôtredit
frere touchant le Bail & transport ainsi par Nous fait dudit Duché de
Normandie, & nonobstant iceux. Si vous mandons, commandons, &
très-expressément enjoignons & à chacun de vous si comme à lui appartiendra, que nôtredit Cousin d'Eu, tant pour lui que pour sesdits Hommes
& Sujets de sondit Comté d'Eu, vous faites, souffrez, & laissez joüir de
nôtre presente grace & octroy sans mettre ou donner, ne souffrir estre
mis ou donné aucun détourbier, ou empêchement au contraire, lequel se
fait, mis, ou donné avoit esté, ou estoit au contraire, ôtez & faites
ôter, & mettre chacun de vous en droit soy du tout au néant, & au premier estat & dûb: & se aucuns ajournemens ou autres exploits avoient
esté, ou estoient faits depuis lesdits appointemens faits avec nôtredit frere

D

& les Lettres à lui octroyées au préjudice de nôtredit Coufin & de fefdits Vaffaux & Sujets pardevant autres Juges qu'en nôtredite Cour de Parlement à Paris en laquelle les caufes defdits Pairs de France font commifes. Nous mandons à vous Gens de nôtredit Echiquier que contre ne au préjudice des droits & préminences de ladite Pairie de France, vous defdites caufes & matieres touchant icelui nôtredit Coufin & fefdits Sujets de fondit Comté d'Eu, ne tenez ne entreprenez aucune Cour de Jurifdiction & connoiffance, laquelle pour les caufes deffufdites Nous vous avons interdite & deffenduë, interdifons & deffendons par ces Préfentes: & en outre mandons à vous Gens de nôtredit Parlement à Paris que les caufes des matieres en quelqu'eftat qu'elles foient, qui au préjudice des droits & prérogatives de ladite Pairie d'iceluy nôtredit Coufin auroient efté introduites, & feroient pendantes autre part qu'en nôtredite Cour de Parlement, vous évoquiez pardevant vous en nôtredite Cour de Parlement à Paris en y affignant aufdites Parties jour certain de competence pour y proceder ainfi qu'il appartiendra, Car ainfi le voulons & nous plaift eftre fait, & à nôtredit Coufin pour les caufes deffufdites l'avons octroyé & octroyons de grace fpéciale par ces Prefentes nonobftant lefdits appointemens faits avec nôtredit Frere Charles touchant le bail & tranfport dudit Duché de Normandie, & les Lettres que fur iceluy luy avons octroyées au préjudice de nôtredit Coufin d'Eu & de fes Sujets, que nous ne voulons aucunement préjudicier à nôtredit Coufin, ne aux droits & prérogatives de ladite Pairie, de quelques autres Lettres fubreptiées, impétrées, ou à impétrer au contraire. Donné au Pont-de-l'Arche le 15. jour du mois de Janvier, l'an de grace 1465. & de noftre Regne le 5. *Sic fignatum*, Par le Roy; M. le Duc de Bourbon, vous l'Archevêque de Narbonne, l'Evêque de Langres, l'Admiral, les Sires de Crufol, Dulan & de la Bafoge, Mre. Jean du Vergier Préfident de Thouloufe, Pierre Poignant, Guillaume Compaing, Pierre Clutin, & autres Préfidens, Rolant. *Et in dorfo fcriptum eft: lecta, publicata, & regiftrata præfente Procuratore Regis & non contradicente. Parifiis in Parlamento decimâ die Februarij millefimo quadringentefimo fexagefimo quinto. Sic fignatum.* CHENETEAU. Et plus bas eft écrit, *Collatio facta eft cum Originali.*

*Don de la Garde-noble du Comté d'Eu pendant la minorité de François de Cleves, du 11. Oct. 1521.*

FRANÇOIS par la grace de Dieu Roy de France: A tous ceux qui ces prefentes Lettres verront; à nos amez & féaux les Gens tenans & qui tiendront noftre prochain Parlement, & de nos Comptes, SALUT. Sçavoir faifons que Nous voulans pourvoir à la garde, gouvernement, & adminiftration de la perfonne & biens de noftre cher & bien-amé Coufin François de Cleves fils de feu noftre Coufin Charles en fon vivant Comte d'Eu & Pair de France, & de noftre très-chere & amée Coufine Marie d'Albret Comteffe de Nevers fille de noftre très-cher & amé Coufin Jean d'Albret Comte de Dreux & de Rhetel, Sieur d'Orval, noftre Lieutenant General & Gouverneur en nos Pays & Comté de Champagne & Brie, lequel François au moyen de fa minorité & foubz aage, & auffi du trefpas de fondit pere n'agueres décedé, eſt chû en noſtre garde ſelon la Coûtume dudit Pays & Comté d'Eu qui ſe conforme à la Coûtume de nos Pays & Duché de Normandie, conſiderant que noſtre Couſin Jean d'Albret, & auſſi noſtre Couſine Comteſſe de Nevers mere dudit François, ſont pour bien, dûëment, honorablement, & profitablement, & mieux que nul autre adminiſtrer, regir & gouverner les perſonnes & biens dudit François mineur, meſmement quant audit Comté d'Eu & revenu d'icelui eſtant tenu en Pairie. Pour ce, & auſſi pour la proximité de lignage dont ledit mineur, ſeſdits mere & ayeul nous attiennent, & autres bonnes conſidérations à ce Nous mouvans, à iceux noſdits Couſin & Couſine, tant conjointement que diviſement, & au ſurvivant d'eux avons donné & octroyé, donnons & octroyons par ces Préſentes tout le droit de Garde, qui par ladite Coûtume dudit Pays du Comté d'Eu conformante, comme dit eſt, à la Coûtume, Droits & Prérogatives de noſdits Pays & Duché de Normandie, Nous peut competer & appartenir dudit François de Cleves, pour en joüir dés-à preſent & durant ſadite minorité par noſdits Couſin & Couſine conjointement & diviſement, & le ſurvivant d'eux deux en tous droits tant de Pairie qu'autres prérogatives & prééminences, & de faire & diſpoſer des fruits, profits, revenus & émolumens dudit Comté, ainſi comme tous gardiens doivent & ſont tenus de faire, à quelque ſomme, valeur & eſtimation que le revenu d'icelui Comté ſoit & puiſſe eſtre & monter ſans aucune choſe en réſerver, ni retenir, fors ſeulement les Patronnages d'Egliſes, & Collations de Benefices, s'aucuns en y a audit Comté, & elles échéent durant le tems de ladite minorité, en faiſant, payant, & acquittant par nos Couſin & Couſine, & par ledit ſurvivant les charges & devoirs d'iceluy Comté, s'il y en a, où, & ainſi qu'il appartiendra, & auſſi à la charge qu'iceux noſdits Couſin & Couſine durant le tems de ladite garde, ſeront tenus pourſuivre, ſoûtenir, & deffendre les procez & querelles de noſtredit Couſin François de Cleves, entretenir, & mettre en valeur ledit Comté, & faire toutes autres choſes requiſes, & qui appartiennent à tous gardiens, & que ferions & devrions faire ſe tenions en nos mains ladite garde, & dont à la fin du tems il ſeront tenus rendre bon compte & reliquat, le tout au profit de noſtredit Couſin mineur. Si voulons, vous mandons, & expreſſément enjoignons & à chacun de vous, ſi comme à lui appartiendra, que de nos preſens gardes, droit, & octroy, vous faites, ſouffrez & laiſſez noſdits Couſin & Couſine tant conjointement que diviſément, & le ſurvivant d'eux deux joüir & uſer pleinement & paiſiblement, tout ainſi que deſſus eſt dit, en oſtant & levant toutes ſaiſies & main miſes & autres empêchemens qui par cy-devant y pourroient avoir eſté faits, mis & donnez, tant par noſtredite Cour de Parlement, & à la Requeſte de noſtre Procureur General pour raiſon du procez dont feu noſtredit Couſin Charles de Cleves eſtoit pourſuivi en matiere d'excez en noſtredite Cour que autrement, ſans en ce leur faire mettre, ou donner, ou ſouffrir eſtre fait, mis ou donné aucun détourbier ou empêchement au contraire, en mettant le tout en pleine & entiere délivrance, & rapportant ceſdites Preſentes ſignées de noſtre

D ij

main, ou *Vidimus* d'icelles fait fous Scel Royal, & reconnoiffance de
l'un d'eux ou du furvivant fur ce feulement, Nous voulons nos Vicomtes
& Receveurs ordinaires aufquels fe pourra toucher, en eftre tenus quittes & déchargez en leurs comptes, en vous mandant dérechef ainfi le
faire fans difficulté, Car tel eft noftre plaifir, nonobftant quelconques
ordonnances, reftrictions, mandemens, & deffenfes à ce contraires. Donné
à Nôtre-Dame de Lieffe l'onziéme jour d'Octobre l'an de grace 1521. Et
de noftre Regne le feptiéme: *Sic fignatum*, FRANÇOIS.   Par le Roy.
*Lecta, publicata & regiftrata, audito Procuratore Regis, in quantum tangit
gardiam Francifci de Cleves minoris in albo nominati, & manum noftram ad
Requeftam ejufdem Procuratoris Regis, factam ad utilitatem ejufdem minoris
& juorum gardianorum & quantum tangit, & in prœjudicium dicti Procuratoris Regis dumtaxat abfque oppofitionis per eundem Procuratorem Regis
pro amendis pecuniariis quæ per exitum proceffus Regi adjudicari poterunt prœju-
dicio. Parifiis in Parlamento fexta die Februarii. Anno Domini milleſino
quingentefimo vigefimo primo. Sic fignatum,*

DE VEIGNOLES.

*Declaration
du Roi Henry
II. du 19.
Mars 1551,*

HENRY par la grace de Dieu Roy de France: A tous ceux qui ces
prefentes verront, SALUT. Comme l'an 1458. feu de bonne memoire
Charles VII. pour bonnes & juftes confiderations à ce le mouvans, euft
érigé en Pairie de France le Comté d'Eu, & depuis ledit tems tant par
les Predeceffeurs de noftre trés-cher & trés-amé Coufin le Duc de Nivernois, que par luy euft efté tenu jufqu'à préfent en tels & femblables
droits, prérogatives & prééminences, & tout ainfi que les autres Pairs de
France ont accoûtumé tenir leurs Pairie ainfi qu'il Nous eft dûëment apparu: & foit que lefdits Pairs pour les droits & privileges de ladite Pairie
ne doivent reffortir ailleurs que pardevant les Gens tenans noftre Cour de
Parlement de Paris, & par ce eft noftredite Cour appellée la Cour des
Pairs, ainfi qu'il eft notoire: ce néanmoins Nous avons efté dûëment
avertis & informez que pour raifon dudit Comté, & à la requefte du
Procureur des trois Eftats de noftre Pays & Duché de Normandie, & de
noftredit Procureur en noftre Cour de Parlement à Roüen, noftredit
Coufin & noftre Procureur General en noftre Cour de Parlement à Paris
auroient efté mis en caufe pardevant laquelle auroit efté depuis renvoyée
par nos Lettres du 21. Decembre 1550. pardevant les Gens tenans noftre
Grand Confeil, foûtenant ledit Procureur des Eftats & noftre Procureur
General en noftredite Cour de Roüen, ledit Comté devoir reffortir en
noftredite Cour de Parlement à Roüen, & au contraire noftredit Coufin,
& avec luy noftre Procureur General en noftredite Cour de Parlement à
Paris, ledit Comté pour raifon de la qualité de la Pairie devoir reffortir en noftredite Cour de Parlement à Paris. Nous à qui feul appartient
de connoiftre de cette affaire, & diftribuer nos Jurifdictions & Refforts
foubz noftre bon plaifir, & declarer fur ce noftre vouloir, defirans les
droits, privileges, & prérogatives des Pairs de France eftre entretenus,
gardez, & obfervez, avons évoqué & évoquons à Nous & à noftre Per-

fonne ledit procez & differend, circonftances & dépendances d'icelui ; & après avoir entendu les moyens des Parties, & que la matiere a efté mife en délibération de noftre Confeil, & qu'il Nous eft apparu de l'Erection en Pairie dudit Comté, & Declaration fur ce faite par feu de bonne memoire le Roy Loüis XI. par fes Lettres du 15. jour de Janvier 1465. ne voulant noftredit Coufin eftre vexé & travaillé par procez, avons à ces caufes & autres bonnes confidérations à ce Nous mouvans de noftre certaine fcience, pleine puiffance, & authorité Royale dit, déclaré & ordonné, difons, declarons, & ordonnons, & voulons & Nous plaift que notredit Coufin, fes Hoirs, & Succeffeurs joüiffent ores & à l'avenir pour raifon dudit Comté, & ufent pleinement & paifiblement de l'effet de ladite Pairie de France, enfemble de tous & chacuns les droits, prérogatives, préémi-nences, privileges, & authoritez d'icelle, tout ainfi que par la forme & maniere que font les autres Pairs & tenans en Pairie de France, & ce faifant, Voulons que noftredit Coufin, & fefdits Hoirs, & Succeffeurs, leurs Hommes, Sujets & Vaffaux dudit Comté d'Eu reffortiffent au fait de la Juftice tant en demandant qu'en deffendant pardevant nos amez & feaux les Gens tenans noftredite Cour de Parlement à Paris comme en la Cour naturelle des Pairs de France, en les exemptant de toutes autres Cours & Jurifdictions, interdifant à nôtredite Cour de Parlement de Roüen, & à tous autres Juges toute Cour, Jurifdiction, & connoiffance de noftredit Coufin, fes Hoirs, Succeffeurs, leurs Hommes, Sujets & Vaffaux dudit Comté d'Eu, impofant filence perpetuel à noftredit Procureur prefent & à venir, auquel noftredit Procureur Nous enjoignons faire enregiftrer en ladite Cour de Parlement de Roüen la Copie collationnée à l'Ori-ginal des Prefentes, qui luy fera à cette fin donnée à ce qu'ils n'en puif-fent prétendre caufe d'ignorance. Si donnons en mandement à nos chers & bien-amez les Gens tenans noftredite Cour de Parlement à Paris, que noftredit Coufin, fes Hoirs, Succeffeurs, leurs Hommes, Sujets & Vaf-faux dudit Comté d'Eu, ils fouffrent & laiffent joüir & ufer de nos prefentes Declarations, Grace & Octroy, fans mettre ou donner ne fouffrir eftre mis ou donné aucun détourbier ou empefchement au con-traire nonobftant quelconque mandement, reftrictions, & autres Lettres impétrées ou à impétrer, les raifons & moyens prétendus par noftredit Procureur au Parlement de Roüen, & Procureur defdits Eftats de Nor-mandie: Et pour autant que l'on pourra avoir affaire de ces Prefentes en divers lieux, Nous voulons qu'au *Vidimus* d'icelles foy foit ajoutée com-me à ce prefent Original. Car tel eft noftre plaifir. Donné à Chaalons le 19. Mars 1551. Et de noftre Regne le 5. Ainfi figné fur le reply, Par le Roy, DE L'AUBESPINE. *Lecta, publicata & regiftrata, audiente & re-quirente Procuratore Generali Regis. Actum Parifiis in Parlamento tertiâ die Maij. Anno Domini milleſimo quingenteſimo quinquageſimo fecundo. Sic ſignatum,* DU TILLET. Collation eft faite à l'Original. Signé,
DU TILLET.

D iij

HEnry par la grace de Dieu Roy de France : A nos amez & féaux, les Gens tenans noſtre Cour de Parlement à Paris, Salut. Comme avec une grande & mûre délibération de Conſeil Nous ayons déclaré· voulu, & ordonné par nos Lettres Patentes données à Chaalons le 19, jour de Mars 1551. noſtre trés-cher & trés-amé Couſin le Duc de Nivernois, Comte d'Eu, ſes Hoirs & Succeſſeurs joüiſſent ores & pour l'avenir, pour raiſon dudit Comté d'Eu, & uſent pleinement & paiſiblement de l'effet, titres, droits, prérogatives, & préeminences, privileges, & authoritez de Pair de France, & en ce faiſant, que tant noſtredit Couſin que ſeſdits Hoirs & Succeſſeurs, leurs Hommes, Sujets, & Vaſſaux dudit Comté d'Eu reſſortiſſent au fait de la Juſtice, tant en demandant qu'en deffendant, pardevant vous comme la Cour naturelle des Pairs de France, en les exemptant de toutes autres Cours & Juriſdictions, interdiſant à noſtre Cour de Parlement de Roüen, & à tous autres Juges toute Cour, Juriſdiction & connoiſſance ſur noſtredit Couſin, ſes Hoirs & Succeſſeurs, leurs Hommes, Sujets & Vaſſaux dudit Comté d'Eu, & impoſant ſilence perpetuel au procez qui pour ce auroit eſté cy-devant intenté, & ſoit ainſi qu'il ſoit beſoin publier noſdites Lettres à ce que noſtredite Cour de Parlement à Roüen & autres Juges, & leſdits Hommes, Sujets & Vaſſaux dudit Comté d'Eu n'en puiſſent prétendre cauſe d'ignorance, & ſoubz ce prétexte contrevenir à noſdits Vouloir & Ordonnance, ce neanmoins Nous ſommes avertis que vous differez la publication deſdites Lettres au moyen qu'il ne vous eſt mandé de ce faire. Nous à ces cauſes deſirans noſdits Declaration & Vouloir eſtre inviolablement gardez & obſervez, & noſtredit Couſin, ſes Hoirs, Succeſſeurs, leurs Hommes, Sujets, & Vaſſaux dudit Comté d'Eu, pour joüir & uſer pleinement & paiſiblement de l'effet d'icelles, & les contrevenans eſtre punis comme deſobéïſſans & rebelles, vous ayez, à ce qu'aucun n'en prétende cauſe d'ignorance, à publier & enregiſtrer leſdites Lettres, & faire & laiſſer joüir noſtredit Couſin, ſes Hoirs & Succeſſeurs, leurs Hommes, Sujets & Vaſſaux dudit Comté d'Eu, de l'effet d'icelles ſans aucun deſtourbier ou empeſchement, nonobſtant quelconques Mandemens & Lettres à ce contraires. Car tel eſt noſtre plaiſir. Donné à Joinville le ſixiéme Avril l'an de grace mil cinq cents cinquante & un. Ainſi ſigné, Par le Roy. DE L'AUBESPINE. *Lecta, publicata & regiſtrata, audito & requirente Procuratore Generali Regis. Actum Pariſiis in Parlamento tertiâ die Maij. Anno Domini milleſimo quingenteſimo quinquageſimo ſecundo. Sic Signatum* DU TILLET. Collation faite à l'Original. Signé, DU TILLET.

<table>
<tr><td>Confirmat.<br>de la Dignité<br>de Pairie au<br>Comté d'Eu<br>du 10. Aoſt<br>1566.</td><td>CE jour les Gens du Roy ont dit qu'ils ont vû par Ordonnance de la Cour les Lettres Patentes octroyées par le Roy aux Seigneur & Dame, Prince & Princeſſe de Porcian, contenans continuation & confirmation de la dignité & qualité de Pairie au Comté d'Eu à eux avenu par droit ſucceſſif de ladite Dame en la Maiſon de Nevers. Si ont dit que à la verité il appert par les pieces attachées auſdites Lettres que le Comté d'Eu a eſté érigé en Pairie dès l'an 1458. du tems du Roy Char-</td></tr>
</table>

les VII. en la perſonue de Charles d'Artois pour Luy, ſes Hoirs, & ayans cauſe perpetuellement & hereditablement, *Quibus verbis licet neceſſariè non includantur fœminæ alioqui talium dignitatum minimè capaces ſint ſpeciali privilegio & conceſſione*, ſi eſt-ce qu'il ſe trouve en cet endroit que ce Fief en cette qualité a paſſé à femelles, ſoit par ſouffrance, diſſimulation, ou autrement, tellement qu'il ſembleroit que la preſente continuation ou confirmation ne ſeroit pas ſans exemple, toutesfois ont entendu qu'aucuns ayant intereſt pour la prélation ou préſéance l'entendent debattre ou empeſcher qu'elle paſſe pour tenir lieu de Pairie ancienne, bien accordant qu'elle vaille, *ut novum feudum, aut recens, ſeu novata qualitas quorum rationes licebit audire, quando ita Senatui æquum aut neceſſarium videbitur.* Cependant à ce qu'ils dirent pour leur offices, eſt que ſans prejudice de cette dignité, ou renovation de cette qualité, ils ne veulent empeſcher que leſdits Sieur & Dame ne joüiſſent de ce Comté en cette qualité ou dignité ſous les moderations qui enſuivent. C'eſt à ſçavoir que c'eſt ſans prejudice du procez petitoire dès long tems inſtitué, conduit, & inſtruit pour raiſon dudit Comté entre le Roy prétendant ledit Comté luy appartenir, & ceux de la Maiſon de Cleves & Nevers dont deſcend & deſquels ladite Dame a droit & cauſe, ſoutenant au contraire d'autre part, duquel procez ils requierent à preſent la répriſe & le jugement avec leſdits Seigneur & Dame : Et d'autant qu'il eſt inſtruit, que ſur ce ils viennent de dire ce qu'il appartiendra au lendemain de S. Martin, autrement ſoit tenu pour délaiſſé, & ledit Comté ajugé au Roy. Plus, que cette Pairie paſſe quant à preſent, à la charge toutesfois des remonſtrances qu'ils requierent promptement eſtre faites au Roy, qu'il lui plaiſe trouver bon & ordonner que generalement les dignitez de Pairie, ſeront & demeureront éteintes & revoquées, avenant que ceux qui ont eſtez honorez, decedent ſans maſles, encore que le Fief ſimple en ſoy puiſſe & doive de ſa nature & qualité paſſer aux femelles. Autrement adviendra que la Providence de nos Predeceſſeurs en la compoſition, uſance, obſervance, & étenduë de la Loy Salique ſera du tout renverſée, en danger d'apporter grande conſequence à l'eſtat de ce Royaume. Ainſi ſoit par Sa Majeſté aviſé remettre par ſucceſſion de tems le nombre des Pairs en leur premier & ancien nombre & ordre.

CE jour M. Antoine de Crouy Prince de Porcian, Marquis de Renel & Comte d'Eu, Pair de France, eſt venu en la Cour, ayant laiſſé ſon épée à l'entrée de ladite Cour, a fait & preſté le ſerment de Pair de France, ſans prejudice de la ſéance ou préſéance du Duc de Montmorency, auſſi Pair de France, à la charge qu'il viendra au lendemain de la S. Martin deffendre aux Concluſions du Procureur General du Roy du 10. de ce mois.

LOUIS par la grace de Dieu Roy de France & de Navarre: A tous preſens & à venir, Salut. L'incommodité que ſouffrent nos Sujets Taillables par l'éloignement des lieux où ils ſont obligez de porter les

*Création d'un Siege d'Election en la Ville d'Eu.*

Deniers de nos Tailles, & d'aller plaider sur les differends qui surviennent au sujet de la levée desdites Tailles & autres Impositions, Nous ont engagé aussi-bien que nos Predecesseurs, lorsque Nous en avons eu connoissance, à faire de nouveaux établissemens de Sieges d'Elections dans une distance assez proche, pour que nosdits Sujets puissent avec plus de facilité & moins de dépense porter les Deniers de leurs Tailles, & poursuivre leurs Procez pour raison des Impositions faites sur eux : C'est dans cette vûë que Nous nous sommes proposé de créer & d'établir un Siege d'Election & un Bureau de Recette des Tailles en chef en la Ville d'Eu, même de rétablir le Siege d'Election & Bureau de Recette desdites Tailles qui avoient été créez & établis en la Ville de la Charité sur Loire en l'année 1635. & depuis supprimez. A ces causes, & autres à ce Nous mouvans, de l'avis de nôtre Conseil, & de nôtre certaine science, pleine puissance & autorité Royale, Nous avons par le present Edit perpetuel & irrevocable, créé, érigé & établi, creons, érigeons & établissons en nôtre Ville d'Eu, un Corps & Siege d'Election, & un Bureau de Recette de nos Tailles en chef, qui seront de la Generalité de Roüen, & du Ressort de la Cour des Aydes de Normandie, sans qu'ils puissent en être cy-après distraits, sous quelque prétexte que ce soit ; & pour les composer, Nous avons distrait & désuni des Elections voisines les Paroisses qui ensuivent : Sçavoir, *de l'Election d'Arques*, la Ville & Fauxbourgs d'Eu, le Tréport, Criel, Toqueville, Comté d'Eu, S. Martin le Gaillard, Sauchay en Riviere, Sauchay en Bosc, les Rendus, Boissy, Cappeval, Avenes, S. Agnan, Cuverville, Auberville sur Yere, S. Suplix sur Yere, Touffreville, S. Leonnard, Baromenil, Estalonde, Floques, S. Pierre Enval, Pontheraucour & Bosrocour, Blangy, Mouceaux, Rieu, Realcamp, S. Martin au Bosc, S. Leger, Fremeutel, Richemont, Aubignimont, Nillemont, le Caule, Aubermenil les Erables, Foucarmont, Beaugeoffroy, Favencour, la Lanqueuë, Linemare, Puisenval, Hemie, Fresnoy, Desville, Fonteny, Grancour, Pierrepont, Ecotigny & la Pierre, le Menil-Reaume, Mouchy, la Berquerie, la Belloys, S. Pierre de la Jonquiere, Mibosc, Goussanville, Hainseville, le Prieuré S. Martin au Bosc, Guerville, Basnival, Lougroy, Campeneuseville, la Lande, Varimpré, & la Mare Mesangere : *Des Elections d'Amiens & d'Abbeville*, le Bourg Dau, S. Marc en Cauchie, Altenay, Framicour, Frodeville, la Croix au Bailly, Boutancourt, d'Argny, Gamache, Beauchamp, Vismes, Lieu-Dieu, Ancennes, Oisemont & Sery : *De l'Election de Neufchâtel*, S. Remy en Campagne, Villy, Val-du-Roy, S. Remy en Riviere, Nôtre Dame de la Jonquiere, & Bailly en Campagne ; *Toutes lesquelles Paroisses* cy-dessus énoncées Nous avons unies & incorporées, unissons & incorporons audit Siege d'Election & Recettes des Tailles de ladite Ville d'Eu ; *& pour conserver l'Election d'Arques* d'une étenduë convenable, Nous avons jugé à propos de désunir de l'Election de Caudebec les Paroisses cy après pour les unir à celle d'Arques, dont elles sont mêmes plus proches que de ladite Election de Caudebec : *Sçavoir*, Angien, Houdetot, Tonneville, Englesqueville, les Bras-Longs, Autigny, Canville, Beneville, Viquemare,

Estalleville

Eſtalleville , Menil-Dourdan , Arnouville , Plaineſeve, Gueutteville, Maneville les Plains, S. Valery en Caux, Bourville & Cailleville; *Toutes leſquelles Paroiſſes* diſtraites de ladite Election de Caudebec Nous avons unies & incorporées, les uniſſons & incorporons au Siege de l'Election & Recette des Tailles d'Arques; & comme ladite Election de Caudebec ſouffriroit une diminution conſiderable par la diſtraction des Paroiſſes unies à celle d'Arques, Nous avons pareillement diſtrait & déſuni de l'Election de Roüen les Paroiſſes de Duclair, Jumieges, Sainte-Auſtreberte & Ecalles; & de l'Election de Montivilliers, les Paroiſſes de Valmont, Fontaines, Fauville, Sainte Marguerite ſur Fauville, Malleville, S. Euſtache & Annouville, & les avons unies & incorporées au Siege d'Election & Recette des Tailles de Caudebec, &c. Si donnons en mandement à nos amez & feaux Conſeillers, les Gens tenans nôtre Cour des Aydes à Roüen, que le preſent Edit ils ayent à faire lire, publier & enregiſtrer, & le contenu en iceluy garder & obſerver de point en point ſelon ſa forme & teneur, ſans ſouffrir qu'il y ſoit contrevenu, nonobſtant tous Edits, Declarations; Reglemens, Arrêts, & Clameur de Haro, Charte Normande, & autres Lettres à ce contraires, auſquelles Nous avons dérogé & dérogeons par ledit preſent Edit. Voulons qu'aux copies d'iceluy düément collationnées par l'un de nos amez & feaux Conſeillers-Secretaires, foy ſoit ajoûtée comme à l'Original: Car tel eſt noſtre plaiſir. Et afin que ce ſoit choſe ferme & ſtable à toûjours, Nous y avons fait mettre noſtre Scel. Donné à Verſailles au mois de Février, l'an de grace mil ſix cens quatre-vingt-ſeize; & de nôtre Regne le cinquante-troiſiéme. *Signé*, LOUIS; *Et plus bas*, Par le Roy, PHELYPEAUX. *Viſa*, BOUCHERAT. Et ſcellé du grand Sceau de cire verte.

*Regiſtré és Regiſtres de la Cour, oüy & ce requerant le Procureur General du Roy, pour être executé ſelon ſa forme & teneur, ſuivant l'Arreſt intervenu ſur la verification dudit Edit. A Roüen en la Cour des Aydes, l'Audience de ladite Cour ſeante, l'onziéme Avril 1696. Signé, NOEL.*

L OUIS par la grace de Dieu Roy de France & de Navarre: A tous *Declaration* ceux qui ces preſentes Lettres verront, Salut. Nous avons par noſtre *en conſequence* Edit du mois de Fevrier dernier, créé & érigé en la Ville d'Eu & en celle de la Charité ſur Loire, un Siege d'Election & un Bureau de Recette des Tailles en Chef, avec un nombre d'Officiers ſuffiſant pour y rendre la juſtice à nos Sujets, & faire la recette des deniers de nos Tailles & des Octroys des Villes & lieux en dépendans: A l'effet de quoy Nous avons diſtrait & déſuni des Elections voiſines les Paroiſſes dont elles doivent eſtre compoſées Mais eſtant ſurvenu pluſieurs difficultez dans cet établiſſement, premierement en ce que l'Election de la Charité a eſté unie à la Generalité d'Orleans, quoique la Ville de la Charité ſoit beaucoup plus éloignée de la Ville d'Orleans que de celles de Bourges & de Moulins, Capitales des Generalitez de Berry & de Bourbonnois; En ſecond lieu, en ce que la diſtibution des Paroiſſes dont leſdites Elections doivent être compoſées, n'a pas eſté faite auſſi regulierement

E

qu'elle le pouvoit estre pour la commodité de nos Sujets, & pour la seureté
de nos deniers, plusieurs desdites Paoisses se trouvant beaucoup plus éloï-
gnées desdites Villes d'Eu & de la Charité que du Chef-lieu des Elections
dont elles ont esté distraites. Pour remedier à ces inconveniens, Nous avons
résolu de joindre plusieurs Paroisses qui ne l'ont pas esté, & d'en distraire
d'autres qui composoient partie desdites Elections: A ces causes, & autres à
ce Nous mouvans, & de nostre certaine science, pleine puissance & autorité
Royale, Nous avons par ces Presentes signées de nostre main, dit, déclaré, & statué, disons, declarons, & statuons, Voulons, & Nous plaist, que
l'Election d'Eu soit & demeure composée à l'avenir des Paroisses cy-après,
que nous avons distraites & désunies des Elections voisines; Sçavoir, *de*
*l'Election d'Arques*, la Ville & Fauxbours d'Eu, le Treport, Criel, Toc-
queville, Comté d'Eu, Saint-Martin le Gaillard, Sauchay en riviere, Sauchay en bosc, les Rendus, Boissi, Capeval, Avenes, Saint-Agnan, Cuverville, Auberville sur Yere, Saint-Suplix sur Yere, Touffreville, Saint
Leonard, Baromenil, Estaloudes, Floques, Saint Pierre en val, Ponthe-
raucourt & Bosrocour, Blangy, Mouceaux, Rieux, Realcamp, Saint Martin au bosc, Saint Leger, Frementel, Richemont, Aubignimont, Nillemont, le Caul, Aubermenil, les Erables, Foucarmont, Beaugeoffroy, Fa-
nencour, la Leuqueüe, Linemare, Puisanval, Hemie, Fresnoy, Desville,
Fonteny, Grandcour, Pierrepont, Ecotigny & la Pierre, le Menil-Reaume, Mouchy, la Berquerie, la Belloys, Saint Pierre de la Jonquiere, Mibosc, Goussanville, Hainseville, le Pieuré Saint Martin au bosc, Guerville, Bassinval, Longroy, Campeneuseville, Lalande & Varimpré. *De l'E-*
*lection d'Amiens*, Mert, Ruffigny & Romeval, Bethencour, Woignaruë,
Tully, le Bourd'hault, Dargnie & Cornebotte, Allenay, Onival & Ande-
but, & Vaudricourt. *De l'Election d'Abbeville*, Bouvincourt, la Croix au
Bailly, Broutelle & Hantel, dépendans de ladite Election & de celle d'A-
miens; *Et de l'Election de Neufchâtel*, Melleville, Saint Remy en campagne, Villy, Val du Rose, Saint Remy en riviere, Nostre Dame de la Jonquiere & Bailly en riviere. *Toutes lesquelles Paroisses* cy-dessus énoncées,
Nous avons unies & incorporées, unissons & incorporons audit Siege d'E-
lection & Recette des Tailles d'Eu. *Nous avons pareillement distrait* de l'E-
lection d'Arques la Paroisse de la Marre-Messangere, & de l'Election de
Roüen, les Paroisses de Montquanchy & Rouvray que Nous avons unies
& unissons à l'Election & Recette des Tailles de Neufchastel. *Et pour con-*
*server* l'Election d'Arques d'une étenduë convenable, Nous avons distrait
de l'Election de Caudebec les Paroisses cy-après; *Sçavoir*, Angien, Houdetot, Tonneville, Englesqueville, les Bras longs, Antigny, Cauville, Beneville, Viquemare, Estalleville, Menil, Dourdan, Arnonville, Plaine-
seve, Guetteville, Manneville-les-Plains, Saint Vallery en Caux, Bourville & Cailleville: *Toutes lesquelles Paroisses* Nous avons unies & incorporées, unissons & incorporons au Siege d'Election & Recette des Tailles
d'Arques, *Et comme* ladite Election de Caudebec souffriroit une diminution considérable par la distraction desdites Paroisses unies à celles d'Arques, Nous avons pareillement distrait & désuni de l'*Election du Pont-eau-*

*de-Mer*, les Paroiſſes de Vatteville, Biiquetuit & Guerbaville. *De l'Election de Montivilliers*, Valmont, Sainte Marguerite ſur Fauville & Fauville: *Leſquelles Paroiſſes* Nous avons unies & incorporées, uniſſons & incorporons au Siege d'Election & Recette des Tailles de Caudebec. *Et pour* aucunement indemniſer l'Election du Pont-eau-de-mer, Nous avons diſtrait & déſuny de l'*Election de Pontlevefque*, les Paroiſſes de Gonneville ſur Honfleur & de Fourneville, que Nous avons unies & incorporées, uniſſons & incorporons au Siege de l'Election & Recette des Tailles du Pont eau de-mer. *Et comme* dans le nombre des Paroiſſes qui compoſent l'Election d'Eu, il y en a pluſieurs qui ont eſté diſtraites des Elections d'Amiens & d'Abbeville qui ſont du Reſſort de noſtre Cour des Aydes de Paris, *Voulons* que l'appel des Sentences qui ſont renduës dans ladite Election ſur le fait des Aydes, Tailles & autres Impoſitions deſdites Paroiſſes, ſoit porté en noſtredite Cour des Aydes de Paris comme avant ledit Edit, auquel Nous avons dérogé à cet égard, ſans qu'en aucun cas noſtre Cour des Aydes de Normanmandie en puiſſe prendre connoiſſance. Voulons que le Bailly de la Pairie d'Eu ait le Pas ſur tous les Officiers de ladite Election dans les lieux particuliers où ils ſe trouveront, & que dans les Aſſemblées publiques les Officiers de la Pairie ayent la droite, & ceux de l'Election la gauche ; Ce que Nous avons accordé de grace aux Officiers de ladite Pairie, & ſans tirer à conſequence, &c. Donné à Verſailles le quatorziéme jour d'Aouſt, l'an de grace mil ſix cens quatre-vingt-ſeize, & de noſtre Regne le cinquantequatriéme. Signé, LOUIS. *Et plus bas*, Par le Roy, PHELYPEAUX. Et ſcellé du grand Sceau de cire jaune.

*Regiſtrées en la Cour des Aydes, oüy, & ce requerant le Procureur General du Roy, pour eſtre executées ſelon leur forme & teneur, & ordonné que copies collationnées en ſeront inceſſamment envoyées à la diligence dudit Procureur General, ès Sieges des Elections d'Abbeville, Amiens, &c. pour y eſtre luës, publiées & regiſtrées, l'Audience tenant. Enjoint aux Subſtituts dudit Procureur General eſdits Sieges d'y tenir la main, & de certifier la Cour de leurs diligences au mois. A Paris les Chambres aſſemblées le vingt-un Aouſt mil ſix cens quatre-vingt-ſeize. Signé, PERET.*

# CHAPITRE IV.

L'érection des grandes Terres en dignité ne change pas toûjours le Ressort, & n'assujettit pas les Vassaux à la Jurisdiction du Parlement de Paris.

### SOMMAIRE.

I. *Les Lettres d'érection du Comté d'Eu en Pairie ne changent pas bien précisément son ancien Ressort.*
II. *Il y a dans la Province de Normandie plusieurs grandes Terres qui ont esté érigées en dignité sans tomber dans le Ressort du Parlement de Paris.*
III. *Reflexions sur l'érection d'Elbeuf en Pairie.*
IV. *Pareilles réflexions sur les dernieres Lettres d'érection d'Aumale en Duché-Pairie.*

I.    IL ne paroît pas que les Lettres d'érection du Comté d'Eu en *Pairie*, qui font du mois d'Août 1458. & qui furent publiées & enregistrées au Parlement de Paris le 18. Decembre suivant, le détachent bien précisément du Ressort de l'Echiquier de Normandie, pour le soûmettre à la Jurisdiction du Parlement des Pairs, tant par rapport aux Seigneurs & Proprietaires, que par rapport aux Vassaux.

Il est vrai qu'après l'avoir décoré de la dignité de Pairie, l'on ajoûte que Charles d'Artois & ses Hoirs joüiront de toutes les prérogatives, honneurs, priviléges, & libertez dont joüissent les autres Pairs de France, tant qu'ils seront Comtes d'Eu. *Sicque volentes,*

*&c. Creamus & promovemus in Parem, & Paritatis hu-*
*jufmodi Dignitatem Comitatui Augi annexantes, Præfentium te-*
*nore ftatuimus, ut tam ipfe quam hæredes ejus Comitis Augi*
*qui pro tempore fuerint Pares ejufdem Regni, perpetuis hono-*
*ribus habeantur, omnique prærogativâ, libertate, & honore*
*lætentur pariter ac utantur quibus alij Pares Franciæ uti folent.*

Mais peut on dire que cette Erection en *Pairie* avec
la conceffion de tous les honneurs & de toutes les prérogatives communes *aux Pairs*, affujettiffe de plein droit
le Comté à la Juridiction du Parlement de Paris?

Selon l'auteur du Livre intitulé, *Nouveau Theâtre du*     II.
*Monde*, p. 154. & fuivantes, il y a dans la Province de
Normandie plufieurs grandes Terres & Seigneuries,
dont les unes ont été données en Appanage aux Enfans de France, & les autres érigées en Duchez, &
même en *Pairies*, & je ne vois pas que leur dignité
nouvelle les ait abfolument foumifes au Reffort & à
la Juridiction du Parlement de Paris, par rapport aux
Vaffaux.

Telles font le Comté d'Alençon donné par Loüis IX.
en appanage avec le Comté du Perche à Pierre fon
quatriéme fils, avec le droit & qualité *de Pairie* en
1268; donné depuis en appanage par Philippe III. à
Charles fon fecond fils, qui étant devenu Roy en ap-
panagea Charles fon frere puifné; érigé en Duché *Pai-*
*rie* par le Roy Charles VI. le premier Janvier 1414. en
faveur de Jean fils de Pierre de Valois, Comte d'Alençon, & de Marguerite Vicomteffe de Beaumont fon
Epoufe; confirmé dans tous fes droits, honneurs, &
privileges par Lettres Patentes des 12 Octobre 1461,
6 May 1487, & par d'autres de 1510, & depuis encore
donné en appanage par le Roy Charles IX. à Henry

son frere qui étant parvenu à la Royauté, le donna sous le même titre à François, qui étoit son frere, & après la mort duquel il fut réüni à la Couronne.

Le Comté de Beaumont-le-Roger qui fut érigé en *Pairie* par le Roy Philippe de Valois pour Robert d'Artois en Janvier 1328.

Le Comté de Longueville érigé en Duché par Lettres Patentes expediées à Blois au mois de May 1505. & accordées par Loüis XII. à François d'Orleans Comte de Dunois Grand Chambellan de France.

Toutteville érigé en Duché par François I. en 1534, en faveur de François Comte de Saint-Pol époulant Adriane Dame de Toutteville.

Le Comté d'Aumale érigé en *Duché-Pairie* par le Roy Henry II. à son avenement à la Couronne, en faveur de François de Lorraine, fils aîné de Claude Duc de Guile, par Lettres du mois de Juillet 1547, verifiées au Parlement de Paris le 5 Janvier 1548, & à la Chambre des Comptes le 12 du même mois ; confirmé dans tous ses droits par Lettres expediées en faveur de Claude de Lorraine & de ses Successeurs mâles; rétabli attendu l'extinction de la Pairie dans sa premiere dignité, par Lettres accordées par le Roy Loüis XIII. au mois d'Août 1631, au Duc de Nemours qui avoit époulé Anne de Lorraine fille & seule héritiere de Claude; & nouvellement érigé en *Pairie* par Loüis XIV. en faveur de Loüis-Auguste de Bourbon Duc du Maine, fils legitimé de France suivant les Lettres données à Versailles au mois de Juin 1695.

Le Comté d'Evreux érigé en *Pairie* par le Roy Philippe le Long en 1326 ; réüni dans la suite à la Couronne; & depuis nouvellement érigé en pareille dignité par le Roy Charles IX. en l'an 1569.

Le Marquifat d'Elbeuf érigé en *Duché-Pairie* pour Charles de Lorraine Comte d'Harcourt, par le Roy Henry III. en Novembre 1581, fuivant les Lettres qui furent verifiées au Pàrlement le 29. Mars 1582.

Et la Baronnie de Danville érigée en 1620 en *Duché-Pairie* par le Roy Loüis XIII. en faveur de Charles de Montmorency Admiral de France.

On peut voir au fujet de ces Terres ce qui en eft dit dans Terrien fur l'ancien Coûtumier de Normandie *liv. 3. chap. 12. & liv. 5. chap. 2.* Chopin *en fon Tr. du Dom. liv. 1. tit. 5. n. 7. liv. 2. tit. 15. n. 3. & n. 11. liv. 3. tit. 3. n. 15. tit. 6. n. 7. & tit. 7. n. 14.* L'Hiftoire de Charles VII. Roy de France par Jean Chartier & autres, & mife en lumiere par *Denis Godefroy, p. 815;* le Dictionnaire de Morery; l'Hiftoire des Comtés d'Alençon & du Perche; l'Edit du mois de Juin 1584, portant révocation, extinction, & fuppreffion de l'Echiquier d'Alençon qui eft à la fin des Commentaires *de la Coûtutume de Normandie*, & le Plaidoïé de M. Thomas Avocat General au Parlement de Roüen, lequel eft tranfcrit dans le procès verbal de la Redaction des *Ufages Locaux* de la Province.

Par les Lettres d'érection du Comté de Longueville en Duché faite en 1505, en faveur de François d'Orleans Comte de Dunois, il fut expreffément dit que l'Echiquier de Normandie, qui néanmoins étoit érigé dès 1499 en Cour de Parlement, connoîtroit en dernier reffort de tous les procès du Duché, & que les particuliers feroient tenus d'y répondre comme à la Cour Souveraine, fans autre moïen, tout ainfi que faifoient les Sujets des autres Duchés du Royaume,

tenans en appanage, qui reffortiffoient és Cours defdits Parlemens.

Voici comme on a parlé dans ces Lettres. *Voulons*
*que pour l'exercice de la Juftice & Jurifdiction dudit Duché de*
*Longueville, Il & fefdits Succeffeurs puiffent ordonner, inftal-*
*ler, mettre & inftituer tontes manieres d'Offices, comme à Duc*
*peut & doit appartenir, foit Bailly, Vicomtes, Prevofts,*
*Juges, Gardes des Sceaux, Avocats, Procureurs, Sergens, &*
*autres Miniftres de Juftice, lefquels connoîtront & decideront*
*jufques en dernier reffort inclufivement, de toutes & chacune les*
*caufes criminelles, civiles, reelles, perfonnelles, meres & im-*
*peres dudit Duché de Longueville, fes appartenances & de-*
*pendances, fans qu'autres Juges inferieurs y puiffent dorefnavent*
*faire, ny à eux attribuer aucune cour, jurifdiction, & connoif-*
*fance, laquelle Nous leur avons interdite, & deffenduë, inter-*
*difons, & deffendons par ces prefentes, fors & excepte aux Gens*
*tenans, & qui tiendront noftre Cour de l'Echiquier de Norman-*
*die, où Nous entendons que lefdites Parties en dernier Reffort*
*& Souveraineté repondent fans autre moyen, tout ainfi que font*
*les fujets des autres Duchés de noftre Royaume, tenans en appa-*
*nage, qui reffortiffent en nos Cours de Parlemens, &c.*

Ajoûtons que le Parlement de Roüen n'enregiftra
pas purement & fimplement les Lettres; il y eut Arrêt
de modification dont M. René Chopin s'eft fouvenu
en fon traité du Domaine, *liv. 1. art. 5. n. 7.* & qui eft
rapporté par Terrien en fon Commentaire fur l'ancienne Coûtume de Normandie, par lequel il fut arrêté
que le Bailly de Longueville ne pourroit connoître des
Cas Royaux. *Dux de Longavillâ, aut fuus Baillivus, feu*
*ejus locum tenens, cognofcere non poterit de cafibus & caufis*
*meræ Superioritatis; videlicet de caufis beneficialibus, de mone-*
*tâ, de brevio feodi laici eleemofineæ, ac patronatûs Eeclefiæ; de*
*exercitu*

*exercitu & banno Nobilium, Prælatorum, & aliorum Domini
nostri Regis in ipso Ducatu Subditorum fidelitate ; remissionibus
criminum, & aliis à Regia autoritate dependentibus gratiis ; Regaliæ juribus, & quibuscumque aliis similibus ab ipso jure superioritatis procedentibus & dependentibus, quorum quidem cognitio & decisio solùm ad Baillivos & Judices Ordinarios Regios
primò, & postmodum ac immediatè ad ipsam Curiam Scacarij
juxtà dispositionem & Patriæ consuetudinem spectat & pertinet.*

III. Par les Lettres Patentes qui furent données à Paris
au mois de Novembre 1582 pour l'érection du Marquisat d'Elbeuf en *Duché-Pairie*, il paroît qu'on accorda à
Charles de Lorraine, comme on avoit fait à Charles
d'Artois en 1458, tous les privileges, honneurs, prérogatives, & libertés dont les autres Pairs avoient accoûtumé de joüir, & néanmoins Sa Majesté déclare que
pour le regard des Sujets de la Pairie, & des droits qui
leur appartiennent en particulier, Elle n'entend point
qu'ils soient distraits de leurs Jurisdictions & Ressorts ordinaires, mais seulement *les droits de Duché-Pairie* qui
seront traités *rectà* en la Cour de Parlement des Pairs.

IV. Quant aux Lettres qui furent données à Versailles au
mois de Juin 1695 pour la nouvelle érection du Comté
d'*Aumale* en Duché-Pairie, l'on voit qu'il n'y fut rien
omis de ce qui pouvoit être favorable à Loüs-Auguste
de Bourbon Duc du Maine, en faveur duquel elle fut
faite. On érige & rétablit de nouveau cette Terre en
titre & dignité *de Duché & Pairie*, tant pour lui que pour
ses enfans mâles & femelles, ses héritiers successeurs,
& ayans cause. On dit qu'au défaut d'hoirs mâles & femelles ou autres héritiers & successeurs, cette Pairie ne
pourra être réünie à la Couronne en conséquence des
Edits & Declarations des années 1566, 1579, 1581, &

1582, & autres Reglemens faits pour l'érection des Duchés, Marquifats, & Comtés, de la rigueur defquels
on la difpenfe, pour en appartenir les héritages à qui
de droit ils pourront appartenir fuivant les Coûtumes
du Royaume. On ordonne que la Juftice du Duché &
Pairie fera exercée dans le Siege de la Ville d'Aumale; que M<sup>r</sup>. le Duc du Maine, & fes Succeffeurs auront
la faculté de créer & inftituer des Officiers neceffaires
tant dans le Siege principal, que Membres dépendans
pour le bien & la commodité des Jufticiables. Et l'on
ajoute que cette nouvelle érection eft faite pour en
joüir & ufer aux mêmes droits, titres, dignités, prérogatives, prééminences, franchifes, & libertés que les
autres Ducs & Pairs de France, tant en Juftice & Jurifdiction, Séance au Parlement de Paris avec voix déli-
bérative, qu'en tous autres droits quelconques, & de
tenir lefdites Seigneuries & Juftices qu'en tant que befoin feroit, on diftrait de toutes autres mouvances &
refforts, & qu'on réünit en un feul corps de Terre en
titre de Duché & Pairie à une feule foy & hommage de
la Couronne, à caufe du Château du Louvre.

Et cependant on n'y attribuë pas au Parlement de
Paris la connoiftance des procès & differends des Vaffaux du Duché, pour les juger en dernier reffort. Tout
ce qu'on fait en faveur du Duc & de fes Succeffeurs, eft
de fpécifier que toutes les caufes civiles & criminelles,
perfonnelles, mixtes, & réelles qui les concerneront,
ou le droit du Duché-Pairie, feront traitées tant en demandant qu'en deffendant, ou prenant le fait & caufe,
& jugées en ce Parlement en premiere inftance.

Mais à l'égard des Caufes & Procès d'entre les Vaffaux, & Jufticiables au Duché, l'on dit qu'elles reffor-

tiront, fçavoir du Siege de Vicomté par appel au Bailliage, & du Bailliage nuëment au Parlement de Normandie, & que les appellations du Siege des Eaux & Forêts, feront portées au Bailliage d'Aumale, & par appel à la Chambre de Réformation des Eaux & Forêts de Roüen, fors les Cas Royaux dont la connoiffance appartiendra aux Juges qui en doivent connoître.

On apprend par ces mêmes Lettres que cette Terre avoit été déja érigée par Lettres du Roy Henry II. du mois de Juillet 1547, en titre & dignité de Duché & Pairie, en faveur de François de Lorraine fils aîné du Duc de Guife, & après la mort du Duc de Guife, en faveur de Claude de Lorraine fon fils puifné, & de fes Succeffeurs mâles, à la charge de l'extinction de la Pairie par le défaut d'hoirs mâles ; que le cas étant arrivé par le decès de Charles de Lorraine, & Anne fa fille unique & feule hériere ayant époufé le Duc de Nemours, Loüis XIII. avoit par nouvelles Lettres du mois d'Août 1631, de nouveau, en tant que befoin feroit, créé, érigé, & rétabli *la Pairie* en faveur defdits Sr. Duc & Ducheffe de Nemours, & leurs enfans mâles ; & que ces Lettres n'ayant point été enregiftrées au Parlement, il en avoit été expedié d'autres de furannation, tant en faveur de Monfieur le Duc & de Madame la Ducheffe de Nemours, qu'en faveur de Charles Amedée Duc de Nemours & d'Aumale leur fils aîné, le 5 Novembre 1643.

Par les premieres qui font, comme on a déja dit, du mois de Juillet 1646, on avoit dit pareillement que François de Lorraine joüiroit de toutes les prérogatives accordées aux Pairs ; & cependant il eft bien certain que les appellations de ſes Juges reſſortiſſoient au Parlement de Normandie.

Malgré tous ces exemples il faut convenir que le *Comté d'Eu* reſſortit au Parlement de Paris, & par raport au Comte, & par raport à ſes Vaſſaux ; j'en ai rapporté cy-devant les titres ; & il y a bien de l'apparence que les choſes demeureront dans la même ſituation, ſi à cet égard nos Prnces n'établiſſent pas des Loix nouvelles.

*Extrait des Lettres d'E-rection du Marquiſat d'Elbeuf en Duché & Pairie en Nov. 1581.* Henry &c. Pour ces cauſes, & autres conſiderations &c. Nous avons par ces Préſentes créé, & érigé, &c ledit Marquiſat d'Elbeuf &c. en nom, titre, & qualité de Duché & Pairie &c. Lequel Duché & Baronnies ſuſdites avec leurs appartenances & dépendances à cet effet avons diſtraits, déſunis, & démembrés de nôtre Duché de Normandie, & Bailliage de Roüen ; Vicomtez du Pont-de-l'Arche, Pont-eau-de-Mer, & Evreux ; Vicomtés de Beaumont-le-Roger, & de Conches ; & encore icelui Duché d'Elbeuf avec ſes appartenances & dépendances avons diſtraits, & exempté, diſtraïons, & exemptons tant de nôtre Cour de Parlement de nôtredit Pays & Duché de Normandie, & Chambre de nos Comptes en icelui, que de toutes autres Cours & Juriſdiƈtions Ordinaires & Préſidiales par-devant leſquelles ils pouvoient, ou avoient accoûtumé reſſortir auparavant cette préſente création, en ce qui concernera ou pourra concerner directement ou indirectement *leſdits droits de Duché & Pairie d'Elbeuf, & non pour le regard des Sujets d'icelle Pairie, & droits leur appartenans en particulier, que Nous n'entendons être pour ce diſtraits de leurs Juriſdictions & Reſſorts ordinaires,* pour éſdits cas concernans leſdits droits de Duché & Pairie, être les cauſes de nôtredit Couſin, ſes Hoirs, & Succeſſeurs Pairs d'Elbeuf, traitées directement en nôtre Cour de Parlement des Pairs, en laquelle eſt la ſéance des Pairs de France, & pour en icelle avoir par nôtredit Couſin, & ſes Succeſſeurs Ducs & Pairs, leurs ſéances, voix & opinion déliberative, & y participer en tous les droits & honneurs, comme ont accoûtumé d'avoir les autres Pairs qui Nous attouchent de Sang & Lignage, comme fait nôtredit Couſin &c. *Si donnons,* &c. Donné à Paris au mois de Novembre, l'an de grace 1581. Et de nôtre regne le huitiéme. *Signé,* HENRY, &c. Lû, publié, & regiſtré, oüi & ce conſentant le Procureur General du Roy, &c. le 29 Mars 1582. *Signé,* DU TILLET.

*Extrait des Let. d'Erect. du Comté d'Aumale en Duché & Pairie du mois de Juin 1695.* Louis &c. à ces cauſes &c. Nous avons de nouveau créé, érigé, & rétabli &c. ladite Terre & Seigneurie d'Aumale, appartenances, & dépendances, en titre & dignité de Duché & Pairie en faveur de nôtredit fils legitimé le Duc du Maine, &c. pour en joüir aux mêmes droits &c. *Voulons* & Nous plaiſt que toutes les cauſes civiles & criminelles, per-

fonnelles , mixtes , & réelles qui concerneront tant nôtredit fils le Duc du
Maine , & fes Succeffeurs Ducs & Pairs , que le droit dudit Duché-Pairie ,
foient traitées tant en demandant qu'en défendant, ou prenant le fait & caufe ,
& jugées en nôtre Cour de Parlement de Paris en premiere inftance, *& les
caufes & procès d'entre les Vaffaux & Jufticiables* audit Duché reffortiront , fçavoir, du Siege de Vicomté par appel au Bailliage, & du Bailliage nuëment en
nôtre Cour de Parlement de Roüen ; & à l'égard des appellations du Siege
des Eaux & Forêts , elles feront portées audit Bailliage d'Aumale , &
par appel à la Chambre de Réformation des Eaux & Forêts de Roüen dans
l'étenduë duquel il eft fitué, *fors les Cas Royaux ,* dont la connoiffance appartiendra aux Juges qui en doivent connoître. *Voulons* & Nous plaît &c.
*Si donnons* &c. Donné à Verfailles au mois de Juin , l'an de grace 1695 , &
de nôtre regne le 53. *Signé* , LOUIS , &c. *Regiftré à Paris* , oüi le Procureur General du Roy, le premier Juillet 1695 , &c.   Et regiftré à Roüen
le 5 Decembre de ladite année 1695. *Signé,* JACQUES.

# CHAPITRE V.

## Le Comté d'Eu étoit sujet à l'ancienne Coûtume de Normandie.

### SOMMAIRE.

I. *L'ancienne Coûtume de Normandie regiſſoit autrefois le Comté d'Eu.*

II. *Lettres Patentes obtenuës par les Habitans de la Ville d'Eu en 1532.*

III. *Autres Lettres Patentes du 22 Mars 1577 pour la Réformation de la Coûtume de Normandie.*

IV. *Uſages Locaux de la Province.*

V. *Uſages particuliers du Comté d'Eu.*

I.    QUoique le Comté d'Eu ſoit demeuré pour le Reſſort au Parlement de Paris, on ne peut pas dire qu'il ne ſoit plus ſujet aux Loix de la Province de Normandie. Chopin en ſon *Comment. ſur la Coût. d'Anjou. part. 2. queſt. 4.* S'il a été diſtrait de la Juriſdiction de l'Echiquier de Roüen, ce n'a été qu'en conſideration de la Pairie.

    Auſſi eſt-il porté dans les Lettres du 11 Octobre 1520 ou 1521, contenans Don de la Garde Royale de François de Cleves Comte d'Eu, que la Coûtume de ce pays eſt conforme à celle de Normandie.

II.    Par d'autres Lettres de 1532, il paroît que les Habitans mêmes de la Ville d'Eu avoient ſupplié le Roy François I. de leur donner des Magiſtrats du Parlement de Roüen, pour juger leurs Caufes, en attendant que les conteftations qui étoient entre ce Parlement & celui de Paris pour le Reffort, euffent été terminées, & que dans les Lettres Patentes qui leur furent accordées, il fut précifément employé que le Comté d'Eu, Terres, & Seigneuries en dépendantes étoient du territoire, pourpris, & enclave de Normandie, *regis, & gouvernés felon les droits, ufages, & ftyles notoirement gardez en iceluy, fous le reffort, autorité, & jurifdiction de la Cour fouveraine dudit Pays de Normandie.*

Et lorfque Henry III. donna fes Lettres du 22 Mars III. 1577, par lefquelles il nomma des Commiffaires pour la réformation de la Coûtume de cette Province, il y comprit expreffément *le Comté d'Eu*, déclarant que fon intention étoit que les articles qui fe trouveroient arrêtés, accordés, & redigés par écrit dans l'Affemblée des trois Etats, *fuffent obfervez à l'avenir comme Loy irrevocable, & comme Edit perpetuel, & que les fujets de la Province fuffent tenus de les garder inviolablement, fans pouvoir être admis à faire preuve au contraire foit par turbes ou autrement.*

En execution de ces Lettres les Commiffaires firent délivrer au fieur Goffelin Procureur des Etats plufieurs Commiffions qui furent adreffées à tous les Baillys de la Province, aufquels il fut enjoint de faire affembler pardevant eux les perfonnes de leur reffort les plus experimentées au fait de la juftice, & de leur faire dreffer & rediger par articles en un cahier qu'ils envoyeroient enfuite aux Commiffaires, les Coûtumes écrites, & non écrites, generales, & particulieres, & les ufages & ftiles obfervez dans leurs Bailliages.

On découvre par-là qu'outre les Loix écrites qu'on IV.

trouve dans l'ancien Coûtumier, & dans les deux ſtiles de proceder qui ſont à la fin, il s'étoit introduit du commun conſentement des peuples, certains uſages locaux dans differens Cantons de la Province, tels que nous en voyons encore aujourd'hui dans les Vicomtés de Roüen, du Pont de l'Arche, de Caudebec, d'Arques, de Montierviller, & du Neufchâtel; dans les 24 Paroiſſes, Hameaux, & Villages qui ſont au reſſort de Gournay au de-là de la Riviere d'Epte; dans les Vicomtés de Caen, de Bayeux, de Vire, de Falaiſe, d'Evreux, & Nonantóurt, de Beaumont-le-Roger, de Conches, & Bretheüil, de Giſors, de Vernon, d'Andely, & de Lyons; dans la Châtellenie d'Alenton, & dans la Vicomté de Verneüil.

Il ne faut pas s'étonner de ces Uſages particuliers non exprimés quelquefois par la Coûtume, & quelquefois auſſi contraires à ſes diſpoſitions generales; voici quelle en a été l'origine.

Quelques-uns prétendent qu'il n'y a point de preuve bien certaine que les Loix établies, ou du moins autoriſées & confirmées par Raoul ou Rollo premier Duc de Normandie, ayent été redigées par écrit, & que ces Loix ne pouvoient pas être les Loix écrites de Dannemark; parce que l'Hiſtoire de ce Pays-là compte pour ſes premiers Legiſlateurs les Roys Waldemar premier & ſecond du nom; que le premier ne publia ſes Loix Sconiques & Sialandiques, *Scanicas & Sialandicas*, qu'en l'année 1163; & que le ſecond ne publia *ſes Loix Cimbriques* qu'en 1240: leſquelles Loix étoient en la meilleure partie tirées *ex Speculo Juris Saxonici*, qui étoit le plus ancien Original du Droit d'Allemagne, & qui néanmoins ne fut écrit, & compilé, ſuivant l'opinion des plus

doctes

doctes , qu'en 1220 , ou environ.

Mais quelqu'autres veulent que les anciennes Coûtumes de la Province furent redigées , & même que la redaction en fut faite avant Guillaume le Conquerant , parce qu'au rapport de nos Historiens , ce Prince après sa Conquête desirant répasser en Normandie , abrogea pour une marque de sa victoire , une grande partie des Loix Angloises , & introduisit en leur place d'autres Coûtumes ; & confirma celles de Normandie tant pour la langue que pour les matieres , voulant que les causes se plaidassent en langue Normande , ce qui ne fut pourtant continué que jusqu'au tems d'Edoüard III. Le Parlement d'Angleterre , qui se tint à Westmunter , ayant ordonné que les Juges , Plaideurs , Avocats , Procureurs , & Commissaires n'useroient plus de ce langage , & que tous les Actes de Justices , Plaidoés , & autres Jugemens seroient écrits en langue Angloise. Et ils ajoûtent que les Loix anciennes & nouvelles publiées en Angleterre par Guillaume le Conquerant , furent recuëillies & commentées par Lithleton depuis le Regne de Richard I. qui commença à regner en 1189 ; que Glanville avoit publié ses Formules sous le nom de *Loix d'Angleterre* ; & que ce qui persuade que ces Loix n'étoient point differentes de nôtre ancienne Coûtume , est qu'elles y sont conformes en beaucoup de choses , & qu'elles sont écrites en vieil langage Normand comme celles que le Duc Guillaume avoit apportées.

Que l'Auteur de la Préface sur le style de proceder qui se trouve à la fin de ce que nous appellons nôtre ancien Coûtumier commenté par le Roüillé , & par Me. Guillaume Terrien , a dit que *les Coûtumes qui étoient con-*

*tenuës dans ce livre avoient été observées de toute ancienneté dans la Province , & avant que le Roy Charles le Simple s'en fut démis en faveur de Raoul.*

Que si la rédaction n'en fut pas faite du tems des Ducs , elles furent du moins redigées sous Philippe Auguste ; que suivant la remarque de ce même auteur, ce Prince , après avoir repris la Normandie sur les Anglois , s'informa des Coûtumes du Pays ; *qu'il fit écrire le Livre coûtumier , & qu'il le fit aussi mettre en plus bel ordre qu'il n'étoit auparavant.*

Et que dans l'Histoire de l'Abbaye de Saint-Oüen il est fait mention d'un Ecrit fait par les Religieux de cette Abbaye, pour prouver qu'ils n'étoient point sujets à financer pour raison de leurs fiefs , portant que *le Duché de Normandie est gouverné par Coûtume , & en a plusieurs Coûtumes qui furent faites au tems des Ducs de Normandie, confirmées , & corrigées du Roy Philippe.*

Quoiqu'il en soit , toutes ces prétenduës rédactions ne paroissent point , ce qui feroit présumer qu'il n'y en a point eu. Tout ce que nous avons est le livre vulgairement appellé l'*Ancien Coûtumier de Normandie* ; mais il sert de plus en plus à justifier ce que nous disons , celui qui en est l'Auteur l'expliquant de la sorte en son premier prologue, *parce que les Loix & les Etablissements que les Princes de Normandie établirent par grande prevoyance , & par le conseil des Prelats , des Barons , & des autres sages hommes , n'estoient pas encore arrestez en certains Sieges , ains failloient par diverses langues, si que nulle memoire n'estoit des anciens, mais estoient ainsi comme en oubly. J'esseray pour le profit commun à les rappeller , & à les eclaircir.*

Au reste , quelque antiquité qu'il puisse avoir , il n'est

point du tems des Ducs , ni même de celui de Philippe-Augufte ; & comme il y eft fait mention du Roy S. Loüis au titre *de Jufticiement*, en ces termes, *Et pour ce le Noble Roy Loüis qui fut le fecond après le Roy Philippe &c.* Il eft vrai de dire qu'il a été compofé depuis le Regne de ce Prince , & felon toutes les apparences redigé par écrit fous Philippe le Hardy.

Mais il faut remarquer qu'il a été l'ouvrage d'un particulier ; on n'a point à fon égard obfervé les formalités qui fe pratiquent ordinairement en pareil cas ; il n'a point été précedé de Lettres pour fa rédaction , de nomination de Commiffaires , ni d'Affemblées des Etats ; & il n'a été fuivi d'aucun Arreft d'omologation.

Toutes ces circonftances ont fervi beaucoup à diminuer fon poids & fon autorité , & de-là vient qu'on s'eft déterminé volontiers à l'enfraindre ; à diminuer l'étenduë de fes difpofitions ; ou à les augmenter.

Ajoûtons que le Redacteur qui étoit lié & retenu par deffaut de puiffance & d'autorifation de la part du Prince & des Etats , n'a peut-être pas ofé paffer les bornes , c'eft-à-dire s'expliquer fur les matieres au-de-là de ce qui étoit ordinaire , & communément fçû & pratiqué dans la Province.

Peut-être auffi lui eft-il arrivé , tout habile qu'il étoit, ce qui arrive ordinairement à tous les Redacteurs ; je veux dire qu'il n'a pû prévoir tous les cas. Le tems & la fituation des chofes ont augmenté le nombre des procès ; il s'eft préfenté de nouvelles efpeces où l'on n'avoit jamais penfé ; la malice des plaideurs*leur a fuggeré des fubtilités inconnuës ; enfin l'esprit de l'homme toûjours fertile en difficultés, par rapport à son interêt, lui en a fait naître qu'on n'avoit point jusqu'alors imaginées ; & pour remedier à tous ces maux, il a fallu que l'Echiquier fît selon les cas qui survenoient, & depuis lui, le Parlement jusqu'à la rédaction de la nouvelle Coûtume qui a commencé d'avoir lieu au premier Juillet 1583, des Ordonnances, & des Reglemens qui ne font point partie de nôtre ancien Coûtumier, & ausquelles il a été facile de contrevenir, parce que ce n'étoit pas des décisions qui eussent reçû de la main des Rois l'autorité souveraine.

Ce qui étoit arrivé dans une grande partie des Bailliages, & Vicomtés de la Province, étoit pareillement arrivé dans *le Comté d'Eu.* L'on y suivoit la Coûtume de Normandie avant son érection en Pairie ; & depuis ses dispositions y furent encore observées ; mais il s'y étoit glissé quelques Coûtumes locales, & particulieres, & dans un bien plus grand nombre que dans les autres contrées de la Province, & surtout depuis qu'il eut été décoré de ce titre, parce que n'étant plus du Ressort de l'Echiquier ni du Parlement, il prétendoit n'être pas sujet à leurs décisions. On peut même dire que ces Coûtumes y avoient pris racine, & s'y étoient rendues si familieres, qu'encore aujourd'huy l'on a de la peine à les faire abandonner par les Habitans du Pays, malgré tous les Arrêts qui en ont condamné l'usage.

*Extrait des Lett. Paten. accordées le 22. Mars 1577. pour la Réform. de la Coûtume de Normandie.* HENRY &c. A nos amez & féaux &c. sçavoir faisons &c. vous commettons, & députons par ces Présentes, pour vous transporter ès Bailliages de la Province, & anciens Enclaves d'iceux, y compris les Bailliages de S. Sauveur Lendalin, & S. Sauveur le Vicomte, Mortaing, & *Comté d'Eu*, &c. Mandons &c. *Donné* à Blois le 22. Mars 1577. *Signé* HENRY.

# CHAPITRE VI.

Des Lettres Patentes obtenuës par le Comte d'Eu pour
la Rédaction de ses Coûtumes locales
en l'année 1579.

## SOMMAIRE.

I. *Lettres accordées à M. le Duc de Guise Comte d'Eu.*
II. *Assignations en consequence.*
III. *Cahier redigé*
IV. *Remontrances des Habitans de la Vicomté d'Ourville.*
V. *Lecture du Cahier.*
VI. *Ouvrage demeuré imparfait, & sans execution.*
VII. *Nouvelles Lettres obtenuës en 1675 par Mademoiselle de Montpensier Comtesse d'Eu.*

**D**Eux années après l'expedition des Lettres accordées pour la Réformation de la Coûtume Generale de la Province, c'est-à-dire en 1579, Monsieur le
Duc de Guise Comte d'Eu, Pair, & Grand-Maître de
France, crut qu'il étoit de son interêt de faire rediger
ses Usages locaux, soit pour y donner plus d'autorité,
soit pour empêcher que les Commissaires nommez par
les Lettres de 1577, qui étoient des Officiers du Parlement de Roüen qu'il ne vouloit pas reconnoître, n'y
donnassent quelqu'atteinte.

Pour cet effet il remontra au Roy que les Gens d'E-
glise, Gentils-hommes, & autres Habitans du Comté
d'Eu s'étoient plaints à lui de ce qu'à l'occasion de la

diverſité des Coûtumes qui s'y trouvoient, il naiſſoit beaucoup de procès qui les engageoient à de grandes dépenſes pour en pourſuivre la déciſion qui ordinairement étoit precedée de preuves parturbes, & que le vray moyen de remedier à cette confuſion étoit la rédaction par écrit de ces Coûtumes; ſurquoi Sa Majeſté lui accorda le 24 Octobre des Lettres par leſquelles on nomma des Commiſſaires pour proceder à cette rédaction.

II.　　Ces Commiſſaires qui furent Mᵉ. Chriſtophle de Thou Premier Préſident au Parlement de Paris, Mᵉ. l'Archer, & Mᵉ. de Vignolles Conſeillers de la Cour, addreſſerent enſuite le 24 Novembre de la même année 1579, Commiſſion au Sénéchal de Ponthieu, ou ſes Lieutenans General & Particulier au *Siege d'Abbe-ville*, attendu que les Officiers du Bailliage, & Comté d'Eu n'étoient pas Juges Royaux pour faire aſſembler en la Ville d'Eu tous les Sujets du Comté, afin d'arrêter leurs Coûtumes, avec ordre de leur donner avis des Aſſignations qui avoient été données, pour dans les tems neceſſaires ſe tranſporter ſur les lieux.

Le 26 Janvier 1580 Mᵉ. François le Duc qualifié Avocat & Procureur pour Office du Comté d'Eu, préſenta comme Procureur de Mᵉ. Henry de Lorraine, & de Dame Catherine de Cleves ſon épouſe, Duc & Ducheſſe de Guiſe & de Chevreuſe, Comte & Comteſſe d'Eu, les Lettres Patentes, & la Commiſſion à Mᵉ. Tilete Conſeiller du Roy Lieutenant Particulier en la Senéchauſée de Ponthieu en ſon Hôtel en la Ville d'Abbeville, & l'ayant requis d'accepter la Commiſſion, cet Officier decerna les ſiennes pour les Aſſignations neceſſaires en pareil cas.

Les Affignations ayant été données, il fe fit plufieurs
Affemblées dans l'une defquelles le fieur Tillete ayant
demandé au Bailly, & aux autres Officiers de la Ville d'Eu
s'il y avoit des Coûtumes generales ou particulieres au
Comté, qui anciennement euffent été redigées par
écrit, il lui fut répondu par le Duc, qu'il n'y en avoit
aucune écrite, mais que pour faciliter les chofes il
avoit dreffé quelques articles par chapitres, & rubriques, felon ce qui lui avoit parû le plus à propos pour
le bien & l'utilité des trois Etats, eu égard à ce qui
avoit été obfervé, gardé, & pratiqué dans le Pays,
fauf la correction, modification, augmentation, &
réformation des Etats & des Commiffaires. Ces Articles furent par lui préfentez, étans diftingués & fépa-
rés par Rubriques en 14 Cahiers.

On voit par le procès verbal qu'il en fut demandé **IV.**
communication par le Procureur du Roy, par les Gens
d'Eglife, par la Nobleffe, & par le Tiers Etat; qu'elle
fut ordonnée par le Subdelégué; qu'ayant été rémon-
tré par ceux de la Vicomté d'Ourville, qu'encore bien
qu'ils fuffent du Reffort du Comté d'Eu, ils n'étoient
néanmoins éloignés que de 3 ou de 4 lieuës de la Ville
de Roüen, & n'avoient jamais fuivi d'autres Coutûmes
que celle de Normandie; ils requirent qu'on leur don-
nât Copie des Articles, afin d'y avifer féparément pour
la confervation de leurs droits; & que par le Duc il fut
répliqué que la Vicomté d'Ourville étoit l'un des Sieges
du Comté d'Eu; que fes Sujets avoient répondu de tout
tems & répondoient encore actuellement tant en premiere inftance que par appel par devant le Bailly d'Eu;
& que par conféquent ils ne devoient point fuivre
d'autres Coûtumes que celles qu'on obfervoit dans

... du Comté d'Eu.

On voit encore par ce procès verbal dont l'original eſt dans les Archives de la Ville d'Eu, que dans une Aſſemblée le ſieur de Gamaches demanda conjointement avec pluſieurs autres Gentils-hommes, copie des Articles, & délai de quinzaine pour les examiner avec attention; qu'il fut répondu par le Duc, que cette demande, en l'état où étoient les choſes, n'étoit formée que pour empêcher l'effet des Lettres Patentes; & qu'il leur fut accordé quelques jours ſeulement pour examiner les Articles & les Memoires de ce qui s'étoit paſſé dans les premieres délibérations, dont il fut dit qu'il leur ſeroit donné copie.

On fut forcé de donner quantité de réaſſignations; mais la plûpart des perſonnes à qui elles avoient été données ne comparurent point; ce qui fit qu'on prononça deffaut contre un très grand nombre de Seigneurs & Dames de fiefs, & contre les Habitans d'une infinité de Paroiſſes.

V. Le mercredy 16 Mars de la même année 1580, on commença la lecture des Cahiers, ſauf après à Mrs. les Commiſſaires à digerer, & diſpoſer les articles en tel ordre & forme, & ſous tels chapitres & titres qu'ils verroient bon être. Le ſieur de Gamaches ſe préſenta dérechef demandant délai de quinzaine & proteſtant de nullité de tout ce qui pouroit être fait au préjudice; mais il fut dit que ſans avoir égard à ſes Proteſtations, on continuëroit la lecture qui avoit été commencée, enſuite dequoi il ſe retira déclarant qu'il laiſſoit à l'Aſſemblée Me. Charles Durot ſon Procureur, pour faire les proteſtations, oppoſitions, & déclarations dont il lui avoit donné charge.

On

On continua la lecture, & pour plus grande facilité & l'intelligence des oppofitions, remontrances, corrections, & modifications qui furent faites, & propofées par les Gens des trois Etats, le Subdelégué les fit mettre, & rédiger par écrit en marge & en apoftille fur chacun des articles, continuant au furplus l'affignation pour l'omologation, autorifation, & publication des articles pardevant les Commiffaires députés par le Roy aux 7ᵉ & 8ᵉ jours d'Avril enfuivant.

J'ai vû les Cahiers qui avoient été redigés ; j'en ai même des copies ; & je trouve qu'il y avoit beaucoup d'articles contraires aux difpofitions de la Coûtume de Normandie, & qu'il y en a grand nombre auffi dans cette Coûtume dont il n'avoit pas été fait mention.

Tout cela néanmoins demeura fans exécution ; les Commiffaires ne fe tranfporterent point fur les lieux ; les Articles refterent fans avoir été examinés ; on n'en fuivit point l'omologation au Confeil ; & il n'y eut point d'Arrêt qui en renvoyât l'enregiftrement où il devoit être fait.

Monfieur & Madame de Guife Comte & Comteffe d'Eu reconnurent bien alors qu'ils ne pouvoient tirer aucune utilité de ces Lettres ; & ils en furent tellement perfuadés que dans tout ce qui fut fait depuis pour la réformation de la Coûtume jufqu'à l'onze Decembre 1585, que les Cahiers en furent apportés & mis au Greffe de la Cour du Parlement de Roüen, ils ne vinrent point les oppofer, ni en faire leur remontrance aux Commiffaires, au Confeil, au Roy.

Ils n'en parlerent point non plus dans la proteftation que François le Duc leur Procureur Fifcal fit en leur nom le 24 Avril 1586 au Bailliage d'Arques, lorfqu'on

VI.

procedoit à la rédaction des Ufages Locaux de la Province , & de laquelle proteftation nous parlerons dans la fuite.

Ils eurent la même negligence quand on reforma le titre des exécutions par decret en conféquence des Lettres Patentes accordées aux Etats le dernier Decembre 1599 , & dont nous ferons auffi mention dans un des Chapitres fuivans.

Enfin il paroît qu'ils ne s'en prévalurent pas davantage quand le 8 Mars 1611 on plaida cette caufe celebre où il s'agiffoit du droit de Viduité , dont je rapporterai l'efpece au Chapitre deftiné pour l'examen de cette Queftion ; & dans laquelle ils avoient tant interêt de montrer qu'il y avoit des Coûtumes Locales & Particulieres dans le Comté d'Eu , pour fe deffendre des prétentions & demandes de M. le Prince de Condé.

VII.  Toutes ces circonftances prouvent qu'on n'a jamais regardé ces Lettres comme chofes qui duffent porter coup ; auffi feuë Mademoifelle de Montpenfier Comteffe d'Eu fut-elle contrainte d'en obtenir de nouvelles en 1675 , dont il fera bon d'expliquer le motif.

Elle avoit demandé d'être reçuë partie intervenante dans un procès qui étoit pendant en la Cour entre les Religieufes de Gomer-fontaines d'une part , & Me. Antoine de Mailly Seigneur d'Hautcourt d'autre , & que fans s'arrêter à deux Arrêts du premier Juillet 1669 , & du 13 Août 1692 , aufquels elle avoit déclaré former oppofition , il plût à la Cour ordonner que l'ufage pour la déclaration d'hypoteque au refpect d'acquereurs & tiers détempteurs , feroit obfervé dans le Comté d'Eu , & que la Coûtume ancienne locale du Pays pour la rédaction de laquelle elle fe pourvoiroit par devers le Roy

afin d'ôter toute matiere à procès, seroit maintenuë &
gardée.

Le sieur d'Hautcourt soûtint que la demande en déclaration d'hypoteque ne se pratiquoit point enNorman-
die, & que suivant l'usage de laProvince le tiers acquereur
qui avoit joüi par an & jour ne pouvoit être dépossedé que
par la voye de la saisie réelle, & sur ce fondement il
prétendit que lesdites Dames Religieuses de Gomerfontaines devoient être déboutées de l'opposition qu'elles avoient faite à un Arrêt du premier Jullet 1669, &
déclarées non recevables dans leurs Lettres en forme de
Requête civile qu'elles avoient obtenuës contre un autre Arrêt du 13 Août 1672 ; ce qui fut ainsi jugé par Arrêt rendu en la 4.e Chambre des Enquêtes le 3 Mars
1674.

Mais comme il avoit déclaré dans le procès qu'il consentoit que l'Arrêt ne pût nuire ni préjudicier aux droits
de M.lle d'Orleans, il fut dit qu'il seroit surcis pendant un an à la publication de l'Arrêt dudit jour 13 Août
1672, dont la Cour avoit ordonné qu'à la diligence du
Substitut de M. le Procureur General la lecture seroit
faite au Bailliage du Comté & Pairie d'Eu, pendant lequel tems elle pourroit se retirer par devers le Roy pour
être pourvû à la rédaction des Usages Locaux dudit
Comté.

Ce fut en consequence de cet Arrêt qu'elle obtint des
Lettres Patentes les 10 Février & 11 Mars 1675, par lesquelles elle fit nommer des Commissaires ; & le 20 du
même mois de Mars elles furent regiltrées au Greffe de
la Cour.

Par les premieres on nomma pour Commissaires M.rs
Vedeau de Grandmont & de la Briffe Conseillers de la

H ij

Cour en la premiere & seconde Chambre des Enquêtes, & M⁰. Thomassin de Fredeau l'un des Substituts de M. le Procureur General ; & par les secondes attendu l'importance de l'affaire on commit encore M. Hervé Conseiller en la Grand'Chambre.

Mais ces Lettres ont encore eu moins de suite que celles de 1579 accordées à M. le Duc de Guise ; les Commissaires ne se sont point transportés sur les lieux ; ils n'ont pas même addressé de Commissions aux Juges voisins pour proceder en leur absence, & pour faire les diligences necessaires pour parvenir à la rédaction d'une Coûtume ; & il n'a point été fait d'Assemblée des Etats.

L'unique chose qui soit de ma connoissance est que quelques Officiers & Praticiens de la Ville d'Eu redigerent en leur particulier un gros Cahier composé de plusieurs titres & d'un nombre considérables d'articles par rapport aux dispositions qu'ils avoient crû devoir être observées dans le Pays ; mais cela s'étant fait sans l'ordre des Commissaires, & sans le consentement des peuples, & n'ayant d'ailleurs eu aucune suite, on ne peut pas dire que ces cahiers soient un titre où l'on doive avoir égard.

Je dis plus, nous sommes les seules personnes qui puissent en tirer avantage, la plûpart des Articles dont cet ouvrage est composé étant tirés mot après mot, & sans aucune altération de la Coûtume Generale de nôtre Province, & se trouvant beaucoup de difference entre ces Cahiers & ceux qui furent redigés en 1580 en execution des Lettres de 1579 ; ce qui prouve deux choses également importantes.

L'une que les Habitans du Comté d'Eu se reconnoissent originairement regis & gouvernés par les Loix de la Province.

Et la seconde, que de leur propre aveu le droit dans lequel ils ont vécu n'a pas toûjours été bien certain. J'ai la copie de tous ces Cahiers où j'ai puisé les observations que je viens de faire.

Loüis-Auguste de Bourbon, Fils legitimé de France, Prince Souverain de Dombes, Duc du Maine & d'Aumale, & Comte d'Eu, qui étoit intervenu il y a quelques années dans une instance qui étoit pendante en la Grand'Chambre, pour faire valoir un des Usages prétendus Locaux de son Comté, & dont l'intervention n'avoit produit aucun effet, a pareillement bien reconnu qu'il étoit impossible de leur donner la moindre autorité sans une rédaction préalable faite en la maniere accoûtumée ; & ce fut dans cet esprit que quelque tems après je fus chargé de sa part de faire des Memoires sur lesquels on pût dresser de nouvelles Lettres ; ce qui fut executé en partie ; je fis les Memoires ; on travailla au projet des Lettres ; mais le tout a encore eu moins d'execution que tout ce qui avoit été fait auparavant.

HENRY par la Grace de Dieu Roy de France & de Pologne : A nos amés & féaux Me. Chistophle de Thou, Conseiller en nôtre privé Conseil, Premier President en nostre Cour de Parlement de Paris ; Michel Larcher, & Antoine de Vignoles Conseillers en nostre Cour. Nostre trèscher & bien-amé Cousin le Duc de Guise Comte d'Eu, Pair & Grand Maistre de France, nous a fait entendre qu'au voyage qu'il a puis n'agueres fait en son Comté d'Eu, luy ont esté faites par les Gens d'Eglise, Gentils-hommes, & autres Personnes, Manans & Habitans dudit Comté d'Eu, plusieurs plaintes & doleances de ce qu'à l'occasion de la diversité des Coûtumes estant en icelui Comté, ils estoient continuellement travaillés, & entroient en involutions de procès, confusion & grande dépense pour poursuivre la vuidange d'iceux, & même pour faire preuve par tourbe des articles desdites Coûtumes, ce qui n'adviendroit si lesdites Coûtumes avoient esté réformées & redigées par écrit, au moyen de quoy pour obvier à cet inconvenient, desirant singulierement qu'il fût procedé à la réformation & rédaction par écrit defdites Coûtumes, en Nous fuppliant très humblement de commettre ou députer tel ou tels de nos Préfidents & Confeillers de noftre Cour de Parlement que Nous aviferons pour ladite réformation, rédaction & arreft defdites Coûtumes, *Sçavoir faifons*, que Nous defirans autant qu'il nous feroit poffible pourvoir au bien & foulagement de nos Sujets, confiant entierement de nos fens, fuffifance, dexterité & diligence, Nous avons choifi, commis & député, choififfons, commettons & députons par ces Prefentes pour Nous tranfporter és Villes & Lieux dudit Pays & Comté que vous aviferez pour le mieux, & illec vaquer à la Rédaction, Réformation, Arreft & Publication d'icelles Coûtumes, & à cette fin expedier & decerner nos Commiffions en tel cas requifes pour la convocation & affemblée des Gens des trois Etats d'iceux Pays & Comté, en telle Ville & Lieu que vous trouverez plus commode, lefquels Gens d'Etats voulons à ce faire eftre contraints, à fçavoir, les Gens d'Eglife par prife & faifie de temporel, & les Gens Laïcs par prife & faifie de leurs biens-meubles & immeubles, & ce nonobftant oppofitions, ou appellations quelconques, fans préjudice d'icelles, en prefence & par l'avis defquels Etats vous enjoignons de nouvel rediger, accorder & augmenter, fi befoin eft, muer, corriger & abreger lefdites Coûtumes ou partie d'icelles, & faire vos procès verbaux des débats & oppofitions qui fe feront en procedant par vous à la rédaction & accords d'icelles en la maniere duë & accoûtumée ; pour lefdites Coûtumes ainfi redigées, accordées & moderées, comme dit eft, eftre publiées audit Pays, & rapportées en noftredite Cour, & mifes au Greffe d'icelle pour dorefnavant les garder & obferver comme Loy & Edit perpetuel & irrévocable ; Voulons auffi & Nous plaift que lefdites Coûtumes, ainfi par vous redigées, aye- à faire taxe des frais qu'il aura convenu faire pour cet effet, enfemble des vacations & falaires d'aucuns de nos Officiers qui pour affifter à ladite redaction auroient été diftraits de l'exercice ordinaire de leurs Offices, & de tous autres frais qu'il appartient faire pour raifon & en confequence d'icelle redaction ; lefquels frais voulons eftre pris & levés fur les Gens des trois Etats dudit Pays & Comté, qui auront efté convoquées & appellées à la redaction de leurs Coûtumes, & ce par les contraintes, formes & manieres qui ont efté par cy-devant obfervées en la levée des deniers par vous ou autres taxés en femblables affaires & commiffions ; *De ce faire Nous donnons pouvoir, autorité, puiffance*, & mandement fpécial, en revoquant par toutes autres Commiffions à ce contraires, fi aucune y a ; *Mandons* & commandons à tous nos Jufticiers & Officiers & Sujets qu'à vous en ce faifant il foit obéi. Car tel eft noftre plaifir. *Donné à Paris* le 14. jour d'Octobre, l'an de grace mil cinq cens foixante & dix-neuf, & de noftre Regne le fixiéme ; ainfi figné par le Roy, BRULART ; & fcellé en queuë du grand Scel de cire jaune.

Lett. Pate
du 10 Févr.
1675.

LOUIS &c. A nos amez & feaux Confeillers en noftre Cour de Parlement, Me. François Vedeau de Grandmont, Arnault de la Briffe, & François Thomaffin de Fredeau noftre Confeiller Subftitut de noftre Procureur General en ladite Cour , bien que nos Précedeceſſeurs Roys ayant diſtrait le Comté d'Eu, tant pour la Seigneurie, que pour le Pays en dependant, & les Habitans d'icelui du reſſort de noſtre Parlement de Roüen pour le joindre & unir à celui de Paris, il eſt avenu lors de la Coûtume Generale, & des Locales de la Province de Normandie, en vertu des Lettres Patentes du 22 Mars 1577 & autres données en conſequence, que le Seigneur dudit Comté d'Eu aſſigné en vertu d'autres Lettres Patentes du 14 Octobre 1585, pardevant les Commiſſaires nommés après la redaction de la Generale entierement reglée & confirmée par Arrêt de noſtre Conſeil d'Etat du 7 deſdits mois & an pour faire reduire les Coûtumes Locales, auroit le 24 Avril 1586 fait inſerer au procès verbal du Lieutenant General au Bailliage de Caux par ſon Avocat & Procureur audit Comté, ſon dire mis au Greffe dudit Siege, contenant ſa remontrance de ladite diſtraction du Reſſort plus de 200 ans auparavant, & de leurs Uſages de la Coûtume Particuliere dudit Comté depuis ladite diſtraction, par le moyen dequoy l'on auroit proteſté de nullité de l'aſſignation donnée audit Sieur Comte d'Eu, & aux Officiers & Habitans dudit Comté pour faire rediger leurs Coûtumes Locales pardevant leſdits Commiſſaires, comme n'étant ledit Comté & les Habitans d'iceluy juſticiables dudit Parlement de Roüen ; cette Proteſtation ainſi faite, attendu que par les premieres Lettres du 22 Mars 1577, en execution deſquelles les autres ſont enſuivies, étant expreſſément porté que quelque differend venant à ſe former, les Communes dreſſeroient ſeulement leurs procès verbaux contenant les moyens de part & d'autre, ledit Seigneur Comte eſtoit en état de porter ſur ce ledit jugement ailleurs que pardevant leſdits Commiſſaires, & même ailleurs qu'audit Parlement de Roüen, s'il eut connoiſſance de la conteſtation, mais le Sieur Thomas Avocat General en ladite Cour, nommé en ladite Commiſſion s'étant aviſé 4 mois entiers après de faire mettre un grand diſcours contre ladite Proteſtation au Procés verbal deſdits Commiſſaires, & ſans autre nouvelle aſſignation, ſans avoir fait ſignifier autant de ſa très longue rémontrance, ni fait quelque ſommation pour y venir répondre, il auroit fait prononcer un deffaut contre ledit Comte d'Eu, & ſes Habitans, & par leſdits Commiſſaires, quoyque ſans pouvoir à cet égard, il auroit fait juger des deffenſes d'alléguer de là en après d'autres Articles que ceux de la Coûtume Locale d'Arques, & s'ils avoient une Coûtume il auroit fait ordonner qu'elle demeureroit reduite à la Generale, laquelle Ordonnance n'ayant point eſté notifiée audit Comte ni à ſes Officiers, ils ſont depuis icelle il y a près de cent ans demeurés paiſibles en l'uſage contenu de leurdite Coûtume Particuliere de tous temps obſervée audit Pays ; mais depuis peu eſt ſurvenu un procés entre deux Particuliers en noſtre Parlement de Paris au ſujet d'une Terre ſituée audit Comté d'Eu, auquel noſtre très-chere & très-amée Couſine Anne Marie-Loüiſe d'Orleans Fille aînée de noſtre très-cher & très-amé Oncle le Duc d'Orleans Fils de France, Dame dudit Comté d'Eu premiere Pairie de noſtre Royaume, ſeroit intervenuë pour ſon intereſt & celuy de ſondit Comté, à ce qu'il ne fût fait aucun préjudice à leur Coûtume quoiqu'il fût jugé ſur le fait fingulier entre lefdites Parties, auquel Procès elle auroit juftifié ce que deffus, ce que noftredite Cour même de fa prudence & prevoyance ordinaire pour le bien public, afin d'ofter à ce regard toute autre 'occafion de procès fur femblables matieres audit Comté d'Eu où les Ufages Locaux dudit Pays n'ont point jufqu'à prefent efté redigés par écrit, auroit par fon Arreft du trois Mars dernier, ordonné, en ce qui concerne noftredite Coufine, que dans un an elle fe pourvoiroit pardevers Nous pour obtenir nos Lettres, afin de les faire rediger par écrit, duquel Arreft ayant eu avis, quoyque jamais il ne luy ait efté fignifié, elle Nous a fait fa très-humble requifition pour luy eftre par Nous pourvû de Lettres fur ce neceffaires. A ces caufes defirant eftablir le repos audit Pays & Comté d'Eu comme ailleurs, en quoy noftredite Coufine a grand intereft; Nous vous avons commis & députés, & par ces Prefentes fignées de noftre main, commettons & deputons pour vous tranfporter en la Ville d'Eu où vous ferez affembler les Abbés, Chapitres, Communautés, Barons & autres Gentils-hommes, les Officiers, Praticiens, & autres notables Habitans dudit Comté, & en leur prefence lire, arrêter & rediger par écrit la Coûtume Locale & Particuliere dudit Comté, & où il furviendroit quelque contradiction & oppofition fur aucuns articles, & dont l'Affemblée ne pourroit demeurer d'accord, vous drefferez voftre procés verbal pour iceluy rapporté pardevers noftredite Cour, eftre fur ce ordonné ce que de raifon, les autres articles arreftés en ladite Affemblée demeurans cependant comme Loy & Edit perpetuel & irrevocable pour eftre cy-après gardé & entretenu inviolablement par nos Sujets demeurans audit Comté fans que l'on puiffe deformais faire preuve du contraire par turbes ou autrement. Car &c. Donné le 10 Fevrier 1675.

Autres Let.<br>du 11 Mars<br>1675.

LOUIS &c. A noftre amé Charles Hervé, Salut. Par nos precedentes Lettres Patentes du 10 Février dernier ayant fait choix de nos amez & feaux Confeillers en ladite Cour en la premiere & feconde des Enqueftes, Maître François Vedeau de Grandmont, & Arnaud de la Briffe, Thomaffin de Fredeau noftre Confeiller, Subftitut de noftre Procureur General en ladite Cour, pour proceder à la redaction de la Coûtume Locale du Comté d'Eu, en execution de l'Arreft d'icelle Cour du 3 Mars 1674, obtenu par noftre trés chere & très-amée Coufine Anne-Marie-Loüife d'Orleans Fille aînée de feu noftre très-cher & très-amé Oncle le Duc d'Orleans, Fils de France, pour les caufes amplement déduites par nos precedentes Lettres Patentes; néanmoins quoique lefdits Sieurs Vedeau & de la Briffe foient de la capacité notoire, Nous avons eftimé que s'agiffant d'une affaire de cette qualité par les difpofitions fous lefquelles le Peuple dudit Comté d'Eu a toûjours vécu, & qui doivent par le moyen de la redaction d'icelle par écrit, fervir cy-après de Loy perpetuelle audit Pays, fur quoy il eft befoin de mûre deliberation; A ces caufes, de l'avis de noftre Confeil, Nous avons commis & député, commettons & députons pour avec lefdits fieurs Vedeau de Grandmont & de la Briffe Confeillers en ladite Cour, & encore ledit fieur Fredeau Subftitut de noftre Procureur

General

General, conformément à nos precedentes Lettres, vous tranſporter à la
Ville d'Eu, ou tous enſemble ou l'un deſdits Sieurs Vedeau & de la
Briſſe en l'abſence de l'autre, avec vous & ledit Sieur Fredeau, vous fe-
rez aſſembler les Abbés, Chapitres, & Communautés, Barons, & autres
Gentils-hommes, le Greffier & Praticiens, & autres notables dudit
Comté, & en leur preſence vous ferez les arreſtés, & rediger par écrit la
Coûtume Locale & Particuliere dudit Comté, & où il ſurviendroit quelque contradiction ou oppoſition ſur aucuns articles, & dont l'Aſſemblée ne
pouroit demeurer d'accord, vous dreſſerez voſtre procès verbal pour au raport d'icelny en noſtredite Cour de Parlement de Paris eſtre ſur ce ordonné ce que de raiſon, les autres articles arreſtés en ladite Aſſemblée demeurans cependant comme Loy & Edit perpetuel & irrévocable pour eſtre cy-
après gardés & entretenus irrevocablement par nos Sujets dudit Comté, ſans
que l'on puiſſe deſormais faire preuve au contraire par turbes ou autrement.
Car &c. Donné le 11 Mars 1675.

V U par la Cour les Lettres Patentes données le 19 Février dernier obtenuës par Mademoiſelle Anne-Marie-Loüiſe d'Orleans, par leſquelles pour les cauſes y contenuës ledit Seigneur Roy auroit commis & député Me. François Vedeau de Grammond, Arnauld de la Briſſe Conſeiller
en la Cour, & Me. François Thomaſſin de Fredeau Subſtitut du Procureur General du Roy, pour ſe tranſporter en la Ville d'Eu, aux fins de
faire aſſembler les Abbés, Chapitres, Communautés, Barons & autres
Gentils-hommes, les Officiers, Praticiens, & autres notables Bourgeois &
Habitans du Comté d'Eu, & en leur preſence faire les arreſtés, & rediger
par écrit la Coûtume Locale & Particuliere dudit Comté d'Eu, ainſi que
plus au long le contiennent leſdites Lettres; autres Lettres Patentes du Roy
le 11 dudit preſent mois de Mars par leſquelles ledit Seigneur Roy auroit
commis pareillement Me. Charles Hervé Conſeiller en ladite Cour pour
ſe tranſporter conjointement avec leſdits ſieurs Vedeau de Grammond &
de la Briſſe, & Fredeau audit Comté d'Eu pour l'execution des préceden-
tes Lettres, leſdites Lettres à la Cour adreſſantes; Requeſte de l'impétrance
afin d'enregiſtrement d'icelles; Concluſions du Procureur General: *Tout*
*conſideré*, la Cour a ordonné que leſdites Lettres ſeront enregiſtrées au
Greffe d'icelle, pour eſtre executées ſelon leur forme & teneur. Fait en
Parlement le 20 Mars 1675. *Signé*, J A C Q U E S.

Arreſt du<br>20 Mars<br>1675 portant<br>Enreg. deſd.<br>Lettres.

# CHAPITRE VII.

Des nouvelles Lettres obtenuës par les Etats de la Province pour la Réformation de la même Coûtume en l'année 1582.

## SOMMAIRE.

I. *Nouvelles Lettres pour la Redaction de la Coûtume.*
II. *Assignations données en consequence.*
III. *Remontrances des Baronnies d'Ourville & de Rommare, & autres.*
IV. *Lecture du Cahier redigé.*
V. *Arrest d'Omologation au Conseil du 7 Octobre 1585.*

I. NOus avons déja dit que le 22 Mars 1577 le Roy Henry III. avoit accordé des Lettres pour la reformation de la Coûtume de Normandie, & que le Comté d'Eu y avoit été nommément compris ; la même chose arriva dans celles qui furent obtenuës par les Etats de la Province pour le même sujet le 5 Août 1582 ; on l'y comprit encore expressément ; & l'on n'y parla point des Lettres accordées à M. de Guise en 1579 ; ce qui peut faire présumer qu'on les regarda lors comme nulles & non avenuës.

II. Toutes les assignations nécessaires ayant été données en execution des nouvelles Lettres, les Etats s'assemblerent à diverses reprises en 1583. On écouta tous les députés des Ecclesiastiques, de la Noblesse, & du tiers-Ordre, & chacun d'eux se fit donner acte de sa compa-

rution. Mais à l'égard du Comté d'Eu & de ses Vassaux
en general, ils ne se presenterent point aux Assemblées,
ni personne en leur nom.

Il faut pourtant observer que les Habitans & Vassaux III.
des Baronnies d'Ourville & de Rommare, és Vicomtés
de Roüen & Caudebec, & ceux de Gremonville, Gerponville, le Valbourdet, la Salle, S. Jean, & plusieurs autres comparurent à l'Assemblée generale qui fut faite
par les Lieutenans Generaux, & demanderent non seulement acte de ce qu'ils entendoient vivre comme ils
avoient toûjours fait sous la Coûtume generale ; mais
encore que cette Coûtume, le style formulaire, & les
usages reçûs aux Sieges Royaux du Bailliage de Caux
où le Comté d'Eu est assis, & les solemnités accoûtu-
mées aux Decrets d'héritages de Normandie, fussent gardées & observées pour les Fiefs & les Terres qui en dépen-
doient, comme il avoit été fait de tout tems. C'est la
remarque que M. l'Avocat General Thomas fit dans son
plaidoïé dont nous avons déja parlé plusieurs fois ; dont
nous parlerons encore plus particulierement dans le
Chapitre suivant ; & où je trouve qu'il fit deux autres
observations importantes.

L'une qu'en 1532 les Habitans de la Ville d'Eu avoient
supplié le Roy François I. de nommer des Magistrats
pour décider leurs causes en attendant que la contestation pour le ressort entre les deux Parlemens, eût
été terminée, & que dans les Lettres que ce Prince accorda, il fut expressément employé que le Comté d'Eu
se regissoit & gouvernoit par les Usages & Coûtumes
du Pays de Normandie.

Et l'autre que Monsieur de Thou Premier President
du Parlement de Paris ayant été nommé Commissaire.

pour la réformation de la Coûtume d'Abbeville, & quelques uns s'étant imaginés que les Habitans du Comté
d'Eu devoient y assister, la Noblesse du Pays s'assembla,
& résolut de s'y opposer ; elle en fit même sa déclaration à M. de Guise, le sieur de Gamaches portant la parole, & se pourvut au Parlement de Roüen qu'elle regarda comme la seule Cour interessée à la conservation
de ses Coûtumes, & qui donna un Arrêt de défense dont
la signification arrêta toutes choses.

I V.    Après qu'on eut appellé tous ceux à qui les ajournemens avoient été faits en consequence des Lettres de
1582, le Procureur des Etats requit défaut contre les absens non comparans, & pour le profit demanda qu'il fût
procedé à la redaction, réformation, & publication de
la Coûtume ; ce qui luy fut accordé par les Commissaires, qui prirent ensuite le serment de ceux qui étoient
presens, & firent faire la lecture du Cahier dont on avoit
pris soin d'envoyer des copies dans toutes les Vicomtés,
& celle de l'ancien Coûtumier pour voir ce qu'il étoit
utile & necessaire d'ajoûter au nouveau cahier.

Cette lecture étant faite, on délibera pendant plusieurs
jours, & l'on redigea les articles que les Etats trouverent à propos d'arrêter : après quoi sur le requisitoire
de Monsieur le Procureur General, M. Vauquelin Avocat General portant la parole pour lui, & du Procureur
des Etats de la Province, il fut dit & ordonné par les
Commissaires conformément au pouvoir qu'ils en
avoient reçu par les Lettres qui les avoient nommés,
que ceux qu'on avoit ajournés & qui n'étoient point
comparus pendant les séances, fussent Gens d'Eglise,
de Noblesse, du tiers Etat, ou autres, seroient par vertu
des défauts qui avoient été donnés contr'eux, censés &

reputés Sujets aux Coûtumes arreftées qui feroient enregiftrées tant és Regiftres de la Cour, qu'en ceux des Bailliages & anciens Refforts, Vicomtés Royales & Subalternes fous ce titre, *Coûtumes du Pays de Normandie, anciens Refforts & Enclaves d'icelui*, pour y être à l'avenir, à compter du premier jour de Juillet de la même année 1583, *tant par les défaillans* que les comparans, obfervés & gardés de point en point felon leur forme & teneur comme Loy du Pays qui fortiroit fon plein & entier effet, nonobftant oppofitions ou appellations quelconques faites ou à faire, avec deffenfe à tous les Sujets de la Province de mettre en avant, & à tous Juges, Officiers, Avocats & Procureurs de ce Pays & anciens Refforts & Enclaves de recevoir à l'avenir aucun à alléguer, prouver, & verifier autre Coûtume que celle dont la redaction venoit d'être faite, & avec ordre de juger & décider conformément à ladite Coûtume, & fuiuant les Ufances particulieres & Coûtumes Locales qui avoient été lûes & arrêtées en l'Affemblée & du confentement des Etats, fans préjudicier néanmoins aux jugemens que la Cour avoit rendus, ni aux Ufages Locaux qui avoient été propofés par plufieurs des députés, fur lefquels il fut dit qu'il feroit pourvû.

Quelque tems après le Procureur des Etats pourfuivit l'omologation de la Coûtume au Confeil où au raport de M. Faulcon Confeiller d'Etat à ce commis par Sa Majefté, il obtint Arrêt le 7 Octobre 1585, par lequel le Roy declara l'omologuer, l'approuver, & la ratifier telle qu'elle étoit, pour avoir lieu entre tous les Sujets de Sa Majefté au Duché de Normandie & anciens Refforts du 1 Juillet 1583. Il eft vrai que le Roy fit quelques reftrictions, mais ce fut pour fon interêt particu-

V.

lier ; il n'en fit aucune pour le Comté d'Eu qui de sa part ne fit aucun obstacle à l'omologation, & laissa rendre tranquillement l'Arrêt sans s'y opposer.

*Nouvelles Lettres de 1582. pour la Redaction de la Coûtume.*

HENRY par la grace de Dieu &c. A nos amez & feaux les Baillifs de Roüen, *Caux*, Evreux, Caën. Costentin, Gisors, Alençon, ou leurs Lieutenans, *Salut*. Nous avons cy-devant commis & député nos amez & feaux &c. pour la Rédaction & Reformation de la Coûtume en nôtre Pays de Normandie, y compris *le Comté d'Eu*, Bailliage de S. Sauveur Lendelin, S. Sauveur le Vicomte, Mortaing. *& tous autres anciens Ressorts dudit Pays*, regis & gouvernés par la Coûtume Generale de Normandie, &c. Et seroit de present l'affaire tellement avancée qu'il ne resteroit plus que d'arrêter & omologuer ladite Coûtume. Pour ces causes desirant pourvoir, &c. Nous vous mandons que, &c. vous fassiez assigner par devant vous en la prochaine convocation des Etats tous & chacun les Archevêques, Evêques, Doyens, Chapitres, Abbés, Prevôts, Prieurs, Communautez & autres Ecclesiastiques ayans Fiefs & Jurisdictions, Ducs, Marquis, Comtes, Barons, Châtelains, & autres Seigneurs de Fiefs ayans Terres & Possessions ès Enclaves de vos Bailliages, *ou aux lieux & endroits où ladite Coûtume cy-devant a eu lieu, exemts & non exemts, de quelque qualité & condition qu'ils soient* ; ensemble les plus notables, &c. Pour &c. Et voir en outre proceder à l'omologation de ladite Coûtume, &c. *Et où aucuns des dessusdits seroient refusans ou dilayans de comparoir*, &c. vous les ferez assigner particulierement à comparoir en nôtre Ville de Roüen par devant nosdits Commissaires lors de la séance desdits Etats, *ou d'y envoyer Procureur aûëment fondé de procuration speciale &c. avec intimation que comparans ou non audit jour, il sera nonobstant leur absence passé outre à la perfection de ladite omologation* &c. De toutes lesquelles Assemblées & Assignations que vous ferez, & ferez faire, vous dresserez bons & amples Procès verbaux, que vous envoyerez à nosdits Commissaires, &c. *pour par eux proceder contre les défaillans ainsi qu'il appartiendra*, &c. Donné à Fontainebleau le 5. jour d'Août, l'an de grace 1582. Et de nôtre Regne le neuvieme, &c.

*Lecture du Cahier & le Jugement des Commissair.*

Ledit Appel fait le Procureur des Etats nous a requis deffauts contre les absens & non comparans &c. Et sur la Requête faite par ledit Vauquelin Premier Avocat du Roy en ladite Cour &c. avons dit & ordonné, disons & ordonnons &c. *le tout dans les termes cy dessus referez.* Voyez le Procès verbal de la Rédaction de la Coûtume qui est à la fin des Commentaires.

*Arrêt d'Omologation de la Coûtume.*

VU par le Roy en son Conseil la Requête présentée par le Procureur des trois Etats de Normandie, tendant à &c. oüy le Rapport du sieur Faulcon, & tout consideré : *Le Roy en son Conseil a omologué*, approuvé, & ratifié ladite Coûtume de nouvel redigée & reformée, ainsi qu'il est contenu audit Cahier & Procès verbal, *pour avoir lieu entre les Sujets de Sa Majesté audit Duché & Pays de Normandie & anciens Ressorts d'iceuy, du premier jour de Juillet 1683*, &c. Fait au Conseil d'Etat tenu à Paris le 7 jour d'Octobre 1585.

# CHAPITRE VIII.

Des Lettres obtenuës par le Syndic des Etats de Normandie pour la Redaction des Usages Locaux de la Province en 1585 & 1586 , & du Jugement rendu par les Commissaires contre les Habitans du Comté d'Eu.

## SOMMAIRE.

I. *Lettres Patentes pour la Redaction des Usages Locaux de Normandie acccordées en 1585.*

II. *Commissions décernées en consequence.*

III. *Autres Lettres de 1586.*

IV. *Nouvelles Assignations.*

V. *Procés verbal des Commissaires fait en la Ville de Monsttierviller.*

VI. *Continuation du Procés verbal en la Ville de Caudebec, & au Prétoire d'Arques , avec le rapport des Assignations données aux Comte & Comtesse d'Eu.*

VII. *Protestation du Procureur Fiscal du Comté d'Eu.*

VIII. *Discours & Conclusions de Mᵉ l'Avocat General Thomas.*

IX. *Jugement rendu par les Commissaires contre les Habitans du Comté d'Eu.*

X. *Dépót fait au Greffe en 1587 du Cahier contenant tous les Usages Locaux de la Province.*

XI. *Autres Lettres de 1599 pour la correction des Articles à réformer dans la Coûtume.*

Après que le Cahier de la Redaction de la Coûtume Generale eut été omologué par l'Arrêt du Conseil du 7 Octobre 1585 , le Syndic des Etats de la

I.

Province obtint le 14 du même mois autres Lettres
Patentes portant injonction de faire lire & publier les
Articles qu'ils avoient arrêtés, & qui nommoient au
même tems des Commiſſaires pour proceder à la Re-
daction des Uſages Locaux de la Province qui dans les
Aſſemblées Generales avoient été allégués.

Ce fut le 26 qu'il préſenta le Cahier, ces Lettres &
l'Arrêt ; & pour lors on fit la lecture des Articles en la
convocation des Etats le dernier jour du mois en preſence des Commiſſaires qui ordonnerent qu'à la fin du
Cahier ſeroient mis ces mots, lû & publié en la preſence
des trois Etats de Normandie aſſemblés au Palais Ar-
chiepiſcopal de Roüen, pour avoir ladite Coûtume lieu
& ſervir de Loy au Pays, du 1 Juillet 1583 ; ſuivant le
Decret & l'Ordonnance des precédens Commiſſaires,
& l'Arrêt du Conſeil d'Etat du 7 dudit mois d'Octobre,
& qu'il ſeroit décerné des Commiſſions aux Baillys pour
rediger par articles les Uſages Locaux qu'ils prétendoient avoir lieu en leurs Bailliages & Vicomtés, après
quoi ils apporterent & mirent au Greffe de la Cour en
preſence du Procureur General le Cahier tel qu'il avoit
été arrêté par les Etats, & omologué par le Prince le
onziéme jour de Decembre 1585.

II.     Ce fut le 28 Mars 1586 que ces Commiſſions furent
décernées aux Baillys auſquels il fut enjoint de faire
entendre à tous les Sujets de la Province, que refuſans
de ſatisfaire à l'ordre qui leur étoit donné ils ſeroient
déclarés à l'avenir ſujets aux Coûtumes redigées, &
qu'on n'auroit aucun égard aux Uſages Locaux qu'ils
pouroient alléguer au contraire.

III.    Le 8 Août de la même année 1586 il y eut d'autres
Lettres expédiées, portant que les Commiſſaires euſſent

à

à rediger par écrit les Coûtumes Locales qui leur fe-
róient propofées, à les mettre par écrit, & à les réformer, changer, & abroger ainfi qu'il feroit arrêté dans
l'Affemblée des Etats, & que fi l'on ne demeuroit pas
d'accord de la réformation ou changement, ils fiffent
mettre par écrit les difficultés de part & d'autre, pour
étant apportées par devers la Cour être ordonné ce que
de raifon, Sa Majefté leur donnant de ce faire plein
pouvoir, puiffance, autorité, commiffion, & mandement fpécial.

En execution de ces Lettres les Commiffaires donnerent aux Baillys de nouveaux ordres pour faire donner les Affignations neceffaires, & pour faire affembler
les Gens des trois Etats aux lieux, jours, & heures mar-
qués par les Commiffions; enfuite de quoi ils fe tranfporterent dans toute la Province.

 IV.

Le 27 du même mois ils fe rendirent en la Ville de
Monftierviller qui eft du Bailliage de Caux, où en la
prefence des Gens des trois Etats du Pays à ce con-
voqués, & de leur confentement, ils redigerent en deux
articles les Ufages Locaux de la Vicomté.

 V.

Le deux Septembre ils fe tranfporterent en la Ville
de Caudebec, & le 10 au Bourg & Prétoire d'Arques
où fe trouverent auffi les Gens des trois Etats de la Vicomté, & où lorfqu'on procedoit à les appeller, Charles
Gigout Sergent Royal préfenta fon procès verbal aux
Commiffaires *contenant les Affignations qu'il avoit données
aux fieur & Dame Comte & Comteffe d'Eu, & aux Officiers & Habitans dudit Comté.*

 VI.

La lecture en fut faite en pleine Affemblée, & comme
M. l'Avocat General Thomas étoit fur le point de prendre fes Conclufions contre les défaillans, il requit

 VII.

K

qu'on lût auffi auparavant les Remontrances que M<sup>e</sup>.
François le Duc Procureur Fifcal du Comté d'Eu avoit
faites en ce Siege, & que M<sup>e</sup>. Adrien Soyer Lieutenant
General en ce Bailliage avoit inferées dans fon procès
verbal du 24 Avril precedent.

Ces Remontrances de le Duc chargé de la Procuration des Comte & Comteffe d'Eu étoient une proteftation de nullité des Affignations qui leur avoient été
données, contenant qu'anciennement le Comté d'Eu
avoit été érigé en Pairie; qu'au moyen de cette érection il ne reconnoiffoit autre Cour que le Parlement
de Paris; qu'il avoit toûjours été regi par fes Coûtumes Locales & Particulieres, fans avoir été jamais fujet
à celle de Normandie; & qu'ainfi mal-à-propos on avoit
fait affigner les Sieur & Dame Comte & Comteffe d'Eu,
leurs Officiers & leurs Vaffaux, qui tous prétendoient
que tout ce qui pourroit être fait & executé par les
Commiffaires, ne pourroit nuire ni préjudicier à leurs
droits.

On ne voit point que ce Procureur fpecial excipât
des Lettres que Monfieur de Guife avoit obtenuës en
1579. pour la redaction de fes Ufages locaux, ni de tout
ce qui avoit été fait en confequence; & il avoit en cela
la raifon, parce que les Commiffaires ne s'étoient pas
tranfportez fur les lieux; parce qu'ils n'avoient vû ny
examiné les articles qui avoient été redigés par écrit;
& parce que les Cahiers n'avoient pas été omologuez
par le Roy.

On peut dire même que l'excés d'affection que le
Duc avoit pour fon Maître lui faifoit avancer des chofes manifeftement contraires à la verité. Il pouvoit bien
foûtenir que dans le Comté d'Eu il y avoit des Coû-

rumes locales & particulieres, comme dans tout le refte de la Province; mais ç'étoit s'abandonner indifcre-
tement à la paffion lorfqu'il difoit que ce Comté n'a-
voit jamais été fujet aux difpofitions de la Coutume
de Normandie.

Sa proteftation donna lieu à Monfieur l'Avocat Ge- VIII.
neral Thomas de faire un grand Difcours fort curieux,
& qui renferme une infinité de chofes qui juftifient
combien les habitans de ce Canton avoient tort de fe
revolter contre nôtre Coûtume, & de s'en vouloir diftraire. Il eft inferé dans le procez verbal de la redaction des Ufages Locaux de la Province qui eft à la fin des
Commentaires.

M. Thomas y fait voir que le Comté d'Eu a toûjours
fait partie du Duché de Normandie; quand; à quelle
occafion; & en faveur de qui il a été érigé en Pairie &
que cette dignité ne fubfiftoit plus au moyen de l'extinction qui s'en étoit faite.

Que pour le reffort il y avoit encore actuellement
procez au Confeil privé du Roy entre le Procureur
general du Parlement de Rouen, le Procureur Sindic
des Etats de la Province, & celui des habitans du Comté d'Eu; que la dignité de Pairie dont il plaifoit aux
Roys d'honorer une Terre n'en changeoit point le reffort; qu'il y en avoit des exemples dans la Normandie même; que fouvent les Comtes d'Eu avoient comparu en l'Echiquier de Rouen depuis l'érection de leur
Terre en Pairie; qu'ils y avoient même été condam-
nez à l'amende pour ne s'y eftre pas trouvez dans des
rencontres où ils devoient y affifter; & qu'ils avoient
avec leurs Officiers difcontinué l'exercice de leur Jurifdiction, comme tous les autres Juges de la Province

pendant que l'Assemblée de l'Echiquier tenoit.

Que les Députés du Comté avoient coûtume dans les Assemblées des Etats Generaux de France de se ranger avec les autres Députés de la Province, & de conferer avec eux touchant les affaires qui concernoient le Duché & tous les particuliers qui en étoient les membres; & que cela s'étoit pratiqué de la sorte aux derniers Etats de Blois.

Que d'ailleurs la dispute pour le ressort n'étoit point une chose qui dût tirer à consequence pour la contestation presente; que M. de Guise Comte d'Eu étoit convenu plusieurs fois dans le procez pendant au Conseil que son Comté étoit regi & gouverné par la Coûtume Generale de la Province; qu'en effet on y avoit toûjours observé ses dispositions; qu'il y en avoit beaucoup d'exemples anciens & modernes; qu'il lui étoit même avantangeux & à ses Vasseaux de s'assujettir à ses Loix; & que ses Prédecesseurs en avoient tiré de grands profits en differentes occasions.

Enfin que tous les peuples de cette contrée devoient reconnoître qu'ils vivoient sous l'obéïssance du Roy qui étoit Souverain par tout, qui seul avoit droit d'établir des Loix, ou decerner commissions pour rediger & reformer les Coûtumes & Usages de son Royaume, choisir & nommer à cet effet des Commissaires, & les envoyer & députer où il jugeoit à propos, sans qu'aucun y pût former empêchement; & qu'ainsi ceux devant lesquels il parloit ayant été nommez par le Roy pour la reformation de la Coutume de Normandie, & formellement pour *celle du Comté d'Eu*, le Comte & ses Vassaux ne pouvoient pas se dispenser d'y comparoître, & ce dautant plus qu'il ne s'étoit rien fait au sujet de cette députation que suivant la requisition qu'ils en avoient faite eux-mêmes aux Etats de Blois avec les autres députez de la Province.

Sur ces moyens que M. Thomas discuta dans toute leur étenduë,& sur plusieurs autres dont son discours est composé,il conclud à ce que sans avoir égard à la remontrance & protestation les sieur & Dame Comte & Comtesse d'Eu, leurs Officiers, Vassaux furent tenus de comparoir & d'assister à la redaction dont il s'agissoit & à l'execution de la commission, sans préjudice des points qui étoient contentieux entre le Comte d'Eu, & le Procureur General du Parlement de Rouen, & que faute par eux d'y satisfaire il fut passé outre à la redaction des Usages Locaux,& eux declarez sujets à la Coûtume generale ou locale, s'ils ne la vouloient déduire & proposer.

Après les Conclusions prises,M.le President Bretel l'un des Commissaires se retira du Siége, declarant qu'il ne pouvoit pas connoître du deffaut requis par M. Thomas, parce qu'il étoit Vassal du Comte d'Eu, encore bien qu'il estimât n'avoir pas grand interêt à la chose, étant constant que sa Terre & Seigneurie de Grémonville avoit de tout tems été regie & l'étoit encore par la Coûtume de Normandie, & par celle du Bailliage de Caux ainsi qu'il étoit justifié par les aveux que ses Prédecesseurs & lui avoient rendus, & qui avoient été reçûs par les Comtes d'Eu : ce qui fit qu'on appella en son lieu & place M. du Perron Conseiller en la Cour suivant le pouvoir qu'en avoient les Commissaires qui donnerent ensuite le deffaut qui avoit été requis, *& firent deffenses à toutes personnes du Comté d'Eu d'alleguer aucuns Usages Locaux, lesquels si aucuns il y avoit, furent*

IX.

*declarez réduits à la Coûtume Generale.*

X.        Ils continuerent depuis de se transporter dans tous
les lieux où leur presence étoit necessaire, & lorsqu'ils
eurent achevé leur commission, ils apporterent leur ouvrage en la Cour où il fut mis par eux au Greffe le 22 Octobre 1587. & où il a perpetuellement été suivi comme
la Coûtume generale même à laquelle il fut ajoûté.

XI.       Quelques années aprés on prétendit qu'il y avoit dans
la Coûtume quelques articles qui pouvoient meriter correction, & sur ce fondement on obtint le dernier Decembre 1599. de nouvelles lettres qui furent accordées
par Henry IV. & dans lesquelles *on comprit encore expressément le Comté d'Eu*, comme il avoit été pratiqué
dans celles de 1577. & 1582. Ce sont les lettres en execution desquelles on proceda à un nouvel examen du titre des executions par decret en l'année 1600.

*Lettres Pat.*
*du 14 Octob*
*1585.*

HENRY par la Grace de Dieu &c. A nos amés & féaux &c. Après
avoir fait voir en nôtre Conseil le Cahier de la Coûtume reformée de
nôtre Pays de Normandie par les Commissaires à ce députés &c. Et d'autant
qu'il a été proposé & allégué par aucuns des Députés des trois Etats, &
autres presens à l'Assemblée, *plusieurs Usages Locaux* dont les autres ne sont
demeurés d'accord, & par ce moyen demeurés indécis, Nous voulons &
vous mandons que pour l'éclaircissement d'iceux, vous ayez à vous transporter sur les lieux, pour appellés les Gens des trois Etats en chacun des
Bailliages, Vicomtés, & Châtellenies où l'on prétend lesdits Usages &
Coûtumes avoir lieu, *vous informer de la verité d'iceux. & les rediger par
articles, pour être ajoûtés au Cahier de ladite Coûtume avec vôtre procés verbal, afin d'être lesdits articles doresnavant aussi gardés & observés aux lieux
où ils ont été & sont en usage,* &c. Mandons &c. Donné à Paris le 14 jour
d'Octobre, l'an de Grace 1585.

*Autres Let.*
*du 8 Aoust*
*1585.*

HENRY par la grace de Dieu &c. A nos amés & féaux &c. Et d'autant que Nous avons été avertis que plusieurs desirent aucuns
desdits Usages & Coûtumes Locales être reformées, ou même abrogées
du tout, *Nous voulons & vous mandons* que ouïs les Deputez des trois Etats
en chacun desdits Bailliages, Vicomtés, & Châtellenies, & autres qui pour
ce seront à appeller, *de leur consentement vous ayez à rediger par écrit lesd.
Usages & Coûtumes Locales, les mettre par articles: reformer, changer, &*

*abroger*, ainſi qu'il ſera arrêté en lad.te Aſſemblée ; & où ſur ladite reformation & changement ils ne demeureroient d'accord, *vous ferez mettre par
écrit* les difficultés de part & d'autre, pour iceux apportés par devers nôtredite Cour être ordonné ce que de raiſon, &c. Donné à Paris le huitiéme
jour d'Août, l'an de grace 1586. Et de nôtre Regne le treiziéme.
*Signé*, HENRY.

POur l'execution deſquelles Lettres Patentes auroit été par Nous aviſé
&c. Et ſuivant ledit département &c. Et le mardy deuxiéme jour de
Septembre 1586 &c. Et le mercredy dixiéme deſdits mois & an, nous étans
tranſportés au Bourg & Prétoire d'Arques &c. en procedant à l'appel des
Gens des trois Etats de ladite Vicomté, Charles Gigout Sergent Royal nous
a repreſenté ſon procès verbal contenant les Aſſignations faites *aux ſieur
Comte & Comteſſe d'Eu, & aux Officiers & Reſſeans dudit Comté*, duquel
ayant fait faire lecture, Maître Nicolas Thomas Premier Avocat General
de la Cour a requis, auparavant de prendre ſes Concluſions, lecture pareillement être faite des Remontrances cy-devant faites en ce Siege par Me.
François le Duc Procureur Fiſcal du Comté d'Eu, inſerées au procès verbal de Me. Adrien Soyer Lieutenant General en cedit Bailliage du 24 jour
d'Avril dernier, deſquelles la teneur enſuit.

*Procès ver.
des Commiſſ.*

S'EST preſenté Me. François le Duc Avocat & Procureur du Comté
d'Eu, au nom & comme Procureur ſpécialement fondé du ſieur Duc
de Guiſe Comte d'Eu, & de la Dame ſa femme &c. lequel eſdits noms
nous a remontré que ledit Comté d'Eu eſt anciennement Pairie de France, établie & créée il y a deux cens ans & plus, & à ce moyen que les
Comtes & Pairs d'Eu, enſemble leurs Sujets audit Comté & Pairie, ne
reconnoiſſent autre Cour ne Juriſdiction par Reſſort que la Cour de Parlement de Paris, laquelle ſeule eſt vraye Juge des Pairs de France, & y
ont ſéance & voix déliberative, & és cas Royaux ne reconnoiſſent autres
Juges que les Juges Royaux du Reſſort du Parlement de Paris, ſans que
jamais ils ayent ſubi Juriſdiction en Parlement ; pareillement qu'Eux &
leurſdits Sujets en leurdit Comté d'Eu ont eû toûjours leurs Coûtumes
Particulieres & Locales, ſuivant leſquelles ils ont vécu, & leurs affaires
reglées & gouvernées, ſans que jamais ils ayent été abſtraints à la Coûtume du Duché de Normandie, ſignamment au Bailliage de Caux. A cette
occaſion a ledit le Duc eſdits noms ſoûtenu que leſdits Seigneur & Dame
Comte & Comteſſe d'Eu, Eux, leurs Officiers & Sujets ſont mal convenus
& nullement aſſignés par devant nous, & qu'ils ne doivent ni ſont tenus
proceder aux fins de ladite aſſignation ; declarant & proteſtant que tout
ce qui ſera par nous, ou autres Commiſſaires fait & executé, ne puiſſe
nuire ni préjudicier auſdits Seigneur & Dame, ni à leurſdits Officiers &
Sujets, moins à leurs droits de prééminence de Pairie, dont il a requis
acte.

*Remontran.
du Proc. Fiſc.
du Comté
d'Eu.*

*Playdoyé de M. Thomas.*

APrés laquelle lecture ledit Thomas a dit que les remontrances faites par ledit le Duc &c. *Voyez* ce Playdoyé énoncé dans le Procez verbal de la redaction des Usages Locaux de la Province.

*Sentence des Commissaires contre les habitans d'Eu.*

SUr quoi aprés que ledit sieur Bretel s'est retiré du Siége &c. avons appellé &c. *& avons donné deffaut audit Thomas tant à l'encontre desdits Comte & Comtesse d'Eu, Manans & Habitans, Officiers & Praticiens dudit Comté, que autres défaillans de ladite Vicomté d'Arques; & pour le profit d'icelui, ordonné qu'il sera passé outre à l'execution de nôtredite Commission; & en ce faisant presence des Comparans, & nonobstant l'absence des défaillans ont été le jeudy onzième dudit mois de Septembre arrestez les trois articles inserez à la fin du Cahier de ladite Coûtume & ordonné qu'ils seront enregistrez au Greffe de ladite Vicomté avec deffenses à toutes personnes tant dudit Comté, que autres d'en alleguer cy-aprés d'autres, lesquels, si aucuns y a, demeurent reduits à la Coûtume generale &c.*

*Arrest d'enregistrement des Coûtumes locales de la Province.*

APportées & presentées à la Cour de Parlement les Chambres assemblées en la presence du Procureur General du Roy, & mises au Greffe Civil d'icelle par &c. le Jeudy 22. jour d'Octobre 1587.

*Nouvelles Lettres du dernier Dcembre 1599. pour la reformation de quelques articles de la Coûtume.*

HEnry &c. comme nôtre très honoré sieur & frere le Roy Henry dernier decedé ait à la requisition des trois Etats de nôtre Pays & Duché de Normandie fait de son vivant proceder à la redaction & reformation des Coûtumes dudit Pays *y compris le Comté d'Eu & anciens ressorts &c.* Sçavoir faisons &c. Donné à Paris le dernier de Decembre l'an de grace 1599. & de nôtre Regne le 11. *signé* HENRY.

CHAPITRE

# CHAPITRE IX.

En quoi consistent les Usages prétendus Locaux du Comté d'Eu.

### SOMMAIRE

I. *Le Comté d'Eu sujet à l'ancienne & à la nouvelle Coûtume de Normandie.*
II. *Ne rejette pas tous les articles ajoûtez lors de la reformation de la Coûtume pour Loy nouvelle.*
III. *Acte de notorieté des Officiers du Bailliage d'Eu contenant ses Usages prétendus Locaux.*

IL ne faut pas s'imaginer que les Usages qu'on prétend s'être introduits dans le Comté d'Eu du commun consentement des Peuples soient en très grand nombre.

Ceux qui l'habitent conviennent qu'originairement ils ont été sujets à l'ancienne Coûtume de la Province; ils observent même, ou peu s'en faut, toutes les dispositions de la Coûtume reformée en 1583; & à proprement parler il n'y a que les Articles qui furent ajoûtés pour Loy nouvelle qui ne sont pas de leur goût, parce qu'ils n'ont point assisté à la Redaction.

Ce n'est pas qu'ils rejettent absolument tous ces Articles; au contraire ils en admettent la plûpart, & le refus qu'ils font d'obéir au jugement qui fut rendu contr'eux par les Commissaires nommés pour la Rédaction de la Coûtume, ne tombe que sur quelques-uns;

L

fur quelques autres difpofitions de l'ancien Coûtumier; & fur quelques anciens Ufages de la Province.

J'ai vû le Memoire d'un Avocat de reputation de ce Pays-là, qui porte que tous les *Articles* du titre des Succeffions en propre au Bailliage de Caux au nombre de 25, & qui ont prefque tous été augmentés à l'ancienne Coûtume, font obfervés dans ce Comté, à l'exception du 296 qui a déplu à quelques Cadets.

Qu'on y obferve auffi l'*article* 306 qui eft fous le titre des Succeffions Collaterales, & qui a été couché dans le Cahier de la Redaction, comme Loy nouvelle.

Que *les* 390, 391 *&* 393 qui font de la même nature, & qui font inferés dans le titre du Doüaire, y font pareillement fuivis ; qu'il n'y a que *le* 399 *& fuivans* jufques & compris *le* 404, qu'on impugne mal-à-propos; mais que *le* 405 qui eft auffi du nombre des ajoûtés, y eft religieufement obfervé comme article de nouvelle Coûtume, & non comme Loy d'Ordonnance.

Et qu'il en eft de même des *articles* 422, 423, 424 *&* 425 qui font au titre des Teftamens ; des *articles* 439 *&* 448 qui font fous le titre des Donations ; des *articles* 453, 454, 455, 460, 495, 498, 501 *&* 502 employés dans le titre des Retraits ; de l'*article* 538 qui eft au titre de Mariage Encombré; & de plufieurs autres encore que le procès verbal de la Redaction de la Coûtume apprend y avoir été ajoûtés comme Loy nouvelle.

III.　Le 25 Février 1673 Mademoifelle d'Orleans Comteffe d'Eu qui avoit demandé d'être reçûë Partie intervenante dans le Procès qui étoit pendant au Parlement entre les Religieufes de Gomerfontaines & le fieur de Mailly d'Haurcourt, & dont je parlerai dans un des Chapitres fuivans, où je traiterai de la demande en declaration d'hypoteque, produifit pour appuyer fon intervention un acte de notorieté des Officiers, Avocats, Procureurs, & Praticiens du Bailliage d'Eu contenant ce qui fuit:

1°. Qu'entre ces Ufages eft l'action en déclaration d'hypoteque, dont la pratique eft fi ancienne & fi conftante qu'il ne fe trouvera pas qu'elle ait jamais été conteftée, finon par ledit fieur d'Hautcourt depuis quelques années.

2°. Que dans la Ville d'Eu, l'aîné a les deux tiers des Maifons y fituées, & que l'autre tiers eft aux Cadets contre l'*article* 270 de la Coûtume de Normandie qui veut que tous les freres partagent également entr'eux les biens de cette nature.

3°. Qu'il n'y a qu'un préciput au Comté d'Eu en Succeffion tant Paternelle que Maternelle contre l'*article* 348 de la Coûtume de Normandie, qui fous les conditions qu'il renferme, en accorde un à l'aîné dans la fucceffion du Pere, & pareil droit dans la fucceffion de la Mere.

4°. Que le tiers deftiné pour le doüaire de la femme n'eft point propre aux enfans contre l'*article* 399 de la même Coûtume.

5°. Que dix ans de poffeffion valent de publication audit Comté contre la difpofition de l'*article* 453.

6°. Que le droit de viduité du mary fur les biens de fa femme n'y a pas lieu, ce qui eft précifément contraire aux *articles* 331, 382, 383 & 384.

7°. Que les femmes ont audit Comté, après le deceds de leurs maris, la moitié aux meubles contre l'*article* 392 qui n'en donne que le tiers quand il y a enfans vivans.

L ij

8°. Que les fruits pendans par les racines tiennent toûjours nature d'*Immeubles* contre l'*article* 505 de ladite Coûtume, qui repute *Meubles* les fruits, grains, & foins étans sur la terre après la S. Jean, encore qu'ils tiennent par les racines, & ne soient coupés ne sciés, & qui déclare aussi *Meubles* les pommes & les raisins au premier jour de Septembre.

9°. Que les femmes n'ont que la moitié par usufruit des acquêts faits en Bourgage, c'est-à-dire, dans des Villes ou des Bourgs, nonobstant l'*article* 329 qui leur en donne la moitié.

10°. Que l'aîné ne peut retirer le tiers des Cadets du Pays de Caux dans l'an du deceds du Pere contre l'*article* 296 de ladite Coûtume, qui lui en accorde expressément la faculté.

11°. Qu'audit Comté les Criées ne sont point signées par les Recors des Sergens contre l'*article* 569 de ladite Coûtume.

12°. Qu'audit Comté après l'interposition du Decret, ou congé d'ajuger, on fait quatre publications pour vendre, au lieu qu'il ne s'en fait aucune en Normandie.

13°. Que les Adjudications, Baux judiciaires, Offres, Declarations, & autres Actes judiciaires n'y sont point signez des parties, contre l'usage inviolablement observé dans la Province.

14°. Qu'on ne connoist point la clameur de Haro pour les personnes, & que neanmoins c'est un droit particulier de Normandie.

Enfin qu'il y a encore plusieurs autres usages & stiles de proceder dont l'observance assure le repos des Habitans dudit Comté, puisqu'ils reglent leurs affaires sur les loix de leurs Pays ausquelles la Cour n'a donné jus-

qu'à prefent aucune atteinte, finon par l'Arreft du 13.
Août 1672. dont il s'agit, & contre lequel Mademoifelle
d'Orleans Comtefle d'Eu s'eft pourvûë.

Les Auteurs de cet acte de Notorieté n'étoient pas apparemment informez des faits, ou fe laiffoient-ils fé-
duire par l'amour qu'ils avoient pour leurs Ufages particuliers. Le Parlement de Paris les avoit déja con-
damnez par differens Arrefts, & depuis il les a rejettés tant de fois en divers cas qu'il n'eft pas poffible
de les faire valoir.

J'ay vû quantité de perfonnes qui m'ont affuré
que dans le Comté d'Eu l'on ftipuloit fouvent par les
Contrats de mariage la Communauté de biens entre
les futurs Epoux, qu'on y conftituoit au denier 20. & non
au denier 18. comme dans le refte de la Province ; que
la femme s'y pouvoit obliger conjointement avec fon
mary nonobftant le Senatus Confulte Velleien & l'Autentique *Si qua mulier* ; & que ce n'étoit point le contrôle qui donnoit l'Hypoteque aux Contrats paffez pardevant Notaires ; tous lefquels Ufages combattent
ouvertement ceux de Normandie.

Le 21. Avril 1714. on agita dans la conference qui
fe faifoit au lieu où eft la Bibliotheque de Mrs. les Avocats la Queftion de fçavoir fi les Habitans du Comté
d'Eu eftoient obligez de fuivre la Coûtume generale de
cette Province, & l'on traita cette Queftion que j'a-
vois donnée à examiner, par rapport à l'ancienne Coutume ; à la nouvelle redigée en 1583; au Reglement general fait au Parlement de Roüen au mois d'Avril 1666;
& à la Jurifprudence de ce même Parlement.

Quant à l'ancienne & à la nouvelle Coûtume, toute
l'Affemblée convint que ces peuples ne pouvoient fe

L iij

ſouſtraire des diſpoſitions de l'un & de l'autre telles qu'elles avoient été arretées par les Etats en 1583. & qu'il n'y avoit point d'Uſage qui dût les en faire écarter. Il eſt vrai que par rapport au Reglement de 1666. & à la Juriſprudence particuliere établie par les Arreſts du Parlement de Roüen, l'Aſſemblée ne fut pas d'un avis uniforme; mais ce n'eſt pas ici le lieu d'agiter ces Queſtions importantes; nous les traiterons ailleurs; il ſuffit quant à preſent de dire & de faire voir que la Coûtume generale de Normandie eſt la Loi qui doit regir & gouverner le Comté d'Eü, & qu'il faut abſolument rejetter tous les Uſages qui ne ſe concilient pas avec ſes diſpoſitions.

*Reſultat de la Conference du 11 Avril, redigée par Me Mathieu Angeard Av.* POur ce qui regarde l'ancienneCoûtume de Normandie, l'avis uniforme a eſté qu'elle doit eſtre obſervée dans le Comté d'Eu, ſoit qu'on conſulte la Loy naturelle; les Loix Romaines; les principes du droit François; l'Uſage de tous les Parlemens du Royaume; & celui du Parlement de Paris en particulier. Tout concourt à établir que les peuples doivent eſtre jugez ſuivant la Loy du Pays dans lequel ils vivent, & non pas ſuivant celle du Juge qui décide leurs conteſtations. Quant à la nouvelle Coûtume, on a trouvé plus de difficulté; mais pourtant on s'eſt unanimement déterminé à dire qu'on devoit la ſuivre dans le Comté d'Eu.

# CHAPITRE X.

Si le droit de Viduité du Mari fur les biens de fa femme a lieu dans le Comté d'Eu.

### Sommaire.

I. *Cette Queftion s'eft prefentée en* 1611 *au Parlement de Paris.*
II. *Articles de la Coûtume de Normandie.*
III. *Plaidoié de Me. de la Martiliere pour Mr. le Prince de Condé.*
IV. *Plaidoié de Me. Antoine Arnauld pour Mr. le Duc de Guife Comte d'Eu.*
V. *Plaidoie de Mr. l'Avocat General Servin.*
VI. *Arrêt du 8 Mars de ladite année* 1611.
VII. *Autres Arrêts qui ont decidé la queftion.*

CEtte Queftion fe prefenta le 8 Mars 1611 en l'Au- I.
dience de la Grand'Chambre du Parlement de Paris où elle fut folemnellement plaidée.

Les Parties étoient Henry de Bourbon, Prince de Condé, Premier Prince du Sang, & Dame Charlotte-Catherine de la Trimoüille fa mere d'une part ; & Dame Catherine de Cleves Ducheffe de Guife, tant en fon nom, que comme tutrice de fes enfans, & Charles de Lorraine Duc de Guife, Pair de France, Gouverneur de Provence, & Comte d'Eu, d'autre part.

Me. Pierre de la Martiliere plaida pour Mr. le Prince de Condé : Me. Mauguin pour Madame la Ducheffe de Guise ; M<sup>e</sup>. Antoine Arnaud pour M<sup>r</sup>. le Duc de Guise : & ce fut M. l'Avocat General Servin qui porta la parole en cette cause.

Je n'ay pû découvrir le plaidoié de M<sup>e</sup>. de la Martiliere ; j'ay trouvé seulement celui de M<sup>e</sup>. Arnaud qui fut imprimé en 1612. & qui est intitulé *les Gardes de Normandie* ; & à l'égard de celui de M<sup>r</sup>. Servin il est énoncé tout entier dans l'Arrest qui fut rendu sur la contestation des Parties, & qui est parmi ses actions notables & plaidoiés qui ont été donnés au Public.

Il y avoit deux Questions principales à juger dans la cause ; la premiere consistoit à sçavoir si par l'ancienne Coûtume de Normandie le droit de Garde devoit être préferé au droit de Viduité ; & la seconde si le droit de Viduité avoit lieu dans le Comté d'Eu.

II.  Pour bien entendre ces matieres & les discuter avec progrés, il est bon d'observer qu'il y a dans la Coûtume de Normandie trois articles qui parlent de ce droit de viduité qui appartient au mari sur les biens de sa femme.

Le premier est *l'article* 382 qui porte que *Homme ayant eu enfant né vif de sa femme joüit par usufruit tant qu'il se tient en viduité de tout le revenu appartenant à sadite femme lors de son deceds, encore que l'enfant soit mort avant la dissolution du mariage, & s'il se marie il n'en joüira que du tiers.* Le Procés verbal de la reformation de la Coûtume porte que du consentement des Députés l'on ajoûta à cet article pour disposition nouvelle ces mots, *& s'il se remarie, il n'en joüira que du tiers.*

Par le second qui est *l'article* 383 il est dit que *Le droit de Viduité appartient au mary, non seulement au préjudice des enfans de sa femme de quelque mariage qu'ils soient sortis, mais*

*aussi*

*auſſi des Seigneurs feodaux auſquels pourroient appartenir les he-*
*ritages de la femme, ſoit à droit de confiſcation, ligne éteinte &*
*reverſion, ou droit de Garde des enfans ou heritiers mineurs d'ans*
*de la femme.* Mais il faut remarquer que le procés verbal ne
dit rien au ſujet de cet article, c'eſt-à-dire qu'il ne ſpe-
cifie point s'il étoit de l'ancienne Coûtume; s'il a été
ajoûté pour Loy nouvelle; ou ſi l'on y a ſeulement
ajoûté quelque choſe.

Et par le troiſiéme qui eſt l'art. 384. *Le Mari doit nourrir,*
*entretenir, & faire inſtruire les enfans de ſa femme, ſi d'ailleurs*
*ils n'ont bien ſuffiſants; méme aider à marier les filles; laquelle*
*nourriture, entretenement, inſtruction, & contribution de mariage*
*ſera arbitrée en juſtice par l'avis des parens, eu égard à la va-*
*leur de la ſucceſſion & nombre des enfans; de toutes leſquelles*
*charges il ſera quitte en laiſſant auſdits enfans le tiers du reve-*
*nu de la ſucceſſion de leur Mere.* A l'égard duquel article le
procès verbal dit formellement qu'il a été ajoûté pour
Loy nouvelle.

C'étoit M<sup>r</sup>. le Prince de Condé qui ſoutenoit que le
droit de Garde ne pouvoit point l'emporter ſur *le droit*
*de Viduité*, & que d'ailleurs celui-ci devoit avoir lieu dans
le Comté d'Eu comme dans tout le reſte de la Province. Et pour établir ſa prétention, il dit, ſi l'on en
juge par les deux plaidoiés que nous avons de M<sup>e</sup>. Arnaud & de M<sup>r</sup>. l'Avocat General Servin, que le droit
de Viduité du Mary n'étoit pas un droit nouvellement
introduit par les Etats lors de la reformation de la Coûtume de Normandie, puiſqu'il en étoit parlé dans l'ancien Coûtumier au chap. 119. en ces termes, *Coûtume eſt*
*en Normandie deſpieça que ſe ung homme a beu femme de qui il*
*ayt eu enfant nay vif, jaçoit qu'il ne vive mais, toute la terre*
*qu'il tenoit de par ſa femme en tems qu'elle mourut lui remaindra*

M

*tant comm'il se tiendra de marier &c.*

Il joignit à cette disposition précise & à plusieurs autres énoncées dans le même chapitre, quatre Arrests de l'Echiquier tenu tantôt à Caën, tantôt à Falaise, & tantôt ailleurs, soit au tems de Pâques, ou de la S. Michel, és années 1210, 1241, 1278, & 1285, où il étoit fait aussi mention de ce droit, & il soutint que le Comté d'Eu qui faisoit partie du Duché, & qui n'en avoit jamais été separé, tant auparavant son érection en Pairie que depuis, sinon pour le ressort, ne pouvoit par consequent pas se soustraire aux Loix anciennes de la Province; qu'il n'étoit pas au pouvoir des Habitans d'un Canton de s'établir des Coûtumes Locales & Particulieres sans la participation des Etats assemblez en la maniere ordinaire & sans l'autorité du Prince; & que d'ailleurs par le Jugement rendu le 10. Septembre 1586. par les Commissaires nommez pour la redaction des Usages Locaux de la Province, les Vassaux du Comté d'Eu avoient été declarez sujets à la Coûtume generale de Normandie dont faisoit partie *l'art.* 383. qui accordoit au Mari le droit de Viduité au préjudice des Seigneurs.

IV.　　Quant à M. le Duc de Guise Comté d'Eu, Me. Antoine Arnaud qui plaidoit pour lui soûtint trois choses.

La premiere que la contestation qui se presentoit à juger avoit déja été formellement décidée par un Arrest que la Cour avoit rendu au mois de Septembre 1577. & contre lequel M. le Prince de Condé ne s'étoit point pourvû.

La seconde que quand il n'y auroit point encore eu de préjugé pour Monsieur le Duc de Guise, sa prétention n'en auroit pas été moins solide; que dans l'ancienne Coûtume de Normandie sous laquelle le fait dont

étoit queſtion avoit pris naiſſance , *le droit de Garde* étoit
préferé à celui *de Viduité* ; & que d'avoir introduit le contraire par l'*art.* 383. de la nouvelle , c'étoit une entrepriſe
& une uſurpation que les Habitans avoient faite ſur
les droits du Prince & de ſes grands Vaſſaux.

Et la troiſiéme que ce qui devoit lever tout obſta-
cle , étoit que par la Coûtume Locale du Comté d'Eu
prouvée par pluſieurs titres , & même par divers Arreſts
de la Cour , on n'y admettoit point le droit de Viduité.

Ce que M<sup>e</sup>. Antoine Arnaud dit par rapport à la premiere partie de ſa diviſion , ne conſiſtant qu'en faits ,
je croy qu'il ſeroit tout-à-fait inutile de le relever icy ,
& ce d'autant plus qu'il ne pourroit eſtre d'aucune inſtruction pour la matiere.

Mais par rapport à la ſeconde qui conſiſtoit à dire
qu'indépendemment de l'Arreſt du 3. Septembre 1577.
la prétention de M. le Duc de Guiſe étoit inconteſta-
ble , il ſoutint que par l'ancien uſage de la Province le
droit de Garde devoit eſtre préferé tellement à celui
de Viduité , que dans l'ancienne Coûtume on ne pouvoit trouver de diſpoſition qui portât le contraire ; qu'à
la verité l'*art.* 383. de la reformée faiſoit valoir le droit
de Viduité au préjudice des Seigneurs feodaux , mais
qu'on avoit ajoûté lors de la reformation cet article
pour nouvelle Coûtume ; qu'en vain l'on oppoſeroit
qu'il n'avoit pas la marque qu'on avoit miſe à ceux que
les Reformateurs avoient eſtimez ſeuls nouveaux ; que
la Cour avoit jugé pluſieurs fois qu'encore bien que
par le texte ni par le procez verbal d'une Coûtume il
ne fût pas dit qu'un article étoit nouveau , il ne s'enſui-
voit pas abſolument , qu'il ne pût eſtre declaré tel ; que

M ij

les Commissaires nommez par le Roy pour la reforma‑
tion de la Coûtume n'avoient garde de marquer cet art.
de l'Etoile & de la Note des articles nouveaux, sçachans
bien qu'ils n'avoient aucun pouvoir d'affoiblir, éner‑
ver, & encore moins de renverser les droits de Sa Ma‑
jesté, ni ceux de ses grands Vassaux, sous prétexte d'une
reformation de Coûtume; qu'il étoit impossible que du‑
rant le cours de tant d'années, il ne se fût pas presen‑
té mille & mille cas semblables à celui de l'espece en
question; que si auparavant la nouvelle Coûtume le
Parlement de Roüen avoit jugé que le Pere dût préfe‑
rer le Seigneur, ou n'eut pas manqué sans doute d'en
communiquer cent Arrests; & que cependant on n'en
rapportoit pas un seul malgré la recherche exacte que
M<sup>r</sup>. le Prince en avoit fait faire, ce qui marquoit l'u‑
surpation de ces Commissaires, qui étant interressez &
engagez contre les droits du Roy & de ses grands Vas‑
saux, y avoient fait des playes infinies qui se perpetue‑
roient peut-être si à l'occasion de cette cause on n'y re‑
medioit; que Messieurs les Gens du Roi avoient appellé
plusieurs fois de certains articles de Coûtume avec heu‑
reux succés; & que l'ancienne Coûtume de Norman‑
die ayant été omologuée au Parlement de Paris & en la
Chambre des Comptes, ainsi que le procez verbal de la
nouvelle Coûtume le portoit, M<sup>r</sup>. de Guise Comte d'Eu
Seigneur de cette si ancienne Pairie de France soute‑
noit pour son interêt qu'on n'y avoit pû toucher sans
l'autorité du même Parlement de Paris qui étoit le Con‑
servateur des droits augustes du sacré domaine de la
Couronne & qui seul representoit les trois Etats du
Royaume assemblez; & qu'il esperoit que M<sup>rs</sup>. les Gens
du Roy ne l'abandonneroient pas dans une cause où Sa

Majeſté avoit cent fois plus d'interêt que lui, *&* *vou-*
*droient bien paſſer le Barreau comme appellans de tout ce qu'on*
*avoit fait de contraire à ſes droits* qui ſe trouyoient bleſſés
par quantité d'articles contre leſquels M. Vauquelin
Avocat General du Parlement de Roüen avoit même
été forcé de proteſter lors de la redaction.

Qu'en ce qui concernoit le droit de Viduité les Commiſſaires s'y étoient portés avec une paſſion ſans exemple ; qu'en l'*article* 382 ils avoient donné le tiers de ce
droit à ceux qui ſe remarieroient, en quoi ç'étoit vio-
lenter la loy, ſes paroles, & ſon ſens, puiſque c'étoit
donner partie du droit de Viduité à celui qui n'étoit
plus veuf ; & que par l'*article* 383 ils avoient fait deux
choſes égalemet injuſtes : la premiere, en ce qu'ils faiſoient durer le droit de Viduité nonobſtant la reverſion
au Roy, ou au Seigneur par ligne éteinte ; & la ſeconde, en ce qu'ils donnoient la préference au droit de
Viduité ſur le droit de Garde, ce qu'ils n'avoient pû
faire ſans préjudicier aux droits du Roy, puiſque ſes
Vaſſaux ne pouvoient être exclus que Sa Majeſté ne la fût
auſſi toutes les fois qu'Elle joüiroit de leurs Fiefs ouverts.

Que la prétention de M. le Prince de Condé com-
battoit ouvertement l'ancienne Coûtume de Normandie
qui ne donnoit pas une auſſi grande étenduë qu'on
s'imaginoit au droit de Viduité ; que l'intention de cette vieille Coûtume ne fut jamais de le donner aux peres ſur leurs enfans, mais ſeulement aux maris ſur les
heritiers collateraux de leurs femmes deſquelles ils
avoient eu des enfans nés vifs & decedés ; & que quand
on voudroit encore l'interpréter au préjudice des enfans, on ne pourroit pas faire la même choſe contre
le Seigneur féodal.

M iij

Qu'il étoit si vrai qu'elle n'avoit point entendu favoriser les peres contre leurs enfans, qu'on n'y trouvoit
pas un seul mot qui le dît ; & que si les peres s'étoient
arrogé ce droit, il falloit regarder la possession dans laquelle ils étoient, comme une usurpation qu'ils avoient
faite, & comme l'ouvrage du respect & de la tolerance
de leurs enfans ; que ç'étoit une maxime en Pays Coûtumier que les peres n'y avoient aucun droit sur les
biens de leurs enfans si la Coûtume ne le donnoit
expressément, ce qui étoit si certain qu'encore bien
que les Coûtumes leur donnassent le bail & garde,
néanmoins si elles n'ajoûtoient qu'ils faisoient les fruits
leurs, ils étoient obligés d'en rendre compte ; que la
Coûtume de Normandie ne portoit nulle part qu'ils
fût loisible aux peres d'exercer leur droit de Viduité sur
leurs enfans ; qu'elle ne leur donnoit rien comme peres ; qu'elle leur donnoit tout comme maris ; qu'elle ne
parloit ni de puissance paternelle, ni de chose qui en
approchât ; qu'elle ne faisoit mention que du droit de
Viduité, ce qui régardoit uniquement la femme, & non
les enfans ; qu'elle ne disposoit pas de ce qui devoit
être fait entre le pere & les enfans ; qu'elle ne visoit
qu'à ce qui devoit avoir lieu entre le mari & les heritiers collateraux de sa femme ; & que tout cela se voyoit
par la lecture du Chapitre 119 entier.

Que ce qui confirmoit toutes ces propositions étoient
deux choses ; l'une, que cette ancienne Coûtume ne
pourvoyoit point à la nourriture & entretenement des
enfans, comme faisoient les autres qui donnoient le
droit de Garde aux peres sur leurs enfans avec gain de
fruits ; & la seconde, que les autres Coûtumes bor-
noient & limitoient toûjours la joüissance des peres à

un certain âge des enfans, comme à 15, 18, ou 20 ans,
ou à 25 au plus, au lieu que celle-ci n'en prescrivoit
aucun, ce qui portoit à conclure qu'elle n'avoit jamais
pensé à donner aux peres le droit de Viduité sur leurs
enfans, mais seulement aux marys sur les heritiers
collateraux de leurs femmes ; qu'il n'étoit pas naturel de croire qu'elle eût voulu que le pere joüît du
bien de son fils qui auroit 40 ou 50 ans, & qui seroit
chargé de dix ou douze enfans; & que si dans la Province un Usage contraire s'étoit introduit, la Coûtume
n'avoit nulle part à cet établissement, mais la seule autorité des peres sur leurs enfans contre lesquels ils
avoient fait peu à peu cette entreprise, ainsi qu'ils pa-
roissoit par quelques-uns des Arrêts de l'Echiquier de
Roüen que M. le Prince avoit communiqués.

Que le principal de ces Arrêts étoit ainsi conçû.
*Arrestum Scacarii S. Michaëlis anno 1278. de Guillelmo Crespini*
*petente quòd possit vendere de boscis liberorum suorum, quos*
*tenet ratione Viduitatis, concordatum fuit quòd dictos boscos*
*per consuetudinem Normaniæ vendere non poterat, & si aliquid*
*vendiderit, debet reddere rationem de pecunia, utrùm in utili-*
*tatem dictorum liberorum conversa fuerit, aut non, & nisi con-*
*versa fuerit, reddet eam & emendabit;* que ce mot *concorda-*
*tum* étoit remarquable ; qu'il faisoit connoître que ce
n'étoit pas un jugement contradictoire donné en connoissance de cause, mais un appointement entre le pere
& les enfans; & que par semblables moyens les peres
Juges en leur propre cause prenoient avantage contre
leurs enfans, interprétans la Coûtume à leur profit contre son intention.

Au reste qu'il n'étoit nullement question dans cet
appointé du Seigneur de Fief ; qu'il n'étoit point ex-

pliqué que ces bois fuſſent en fief, & moins encore en fief non partable, qui étoient choſes neceſſaires pour donner lieu à la garde du Seigneur; qu'il n'étoit point dit que les enfans fuſſent mineurs; qu'au contraire, ils avoient paſſé vrai-ſemblablement l'âge de 20 ans, puiſqu'il n'étoit point parlé de tuteur, au moyen de quoi ils ne pouvoient plus être en Garde, quand c'eût été un fief, & un fief non partable, d'où il falloit tirer cette autre conſéquence, que cet appointement ne pouvoit en rien ſervir à la déciſion de la cauſe où il étoit queſtion d'une préference de la Garde Seigneuriale au droit de Viduité.

Qu'il y avoit encore un de ces quatre Jugemens qui étoit un ſimple appointement conçû en ces termes: *Arreſta S. Michaëlis & Paſchæ anno 1285. De Rodulpho præpoſito & ejus Uxore petentibus habere tanquam hæredes hæritagium quod quidam bannitus tenebat ratione Viduitatis, eâ de cauſa quòd dictus bannitus erat uxoratus. Concordatum fuit quòd haberet eò quòd certum erat ipſum bannitum eſſe uxoratum;* qu'il n'y avoit là rien qui eût du rapport à la preſente eſpece; que l'Arrêt avoit jugé ſeulement qu'un banni remarié n'auroit point de droit de Viduité, ce qui ne devoit pas faire de queſtion; que le texte de l'appointé faiſoit aſſez connoître que le banni n'étoit pas le pere des demandeurs; & que d'ailleurs il ne s'agiſſoit nullement d'un Seigneur de Fief, ni d'un droit de Garde.

Qu'à l'égard des deux autres Arrêts ils paroiſſoient à la verité contradictoires; mais que les eſpeces où ils avoient été rendus n'avoient aucune application à celle qui ſe préſentoit à juger. Voici les mots du premier: *Scacarium S. Michaëlis apud Faleſiam anno Domini 1210.*

*Judicatum*

*Judicatum est quòd maritus qui habuit hæredes de uxore, Ma-ritagium tenebit ejus quamdiu erit sine uxore ;* que ce mot *Ma-ritagium* signifioit la dot de la femme, que nous appel-lons encore à present son mariage ; que ce Jugement n'avoit décidé autre chose, sinon que par droit de Vi-duité le mari joüissoit du bien de sa deffunte femme quand il en avoit eu des enfans, ce que M. le Duc de Guise ne revoquoit point en doute ; mais qu'on ne trouvoit pas dans l'Arrêt un seul mot de garde de Sei-gneur de fief qu'on voulût exclure, ni de fief non par-table ; enfin qu'il ne s'y agissoit pas même du droit de Viduité entre le pere & les enfans ; que ces mots, *qui habuit hæredes de uxore,* montroient qu'il n'en avoit plus, car autrement on eût dit *qui habet,* à joindre qu'il étoit manifeste que c'étoient des Collateraux qui vouloient qu'on leur rendît le mariage de la femme d'autant qu'elle étoit décedée sans enfans.

Que cela s'éclaircissoit encore par l'autre Jugement qui portoit. *Scacarium S. Michaëlis apud Cadomum anno* 1241. *Judicatum est quòd si aliquis homo ceperit uxorem, & non habue-rit alterum virum, & habuit hæredes vivos & mortuos prius decessum uxoris suæ tenebit omnem hæreditatem uxoris per totam vitam suam quamdiù vixerit sine uxore ;* que cela prouvoit bien que le droit de Viduité devoit avoir lieu quand les enfans étoient nés vifs, & morts ensuite avant le de-cès de leur mere, ou quand ils decedoient aprés durant la Viduité de leur Pere ; & non pas que le pere dût en joüir contre ses enfans ; mais après tout que quand l'an-cienne Coûtume de Normandie auroit bien voulu lui procurer cet avantage à leur préjudice, son esprit n'avoit pas été qu'il l'étendît contre les Seigneurs ausquels elle avoit donné la garde des enfans qui

N

n'étoient pas encore en âge.

Quant à la troisiéme Proposition, M<sup>e</sup>. Arnauld la divisa pareillement en deux parties. Premierement, il soûtint que le Comté d'Eu se regissoit & gouvernoit par une Coûtume Particuliere ; & en second lieu, que par cette Coûtume Locale le droit de Viduité n'avoit point lieu.

Pour justifier le premier fait, il dit qu'il y avoit des Usages Locaux presque dans tous les Bailliages de Normandie ; & qu'à l'égard du Comté d'Eu, la Coûtume Particuliere s'en prouvoit par des Lettres Patentes du Roy François I. du 11 Octobre 1521, verifiées au Parlement de Paris le 6 Février suivant, & qui faisoient mention de la Coûtume du Pays d'Eu conforme au point de la Garde à la Coûtume Generale du Duché de Normandie ; mais qu'il n'y en étoit fait aucune du droit de Viduité de pere, lesquelles Lettres justifioient bien que cette Coûtume Locale étoit conforme à la generale dans le point dont elles traitoient précisément, mais servoient au même tems à prouver qu'il y avoit une Coûtume Particuliere dans le Comté d'Eu.

Que l'existence & la réalité de cette Coûtume se montroient encore par quatre Arrêts du Parlement de Paris des 15 Avril 1570, 13 Mars 1571, 19 Septembre 1587 & 1 Juillet 1606, par lesquels la Cour avoit ordonné qu'il seroit informé de certains articles de cette Coûtume Locale, & que ces Arrêts avoient été rendus entre personnes demeurantes au Comté, pour biens situez dans son ressort, & tant avant la Coûtume de Normandie reformée que depuis, ainsi qu'il étoit justifié particulierement par le dernier rendu au rapport de M<sup>e</sup>. Prevost entre Marie Mithon, veuve de Jean du Fresne demeu-

rant à Eu, appellante d'une Sentence donnée par le Bail_
ly du lieu, & M<sup>r</sup>. François le Duc aussi domicilié dans
la Ville d'Eu.

Que l'Avocat de M<sup>r</sup>. le Prince de Condé prévoïant
l'argument de cette Coûtume Locale avoit eu recours
à une Sentence du 10 Septembre 1586 donnée par les
Commissaires nommés pour la Reformation de la Coûtume de Normandie, par laquelle sur un premier deffaut ils avoient fait deffenses aux Sujets du Comté d'Eu
d'alléguer autre Coûtume que la Generale de la Province; que cette Sentence n'avoit jamais été signifiée à M<sup>r</sup>.
de Guise; que si la signification en avoit été faite, il en
eût appellé dès-lors, comme de fait il en appel.oit; &
pour moyens d'appel il employoit les Arrêts dont il venoit d'être fait mention.

Que la maniere dont cette Sentence avoit été renduë
étoit remarquable; que plus de 40 ans avant l'érection
du Parlement de Normandie qui n'avoit été erigé qu'en
1499 par la faveur du Cardinal d'Amboise Archevêque
de Roüen, le Comté d'Eu étoit Pairie de France, moyennant quoi il n'avoit pû ni dû reconnoître autre Justice
que celle du Parlement de Paris; que ç'avoit éte-là le
sujet de la remontrance faite par le Procureur de feu
M<sup>r</sup>. de Guise quand à Roüen l'on voulut mettre par écrit
la Coûtume Locale d'Eu, reconnoissant par une conséquence necessaire qu'il y avoit une Coûtume Particuliere dans ce Comté; qu'il fut representé lors aux Commissaires que les Habitans de ce Pays-là ne pouvoient en
chose quelconque, ni pour quelque prétexte que ce fût,
proceder pardevant eux, parce qu'ils ne reconnoissoient
point autres Juges Superieurs que M<sup>rs</sup>. du Parlement
des Pairs; que depuis, & après qu'en l'absence du Procu-

reur de M. de Guise, l'Avocat General du Parlement de Roüen qui étoit M. Thomas, se fut préparé depuis le mois d'Avril jusqu'en Septembre, & fait un long Plaidoié, s'attachant à combattre contre son ombre, les Commissaires donnerent deffaut, pour le profit duquel ils firent deffenses à toutes sortes de personnes d'alléguer à l'avenir la Coûtume Locale du Cómté d'Eu; & que de cette Sentence injuste & extraordinaire M. de Guise déclaroit interjetter appel, demandant qu'il fût dit qu'il avoit été mal, nullement, & incompetemment jugé, & qu'en émendant il fût ainsi que tous les Habitans du Comté maintenus dans leurs droits où la Cour avoit bien voulu les conserver par une infinité de ses Arrêts.

Qu'inutilement M. le Prince opposoit que le Comté d'Eu étoit dans les limites de la Normandie bornée par la Riviere de Sarte, & qu'en certaines choses on y gardoit la Coûtume Generale de la Province; que cette circonstance ne concluoit rien pour donner pouvoir à ces Commissaires, parce que le privilege de la Pairie passoit par dessus toutes ces considérations: ce qui avoit été expressément décidé par les deux Chartres d'Henry II. des mois de Mars & d'Avril 1551 avant Pasques, verifiées au Parlement de Paris les 30 Mars & 3 Mai ensuivans, par lesquelles le Roy avoit déclaré que son intention étoit que le Comte d'Eu qui étoit feu M. de Nevers pere de Madame la Duchesse de Guise joüît pleinement & paisiblement de l'effet de sa Pairie d'Eu, & en consequence que Lui, ses Vassaux & Sujets de son Comté ressortissent en toutes causes & affaires en la Cour des Pairs, au Parlement de Paris comme à la Cour naturelle des Pairs de France, interdisant au Parlement de Roüen, & à tous autres Juges toute Cour,

Jurifdiction, & Connoiffance de ce qui concernoit le Comté d'Eu , & impofant filence à fon Procureur General au Parlement de Roüen prefent & à venir ; qu'il étoit à remarquer que la verification portoit ces mots, *Audito & id requirente Procuratore Generali Regis* ; & que ces Chartres & verifications avoient été fignifiées plufieurs fois au Procureur General de Normandie.

Que cela fervoit de réponfe à tout le long difcours que M. l'Avocat General Thomas avoit fait en prefence des Commiffaires , où il avoit foûtenu que le Comté d'Eu étoit Pairie Mafculine , & par conféquent éteinte plufieurs fois ; que fon érection montroit le contraire ; & qu'elle fubfiftoit encore en fa pleine force & vigueur; que M. Thomas avoit été contraint de confeffer que les Pairies pouvoient être feminines, en quoi il n'y avoit nulle difficulté ; que fi la condition de mafculinité n'y étoit appofée , *nullo difcrimine fexûs*, elles fubfiftoient toûjours; que la fonction d'affiftance aux Jugemens n'étoit pas fans exemple ; qu'il avoit encore été forcé de reconnoître ceux des Comteffes de Flandre & d'Artois; mais que la continuation de la dignité de la Pairie n'avoit pas de doute ni de difficulié ; & que d'alléguer comme il avoit fait qu'il y avoit quelques nouvelles Pairies qui n'avoient point apporté la diftraction de reffort, la conclufion qu'on en tiroit n'étoit pas jufte, parce que ç'étoient des loix , des conditions , & des modifications que le Souverain pour divers refpects pouvoit impofer par fa toute-puiffance , & qui ne préjudicioient en rien aux droits des anciennes & principales Pairies comme celle du Comté d'Eu qui fe trouvoit aujourd'hui la plus ancienne de toutes les Pairies non Ecclefiaftiques.

N iij

Qu'elle ne reconnoissoit donc que le Parlement de Paris ; mais que cela ne changeoit pas ses Coûtumes ; que le Comté d'Eu étoit gouverné par la Coûtume Generale de Normandie, & par sa Coûtume Locale & Particuliere ; que la Coûtume Generale de Normandie y avoit lieu en tant qu'il n'y étoit point dérogé par la Locale comme il étoit au fait du droit de Viduité ; qu'on n'avoit jamais dit qu'il fût regi par la Coûtume d'Abbeville, & que former cette objection à son esprit, ç'étoit feindre des monstres pour les combattre ; mais que le Parlement ou autres Juges de Normandie n'avoient aucun pouvoir sur lui, ni sur sa Coûtume Locale, & ne pouvoient aucunement s'en m'êler ; que ç'étoit à Messieurs du Parlement de Paris qui en jugeoient les procès, qui interloquoient, & qui informoient de cette Coûtume, à la recueillir, & à la rediger par écrit, & non à ceux qui par les Lettres d'Henry II. dont la verification avoit été faite en cette Cour, étoient privés de connoître de ce qui concernoit ce Comté.

Qu'on voyoit par-là la nullité manifeste de la Sentence du 10 Septembre 1586 , par laquelle les Commissaires de Roüen avoient entrepris de priver les Habitans du Comté d'Eu de leur Coûtume Locale ; & que ces mots *y compris le Comté d'Eu* avoient été subreptissement glissés dans les Lettres obtenuës en 1577 par le Syndic des Etats de Normandie, qui s'étoit toûjours efforcé d'envelopper ce Comté dans la Jurisdiction de son Pays par attentat à l'autorité du Parlement de Paris ; mais qu'il suffisoit de s'y opposer comme on avoit toûjours fait, & comme faisoit encore M. le Duc de Guise, & pareillement à la verification generale de la Coûtume de Normandie en tant qu'on vouloit s'en prévaloir contre

lui qui n'y avoit point été prefent, & qui d'ailleurs fup-
plioit la Cour de fe fouvenir que le Confeil de M. le
Prince avoit mis en avant que les Coûtumes Particulieres du Bailliage de Caux avoient été regiftrées au
Comté d'Eu ( ce qui n'avoit jamais été fait ) au lieu de
dire en la Vicomté d'Arques , ainfi qu'il étoit exprimé
par le procès verbal ; qu'on n'avoit eu garde de faire
enregiftrer au Bailliage d'Eu n'y d'y faire fignifier cette
Sentence du 10 Septembre 1586 , ni les articles de la
Coûtume Locale de Caux ; que fi on l'avoit entrepris ,
M. de Guife & les Habitans du Comté n'auroient jamais
fouffert cet enregiftrement , ne reconnoiffans autorité
fuperieure que celle du Roy , & de fon Parlement de
Paris.

Enfin que M. le Duc de Guife rapportoit une piece
qui prouvoit nettement le premier point qu'il avoit fait
plaider , c'eft à-dire qu'il y avoit une Coûtume Locale à
Eu , & qui juftifioit combien le fait qu'il avoit avancé
que le droit de Viduité n'y avoit point lieu étoit recevable & pertinent ; que cette piece étoit un Arreft du
15 Avril 1570 donnée en la caufe de David Turpin quatre ans auparavant le decès de Madame la Princeffe
de Condé , & dans un tems qu'on ne pouvoit pas prévoir le procés qui étoit à juger ; que le difpofitif en
étoit remarquable & conçû en ces termes : *Notredite Cour*
*par fon Jugement & Arreft , avant que proceder au jugement dudit*
*Procez , pour le regard du premier chef d'icelle Sentence concernant*
*l'ufufruit prétendu par ledit Turpin durant fa Viduité , ordonne*
*qu'il fera informé d'Office & fait deux turbes en ladite Ville d'Eu*
*fur certains articles extraits dudit Procez de la commune obfer-*
*vance & ufage dudit Comté d'Eu , & quant aux autres chefs*
*&c.* & que celui qui prétendoit ce droit , & qui avoit

paſſé par deſſus le dégré de la Juriſdiction du Bailly, ſçachant qu'il infirmeroit la Sentence du Vicomte qui étoit dans ſes interêts n'oſa jamais pourſuivre, voyant la preuve du fait en conteſtation admiſe, & ſe deſiſta de ſa prétention.

V.     Et à l'égard de M. l'Avocat General Servin, il fit voir que le droit de Viduité du pere étoit un droit ſpecial établi & autoriſé par l'ancienne Coûtume de Normandie, & qu'il étoit fondé ſur de très grandes conſiderations ; qu'il n'étoit pas moins favorable que le Doüaire des femmes, comme on l'apprenoit de l'ancien Coûtumier où aprés le Chapitre 118. où il étoit traité *d'Enqueſte de Doüaire*, ſuivoit immediatement celui de *Veſveté d'homme*, & par le Coûtumier qui avoit été redigé en 1577, 1578, 1582, 1583, & 1585, où l'on avoit mis conjointement ſous un même titre le Doüaire des femmes & le Veuvage des maris; qu'il étoit facile de reconnoître par cet arrangement que la Coûtume ancienne & la nouvelle avoient toûjours fait marcher d'un pas égal la faveur des peres & des meres; & que par cette raiſon il ne falloit pas oppoſer la garde Seigneuriale à ce droit de Viduité, puiſqu'elle ne pouvoit pas préferer le Doüaire. Ce qu'il ſoutint par une infinité de moyens ſolides, de remarques curieuſes, & d'obſervations ſçavantes tirées du Droit & de l'Hiſtoire, en refutant au même tems les objections que l'Avocat de Monſieur de Guiſe avoit faites.

Qu'on n'avoit pas eu raiſon de conſommer, comme on avoit fait, le tems à parler de pluſieurs articles de nouvelle Coûtume dont il n'étoit nullement queſtion pour tâcher d'inſinuer que les Commiſſaires qui l'avoient redigée s'étoient plus propoſé pour objet leur interêt particulier

que

que les droits du Roi leur maître ; que dans la place
qu'il occupoit, parlant pour le Procureur General, &
soûtenant les droits du Prince, il étoit obligé de dire
la verité, de défendre l'honneur de ceux qui avoient
servi Sa Majesté fidellement, & de ne passer pas sous silence l'injure qu'on avoit faite à ces Commissaires; qu'ils
étoient personnes distinguées par leur naissance & par
leur merite, & entr'autres M<sup>r</sup>. de Bauquemare premier
President, & M<sup>r</sup>. Groulard digne successeur en la même
charge; & qu'à l'égard de M<sup>r</sup>. l'Avocat du Roy Vauquelin, on voyoit par le procez verbal de cette Coûtume qu'il n'avoit rien omis devant les Commissaires ny
depuis; que suivant un Arrest du Conseil du Roi du 6.
Mars 1584. il avoit baillé ses Conclusions sur plusieurs
articles où Sa Majesté se trouvoit interressée, & du
nombre desquels étoit *l'art. 383.* qui donnoit au mari le
droit de Viduité au préjudice des droits des Seigneurs
feodaux, & même du droit de Garde ; que sur ces Conclusions il étoit intervenu Arrest donné par le Roy en
son Conseil le 7. Octobre 1585. par lequel omologant &
confirmant la Coûtume, il avoit expressément decla-
ré, que c'étoit *sans approbation de ces articles en ce qu'ils ap-*
*porteroient préjudice & diminution aux droits de Sa Majesté* ; &
qu'en execution & conformité de cet Arrest, il avoit
été expedié Lettres Patentes contenans l'omologation
de la Coûtume, & qui avoient été portées & presentées au
Parlement de Roüen & mises au Greffe l'onze Decembre 1585. avec les protestations & reservations susdites.
   Que le Roi bien que sujet par l'amour qu'il avoit pour
la justice aux Coûtumes redigées par son ordre comme
loix établies de son consentement, s'étoit néanmoins
par le moyen de ses protestations contre certains ar-

O

ticles de la Coûtume de Normandie affranchi de leurs
dispositions , enforte que si la contestation que la Cour
avoit à juger étoit entre lui & un pere qui prétendît le
droit de Viduité sur ses enfans, on pourroit défendre
la garde Royale par celles que M . l'Avocat General avoit
faites contre *l'art* 383 ; que ces sortes de protestations devoient particulierement avoir leur effet quand elles
étoient fondées en raison comme ici, où il y avoit deux
forts arguments qui militoient pour la garde Royale ,
la garde des Orphelins appartenant au Roy non seulement parce qu'il étoit Prince , mais encore parce qu'il
avoit la qualité de Pair jointe à la Royauté ; que ce
droit de Garde avoit anciennement appartenu au Prince de Normandie l'un des anciens Duchez , & l'une des
Pairies de haut parage , & que de Ducal qu'il étoit il
étoit devenu Royal par la réünion de la Couronnne
Ducale à la Royale ; mais qu'il ne falloit pas argumen-
ter de la garde Royale à la Seigneuriale , parce qu'il y
avoit beaucoup de difference entre ces deux Gardes ; &
que les *art.* 382 , & 383. de la Coutume de cette Province ayant passé sans aucun contredit ny opposition de la
part des Seigneurs feodaux , la protestation faite par
l'Avocat General du Roy pour les droits de Sa Majesté ne se pouvoit étendre à leurs profit , parce que les
droits des Seigneurs particuliers étoient separez , &
avoient une qualité moins noble , & que les Coûtumes
lioient , obligeoient , & assujettissoient tous les sujets
du Roy dans une Province tant Ecclesiastiques & Nobles , que Gens du tiers état quand ils ne s'étoient point
opposés à leur redaction.

Et en dernier lieu , il remontra que ce qui pouvoit
former quelque sujet de dispute en cette cause , étoit la

Queſtion que l'Avocat de M. le Duc de Guiſe avoit traitée dans ſon dernier Plaidoié, & ſur laquelle il n'avoit
pas fait un ſi grand fond à la communication du Parquet, ſçavoir, qu'*il y avoit Coûtume Locale au Comté d'Eu
ſuivant laquelle le droit de Viduité n'y étoit point reçû*; que pour
établir ce point il avoit cité un Arrêt de la Cour de
1570, où il étoit fait mention de ce droit, & par lequel
on avoit ordonné qu'il ſeroit informé par turbes de ce
qui s'obſervoit à ſon ſujet dans le Comté d'Eu; & qu'il
en avoit encore allégué deux autres des 23 Mars 1571,
& 19 Septembre 1587, par leſquels il avoit été dit pareillement qu'enquête ſeroit faite par turbes de l'Uſage
qu'on gardoit en ce Pays-là ſur autres faits; mais que
ſi il y avoit eu Coûtume Particuliere on n'en voyoit
rien que ce qu'on pouvoit induire de ces Arrêts dont on
ne devoit pas tirer grand avantage; qu'encore bienque
celui de 1570 parût avoir plus de rapport & d'application à l'eſpece, on ne devoit pas néanmoins s'y arrêter
beaucoup, parce qu'on ne voyoit pas s'il avoit été donné entre Perſonnes nobles, ce qui étoit une remarque
eſſentielle à faire, un Jugement portant qu'enquête par
turbes ſeroit faite ſur un Uſage entre Roturiers ne faiſ-
ſant pas loy entre Perſonnes nobles, & d'une condition
illuſtre; & que d'ailleurs quand le droit devroit être
égal entre toutes ſortes de gens, on ne pouvoit deſi-
rer ſur ce fait meilleure preuve que *les articles* 382 *&*
383 de la Coûtume de Normandie à la rédaction de
laquelle le Comté d'Eu avoit été compris & appellé,
par la raiſon que cette Coûtume ayant été enregiſtrée
au Parlement de Roüen telle qu'elle avoit été rappor-
tée au Conſeil du Roy, & autoriſée par Lettres Patentes de Sa Majeſté, devoit avoir force de Loy dans ce

Pays-là : ce que l'Avocat de M. de Guise avoit si bien reconnu qu'il avoit interjetté appel en la derniere Audience de ce qui avoit été fait par les Commissaires députés par Sa Majesté en procedant à la rédaction de la Coûtume ; mais qu'étant un appel de ce qui avoit été autorisé par Lettres Patentes du Roy verifiées en Cour Souveraine, il n'y avoit lieu de s'arrêter, non plus qu'au fait allégué de la prétenduë Coûtume Locale & Particuliere du Comté d'Eu, ni aux Arrêts de 1577 qui avoient laissé la Question, si le droit de Vefveté d'homme étoit exclus par le droit de garde Seigneuriale en la Coûtume ancienne de Normandie, entiere & non préjugée, & dans laquelle le droit de M. le Prince étoit beaucoup plus apparent que celui de M. de Guise. Protestant néanmois M. Servin que l'Arrêt qui alloit intervenir ne pût préjudicier à la garde Royale appartenante au Roy non plus qu'aux autres Droits Royaux qui devoient demeurer en leur entier suivant les protestations de M. Vauquelin Avocat du Roy au Parlement de Roüen, lesquelles il réiteroit suppliant la Cour de luy en donner acte.

VI.     Surquoi intervint Arrêt le 8 Mars 1611, par lequel il fut dit que *M. le Duc de Guise étoit reçû appellant de l'Ordonnance des Commissaires qui avoient procedé à la Réformation de la Coûtume ; qu'il étoit tenu pour bien relevé ; que pour faire droit sur son appel, & sur les demandes respectivement faites à la Cour, elle verroit les Articles de la Coûtume, les Arrêts, & les autres Pieces que les Parties voudroient produire dans trois jours ; joint les prétenduës fins de non recevoir ; & que le Procureur General du Roy avoit acte de ses protestations pour luy servir, & valoir en tems & lieu, ce que de raison.*

Nous avons à faire ici quatre observations très im-

importantes, soit par rapport à l'Arrest, soit par rapport aux Conclusions de M. l'Avocat General Servin, & à ce qui a suivi.

La premiere, que si l'on s'en rapporte aux Plaidoiés de Mᵉ. Antoine Arnaud & de M. Servin, il ne fut point parlé dans la cause des Lettres Patentes obtenues en 1579 par M. le Duc de Guise.

La seconde, que M. le Duc de Guise fut bien reçû Appellant de l'Ordonnance des Commissaires qui avoient procedé à la réformation de la Coûtume ; mais à proprement parler cet Appel regardoit l'autre question de la cause qui consistoit à sçavoir si par l'ancienne Coûtume de Normandie le droit de Garde devoit être preferé au droit de Viduité, ce qu'on prétendoit être decidé par *l'article 383.* de la Coûtume : mais il ne fut pas reçû Appellant de l'Ordonnance des Commissaires qui en procedant le 10. Septembre 1586 à la redaction des Usages Locaux de la Province trois années aprés la reformation de la Coûtume, *lui avoient fait défenses & à tous ses Vassaux d'alleguer à l'avenir aucunes Loix particulieres, qui, si aucunes ils avoient,* furent declarées reduites à la Coûtume generale.

Quoiqu'il en soit Monsieur & Madame de Guise sont demeurez depuis dans un profond silence ; ils n'ont point fait juger cet Appel ; leurs heritiers ou successeurs sont restez dans la même inaction ; & ce qui s'est même passé de leur part dans la suite, joint aux Arrests de la Cour qui ont été rendus sur plusieurs Questions du Comté d'Eu, fait bien voir qu'ils n'ont pas eu une opinion fort avantageuse de leurs Usages tant que la redaction n'en auroit pas été faite en la forme ordinaire, & que le Prince ne les auroit pas omologuez

La troisiéme, que la diſtinction que Mr. l'Avocat General fit entre la garde Royale & la garde Seigneuriale
ſur le fondement des Concluſions priſes par M. l'Avocat General Vauquelin lors de la réformation de la Coûtume; des proteſtations par lui faites au ſujet de *l'article 383*; & de la reſtriction portée par l'Arreſt d'omologation, n'a point été ſuivie, & que le droit de Viduité
a perpetuellement eu lieu au préjudice du Roi même,
comme au préjudice des autres Seigneurs feodaux ſuivant la remarque de Daviron *en ſon Commentaire ſur la Coûtume de Normandie titre du Doüaire pag. 111.* de Beraut ſur led.
*art. 383*; de Baſnage ſur le même *article* où il a parlé de cette ancienne conteſtation jugée en 1611. & de Peſnelle qui
eſt le dernier Commentateur.

Et la quatriéme, que depuis cet Arreſt rendu il y a
cent dix années, la Queſtion s'eſt encore preſentée pluſieurs fois, & que ſi la Cour ne l'a pas jugée diffinitivement, elle a du moins donné la proviſion aux Maris; j'en rapporteray cy-aprés les Arreſts.

Je ne doute pas que depuis 1611. on n'ait agité pluſieurs fois au Parlement de Paris la Queſtion, ſi dans le
Comté d'Eu il y a des Uſages Locaux & Particuliers; &
je n'ay pas de peine à croire qu'on n'ait jugé l'affirmative;
qu'on n'ait ordonné des interlocutoires pour être plus
parfaitement inſtruit de ces Uſages; & que la Cour même n'y ait quelquefois auſſi conformé ſes déciſions; ce
qui eſt arrivé par le deffaut d'inſtruction; par la licence
que des gens d'affaires outrepaſſans les bornes de leur
profeſſion, ſe donnent d'écrire dans des matieres qui
ſont au-deſſus de leurs forces, ou du moins dont ils n'ont
point de connoiſſance; par la foibleſſe & l'impuiſſance
de quelques-unes des Parties; par des acquieſcemens

concertez ; des consentemens donnez ; ou par certaines circonstances qui se rencontrent ordinairement dans le procez, & qui en font le plus souvent la décision.

Mais toutesfois & quantes que la Question a été bien soûtenuë par les Parties & par leur Conseil, & qu'elle a été dégagée de toutes circonstances, la Cour a décidé en faveur de l'opinion que je défens, & jugé qu'on ne devoit avoir aucun égard à ces prétendus Usages Locaux.

VII.

Nôtre Question touchant le droit de Viduité du Mari sur les biens de sa femmme scituez dans le Comté d'Eu, s'est encore depuis 1611. presentée plusieurs fois.

J'ay des Memoires où il est fait mention d'un acte de Notorieté du 5. Octobre 1646, que les Officiers de ce pays-là donnerent à M<sup>re</sup> Jacques de Caieul Seigneur de Liancourt pour lui servir dans le Procez qu'il avoit contre le sieur de la Bretonniere son pere, portant que *l'article 382.* de la Coûtume de Normandie ne s'observoit point dans le Comté d'Eu, & que suivant l'Usage Local des lieux, les enfans après le decès de leurs meres joüissoient de leurs biens, sans que les maris y prissent aucune part, soit par usufruit, ou autrement : mais je n'ay point connoissance que cet acte de notorieté ait été suivi d'aucun jugement ; & s'il y en a eu, j'avoüe que je ne sçay point qu'elle a été la décision.

Mais la Question fut portée au Bailliage d'Eu en 1682. entre Jean le Vasseur d'une part, & Jean le Vasseur son fils d'autre, & y fut décidée par Sentence du 2 Juin en faveur du fils. Le Pere appella de la Sentence ; & sur son Appel il fut rendu Arrest le 22 Decembre suivant, par lequel il fut dit qu'avant de proceder au jugement définitif du chef qui concernoit le droit de Viduité par lui prétendu, les Parties rapporteroient dans deux mois des actes de Notorieté des Juges & autres Officiers du Comté d'Eu autres que celui dont étoit Appel sur l'usance & commune observance dans le Pays de l'article 382. de la Coûtume; même le Vasseur pere pourroit rapporter des Transactions & autres Actes qui justifieroient que pareil droit avoit été accordé à des Maris, pour ce fait & rapporté estre ordonné ce que de raison; & que cependant sans préjudice du droit des parties au principal il joüiroit *par maniere de provision à sa caution juratoire des biens ayans appartenu à sa femme.*

Il y a plusieurs remarques à faire encore au sujet de cet Arrêt.

Premierement, il a jugé que le droit du pere étoit plus apparent que celui du fils, puisqu'il lui a donné la provision.

Secondement, il ne paroît pas par le vû des pieces qu'il eût produit les Arrêts de 1666, 1669, 1672, 1674, 1675, dont je parlerai dans la suite, & plusieurs autres qui avoient déjà jugé que sans avoir égard aux Usages Locaux du Comté d'Eu, il y falloit suivre la Coûtume de Normandie. Si la Cour avoit vû tous ces Arrêts peut-être ne se fut-elle pas contentée de lui donner la provision.

Et en dernier lieu, le fils ne l'a point fait retracter, ni fait juger depuis la Question en sa faveur.

J'ai vû plusieurs personnes du Comté d'Eu qui prétendent que cet Arrêt n'a pas même été signifié par le pere à son fils qui par ce moyen est demeuré dans l'inaction. Mais il y a de l'erreur dans le fait. J'en ai la signification qui fut faite le 18 Février 1683; la soumission que le Vasseur pere fit au Greffe le 10 du même

mois,

mois; & un commandement du 11 Mars fuivant qu'il fit faire en conféquence à Laurent Gouge Chirurgien en la Ville d'Eu de lui payer les Loyers de la Maifon qu'il occupoit à raifon de 60 liv. par chacun an en deniers ou quittances valables.

Cet Arreft, les précedens, & ceux qui l'ont fuivi ont fervi beaucoup à diminuer la ferveur de ceux qui combattoient pour la deffenfe des Coûtumes Locales & Particulieres du Comté d'Eu. Auffi Mre. Henry de Boulainvilliers m'a-t'il affuré que les ayant vûs & examinés dans le procès qu'il avoit en la Cour au rapport de M. Portail fur un appel interjetté par Mre. François de Boulainvilliers Comte de Saint-Saire fon pere d'une Sentence renduë par le Bailly d'Eu le 15 Avril 1689, il fut confeillé d'acquiefcer, & de faire une Tranfaction par laquelle il confentît que le fieur fon pere qui par un fecond mariage qu'il avoit contracté avoit perdu la jouïffance des deux tiers du bien de fa premiere femme, jouïe par ufufruit de l'autre tiers conformément à la Coûtume.

La Queftion devroit prefentement fouffrir beaucoup moins de difficulté par le grand nombre d'Arrêts que le Parlement de Paris a rendus, & par lefquels il a jugé differentes Queftions du Comté d'Eu d'une maniere tout-à-fait oppofée à fes Ufages prétendus Locaux, & en conformité de l'ancienne Coûtume de Normandie; de la Coûtume reformée; & de la Jurifprudence du Parlement de Roüen établie par fes Arrêts, ou par fes Reglemens.

Quelques perfonnes ont crû que par un Arrêt du 29 Avril 1698 rendu en la feconde Chambre des Enquêtes au rapport de M. Faure, & dont je dirai l'efpece dans le Chapitre où nous traiterons la Queftion qui confifte à

P.

fçavoir fi le don mobil fait par la femme à fon mari
de biens fitués dans le Comté d'Eu eft fujet à infinuation , le fieur Paon avoit été débouté du droit de Viduité fur ceux de la dame fon époufe , fous prétexte
qu'à la fin de l'Arrêt on a gliffé ces mots, *& fur le fur-*
*plus des demandes , fins , & conclufions , la Cour a mis & met*
*les parties hors de Cour & de procés* : mais le fait n'eft point
veritable. Comme j'étois Avocat du fieur Paon , je puis
bien affurer qu'il n'étoit queftion que du don mobil
qu'il prétendoit lui avoir été fait par la dame fon époufe , & qu'il ne s'agiffoit nullement du droit de Viduité.

Cette matiere s'eft encore préfentée au Parlement
de Paris en 1701, & y a été portée en la cinquiéme
Chambre des Enquêtes entre Nicolas de Fontaine ,
Ecuyer , fieur de Mauconduit appellant d'une Sentence
renduë par le Bailly du Comté & Pairie d'Eu le 14 Juillet 1700 qui l'avoit débouté de fon droit de Viduité
fur les biens de dame Claude du Vivier fon époufe d'u-
ne part ; & damoifelle Françoife de la Barre veuve de
M⁰. Charles le Roux Avocat au Parlement , & Bailly
d'Ault , tutrice de fes enfans mineurs heritiers des propres maternels de la défunte intimée , d'autre.

Il faut convenir que l'intimée avoit d'abord été défenduë très foiblement ; mais depuis on lui fournit tous les
titres neceffaires pour établir fa prétention , c'eft-à-dire,
pour faire valoir les Coûtumes Locales du Comté d'Eu ;
on n'omit rien pour fa défenfe ; on intereffa le Confeil
de M. le Duc du Maine ; & en peu de jours l'affaire fe
trouva conduite de telle maniere qu'elle parut importante à la Chambre ; on trouva qu'elle méritoit des
Conclufions ; on la mit au Parquet ; M. le Procureur
General ne fe contenta pas du rapport qui lui en fut

fait par un de ſes Subſtituts ; il ſouhaita l'examiner & s'en éclaircir par lui-même ; & depuis il donna ſes Concluſions portant que ſur la Queſtion du droit de Viduité que ſelon toutes les apparences on n'avoit pas encore aſſez parfaitement établi , & que l'intimée conteſtoit ſur le fondement des Uſages Locaux du Comté d'Eu, les parties conteſteroient plus amplement, *& que cependant l'appellant joüiroit par proviſion à ſa Caution juratoire des biens qui avoient appartenu à ſa femme dans le Comté d'Eu,* ce qui fut ſuivi par l'Arrêt du 7 Septembre de la même année 1701.

Depuis cet Arrêt on s'eſt donné bien des mouvemens en la Ville d'Eu pour tâcher de faire juger en diffinitive le contraire de ce qui avoit été jugé par proviſion. Quelques Officiers & quelques Praticiens ſe ſont aſſemblés , & ont compoſé pluſieurs Cahiers d'articles qu'on a mis depuis entre les mains de M. le Procureur General. Il les examina à l'entrée du Parlement après les fêtes de Pâques de l'année 1702 ; & il donna de nouvelles Concluſions portant que les parties rapporteroient des Actes, Contrats, & Tranſactions pour juſtifier de quelle maniere on avoit vêcu dans le Pays ſur cette matiere.

J'ai oüi dire que le procès n'avoit point été jugé diffinitivement. Mais ce qu'il y a de vrai eſt que le ſieur de Fontaine avoit tout lieu d'en attendre un ſuccès favorable, & ce d'autant plus que je trouve dans une copie tirée ſur l'original des Cahiers arrêtés par les Etats en conſéquence des Lettres Patentes de 1579 obtenuës par M. de Guiſe pour la Rédaction des Uſages Locaux de ſon Comté, que la Nobleſſe & le tiers Etat requirent qu'on ajoûtât cet Article, *Quand la femme meurt ayant des*

*Heritages patrimoniaux & Terres, soit qu'elle eût enfant ou enfans vivans de son Mari, soit que ledit enfant ou enfans soient decedés lors du trepas de ladite femme, le mari jouit des propres & biens patrimoniaux de ladite femme tant qu'il demeure en viduité, & tant qu'il n'est convolé en secondes nopces, usant toutefois desdits biens comme bon pere de famille.*

Il n'y eut que le Procureur du Roy qui empêcha la reception de l'article, prétendant qu'il étoit contraire à l'utilité publique & aux Arrêts de la Cour. Mais si les Commissaires s'étoient transportés sur les lieux il n'y a pas d'apparence qu'ils n'eussent point écouté le requisitoire de la Noblesse, & du tiers État, ce Procureur du Roy qui étoit M<sup>e</sup>. Charles Lamyré Procureur du Roy en la Sénéchaussée de Ponthieu, n'ayant refusé son approbation à l'article, que parce que dans le *Siege* où il exerçoit sa fonction il avoit été nourri & élevé dans des dispositions contraires à celle en question qui ne lui étoit pas connuë, ou parce qu'il avoit en vûë de favoriser M. le Duc de Guise dont l'obtention des Lettres Patentes avoit donné lieu à la Commission, & qui avoit la même Question à faire juger avec M. le Prince de Condé contre lequel il se prévaloit déja de deux Arrêts des 3 Septembre & 3 Octobre 1577.

Cet article étoit conforme à l'ancien Usage de la Province, & à nôtre vieil Coûtumier qui lors de la réformation reçut du changement, en ce qu'on laissa le tiers des biens de la femme à celui qui se remarioit par l'article 382, ainsi qu'il est marqué dans le procès vetbal.

Ajoûtons que lorsque les Officiers, & Praticiens de la Ville d'Eu composerent quelques Cahiers pour les présenter aux Commissaires qui se transporteroient sur

les lieux en execution des Lettres Patentes que Mademoiſelle d'Orleans avoit obtenuës, ou étoit ſur le point
d'obtenir en 1675, on regarda ce droit de Viduité comme une loy ſi ſage qu'on employa dans les Cahiers,
les articles 382, 383, & 384 de la Coûtume qui ſont ceux
qui en font mention, & *l'article* 77 du Reglement general de 1666 qui permet au pere *de ceder ſon droit de Viduité*
*à ſes enfans au préjudice de ſes créanciers* : on a eu grand ſoin
de cacher & de diſſimuler ces Cahiers à M. le Procureur General lorſqu'après Pâques de l'année 1702 il donna pour une ſeconde fois ſes Concluſions dans le procès dont nous parlions il n'y a qu'un moment.

Si les Parties qui ſont intereſſées à faire rejetter les
Coûtumes prétendues Locales du Comté d'Eu, ſe donnoient le ſoin d'inſtruire plus parfaitement qu'elles ne
font leurs Juges, elles ne s'expoſeroient pas ſi ſouvent à
des interlocutoires.

C'à été par le deffaut d'inſtruction qu'il en été rendu pluſieurs, & notamment un du 14. Mars 1704. rendu en la Grand'Chambre au rapport de Mr. l'Abbé Robert, par lequel il fut dit qu'*avant faire droit les parties fe-*
*roient diligence dans trois mois de rapporter des Comptes, des*
*Partages, & autres Actes & Jugemens entre perſonnes domici-*
*liées, ou ayans leurs biens dans l'étenduë du Comté d'Eu, pour*
*juſtifier ſi l'on y avoit donné, ou non, le droit de Viduité, &*
*la maniere dont on pouvoit l'acquerir ou y renoncer; qu'elles rap-*
*porteroient pareillement des Actes de Notorieté des Gens du Roy*
*du Parlement,& des Officiers du Bailliage de Roüen ſur l'uſage qui*
*ſe pratiquoit dans les lieux ſoumis à la Coûtume de Normandie*
*ſur la maniere d'accepter ledit droit de Viduité, ou d'y renon-*
*cer; ſi un Pere, qui dans les Actes qu'il avoit paſſé pour l'ad-*
*miniſtration du bien de ſes enfans avoit agi en qualité de pere &*

*tuteur, sans faire mention de son droit de Viduité, étoit reputé y avoir tacitement renoncé ; sur l'usage qui se pratiquoit pour la composition des Lots à doüaire ; si avant de les composer on déduisoit sur la masse du bien la valeur des dettes tant mobiliaires qu'immobiliaires ausquelles lesdits biens étoient sujets ; & si la veuve étoit tenue de contribuer au payement du principal ou interêts des dettes mobiliaires anterieures à son Contract de Mariage lorsque le prix des meubles de la succession n'étoit pas suffisant pour les payer, pour ce fait & rapporté être ordonné ce que de raison.*

La maniere dont ce dispositif est conçû fait assez comprendre combien le procez étoit mal instruit. Aussi ai je appris d'un Avocat qui y avoit travaillé, que les Ecritures ausquelles il avoit répondu n'avoient pas été faites par un de nos Confreres, quoique pourtant la matiere demandât le ministere & l'application d'un homme d'Etude & d'experience.

La même affaire a derechef été mise sur le Bureau dans le mois d'Avril ou dans le mois de May de l'année 1705. mais la Cour a rendu son Arrest de telle maniere qu'il ne paroît pas qu'elle ait jugé disertement la Question. Ces deux Arrests rendus entre les mêmes Parties ont été donnez entre Dame Rachel de Baudry veuve de Mathieu de Clieu Ecuyer Seigneur de Neuvillette & de Derchigny Bailly de Dieppe Appellante, d'une part, & Jean de Clieu Ecuyer sieur de Neuvillette, Lieutenant General au Bailliage de Caux en la Vicomté d'Arques Intimé, d'autre.

Enfin deux choses prouvent demonstrativement qu'il ne peut plus se former de contestation à cet égard.

La premiere, est que dans tous les procez qui viennent du Comté d'Eu, je vois que le principal moyen

qu'on allegue en ce pays là pour en faire valoir les U-
fages prétendus Locaux, eft de dire que le Comte d'Eu
& fes Vaffaux n'ont point affifté à la réformation de la
Coûtume, & que par confequent on ne peut pas les affujettir aux articles qui ont été ajoûtez comme *Loy nouvelle*, ce qui ne peut point s'appliquer au droit de Viduité en foi qui eft porté par l'ancienne Coûtume à laquelle ils conviennent d'avoir été perpetuellement fujets.

Et la feconde, eft le grand nombre d'Arrefts diffini-
tifs qui ont rejetté leurs Ufages par rapport à la demande en declaration d'hypoteque qu'ils admettoient contre l'efprit de l'article 552. de la Coutume, & l'article
120 du Reglement general fait au Parlement de Rouen
au mois d'Avril 1666 ; au tiers Coûtumier qu'ils refu-
foient aux enfans qui renonçoient à la fucceffion de leur
Pere ou Mere contre les articles 399. & 404. de la même
Coûtume ; à la majorité qu'ils fixoient à 25. ans contre
l'article 431, l'Arreft de Reglement du 7. Février 1620,
& l'article 38. du Reglement de 1666 ; au droit de la femme dans les acquifitions faites en Bourgage qu'ils re-
duifoient à la moitié en ufufruit feulement contre l'article 329. de la Coûtume ; à l'avantage qu'ils donnoient
au frere aîné fur fes puifnez dans les biens de cette nature dont ils lui defferoient les deux tiers contre l'article
270 ; & à plufieurs autres Queftions qu'il feroit trop long
de détailler, & qu'ils décidoient contre des difpofitions
expreffes de la Coûtume generale de la Province.

Je ne puis paffer fous filence ce que je viens tout prefentement d'apprendre. La Cour en la cinquiéme Chambre des Enquêtes ayant jugé le 5. Avril 1721, que dans
le Comté d'Eu la majorité devoit s'acquerir à l'âge de

20. ans accomplis comme dans tout le reste de la Province, M". les Presidens & M. le Rapporteur m'ont dit que ce qui avoit fait quelque legere difficulté, étoit que dans la Coûtume on ne trouvoit point d'article qui établît bien positivement la majorité à 20. ans, comme il y en avoit qui établissoient le droit de Viduité; mais que la Cour avoit été convaincue de la maxime par le texte de l'ancien Coûtumier ; par l'Arrest de Reglement dudit jour 7. Février 1620; & par la connoissance qu'elle avoit elle même de l'Usage; ce qui fait voir qu'elle n'auroit fait aucune difficulté s'il avoit été question du droit de Viduité du Mari sur les biens de sa femme.

*Arrêt du 8 Mars 1611.*

LA Cour sans s'arrêter à la Requête à fin d'évocation a reçu & reçoit le Duc de Guise appellant de *l'Ordonnance des Commissaires qui ont procedé à la réformation de la Coûtume*; l'a tenu & tient pour bien relevé ; & pour y faire droit, ensemble sur les demandes respectivement faites à la Cour par les parties, verra lesdits articles de la Coûtume, les Arrêts, & autres Pieces que les Parties voudront produire dans trois jours; joint les prétenduës fins de non-recevoir ; & aura le Procureur General du Roy acte de ses Protestations pour luy servir & valoir en tems & lieu ce que de raison. *Fait* en Parlement le 8 Mars 1611. *Signé*, VOISIN.

*Arrêt de le Vasseur du 22 Decemb. 1681.*

COmme de la Sentence donnée par le Bailly du Comté & Pairie d'Eu le 22 Juin 1681 entre Jean le Vasseur fils ainé, & principal heritier de deffunte Adriane Adam, &c. & Jean le Vasseur pere défendeur & demandeur à ce que, &c. *comme encore ordonner qu'il joüiroit des biens de la succession de ladite Adriane Adam sa femme pour son droit de Vefvage suivant l'article 382 de la Coûtume de Normandie, &c.* eut été appellé, &c. *Vû icelui* procès, &c. Nôtredite Cour par son Jugement & Arrêt avant proceder au Jugement diffinitif du Chef d'appel concernant le droit de Vefvage prétendu par ledit le Vasseur pere, ordonne que dans deux mois les Parties rapporteront des actes de Notorieté des Juges & autres Officiers dans l'étenduë dudit Comté d'Eu, autres que celui dont est appel *sur l'usance & commune observance audit Comté de l'article 382 de la Coûtume de Normandie;* même ledit le Vasseur pere des Transactions, & autres Actes qui justifieront que pareil droit a été accordé à des maris, pour ce fait & raporté être ordonné ce que de raison, *& cependant sans préjudice des droits des Parties au principal par matiere de provision ledit le Vasseur pere joüira à sa caution juratoire*

*juratoire dudit droit de Vefvage, &c.* Fait en Parlement le 22 Decembre
*1682. Signé,* JACQUES.

LOUIS par la grace de Dieu &c. Salut. Sçavoir faifons que comme
de la Sentence donnée par nôtre Bailly au Comté & Pairie d'Eu le 14
Juillet 1700 entre damoifelle Françoife de la Barre veuve de défunt Me. le
RouxBailly de laChâtellenie d'Ault,mere & tutrice des enfans mineurs dudit
défunt & d'elle, &c. & Nicolas de Fontaine Ecuyer, Sieur de Mauconduit,
veuf de dame Claude du Vivier fon époufe, &c. eût été appellé à nôtredite
Cour de Parlement, &c. Vû ledit procès, &c. griefs, caufes, & moyens
d'appel dudit de Fontaines, à ce que &c. *& qu'il fût confervé en la joüif-
fance de fon droit de Viduité conformément à l'article 382 de la Coûtume de
Normandie au titre de Doüaire des revenus, & autres ufufruits & profits des
biens, droits, & privileges des biens de la fucceffion de ladite dame fon époufe
&c.* Nôtredite Cour, &c. Emendant quant à ce, &c. *Et avant faire droit
fur la demande dudit de Fontaine pour raifon de fon droit de Viduité fur les
biens de ladite du Vivier, ordonne qu'icelles Parties contefteront plus amplement pour ce qui regarde ledit droit de Viduité dans l'étenduë du Comté d'Eu,
& cependant par provifion, & fans préjudice du droit defdites Parties au principal, a fait main-levé audit de Fontaine à fa Caution juratoire des faifies faites à la requête de ladite de la Barre audit nom és mains des Fermiers, &
debiteurs de la fucceffion de ladite du Vivier &c.* Donné à Paris le 7 Septembre, l'an de grace 1701. *Signé,* DU TILLET.

Arrêt du 7
Sept. 1701.

ENtre Dame Rachelle Baudry Veuve de Mathieu de Clieu Ecuyer fieur
de Neuvillette & deDerchignyAppellante d'une Sentence arbitralle du 7
Avril 1701. d'une part, & Jean de Clieu Ecuyer fieur de Neuvillette Lieutenant General au Bailliage de Caux Vicomté d'Arques Intimé, d'autre &c.
La Cour avant fairedroit, ordonne que dans trois mois à compter du jour
du prefent Arreft les parties feront diligence de rapporter des comptes,
partages & autres Actes & Jugemens entre perfonnes domiciliées ou ayant
leurs biens dans l'étenduë du Comté d'Eu pour juftifier fi l'on y a donné
ou non le droit de Viduité, & la maniere dont on peut l'acquerir ou y renoncer; rapporteront pareillement des actes de Notorieté des gens du Roi
du Parlement & des Officiers du Bailliage de Rouen fur l'ufage qui fe pratique dans les lieux foumis à la Coûtume de Normandie fur la maniere
d'accepter ou renoncer audit droit de Viduité; & fi un pere qui dans les
actes qu'il a paffés pour l'adminiftration du bien de fes enfans a agi en qualité de Pere & Tuteur, fans faire mention de fon droit de Viduité, eft reputé avoir renoncé tacitement audit droit, & tenu de rendre compte comme Tuteur; comme auffi fur l'ufage qui fe pratique pour la compofition
des Lots à douaires; fi avant de compofer lefdits lots on déduit fur la
maffe du bien la valeur des dettes tant mobiliaires qu'immobiliaires aufquelles lefdits biens font fujets,& fi la Veuve eft tenue de contribuer au payement
du principal ou interefts des dettes mobiliaires anterieures à fon Contrat
de mariage, lorfque le prix des meubles de la fucceffion n'eft pas fuffifant

Arrêt du 14
Mars 1704.

pour les payer, pour ce fait & rapporté estre ordonné ce que de raison; cependant que la Sentence arbitralle sera executée pour le payement de la provision de 300. livres & de 500. livres pour le deuil & paraphernal de ladite Baudry; declare l'Arrest commun avec Abraham Baudry, dépens reservez; & sur l'Appel de la Sentence du Vicomté d'Arques du 13. Octobre 1698; ordonne que les parties se pourvoiront au Parlement de Rouen. Fait en Parlement le 14. Mars 1704.

---

# CHAPITRE XI.

## Si la demande en déclaration d'Hypoteque doit avoir lieu dans le Comté d'Eu.

### SOMMAIRE.

I. *Cette Action n'est en usage en Normandie que par rapport à la prescription.*

II. *Elle n'y a point lieu quand il s'agit d'obliger un acquereur à deguerpir.*

III. *L'Usage s'en est établi dans le Comté d'Eu.*

IV. *Divers Arrests du Parlement de Paris qui ont désapprouvé cet Usage.*

V. *Explication de deux autres Arrests qui paroissent avoir décidé le contraire.*

VI. *L'Article 120 du Reglement de 1666 fait au Parlement de Rouen n'est point une disposition nouvelle.*

I.

SI celui qui est mon debiteur vend un heritage qui m'est hypotequé, & qui est situé dans la Province de Normandie, il est sans difficulté que pour empêcher que l'acquiereur n'acquiere la prescription contre moi, je puis le faire assigner pour voir dire que son heritage demeurera affecté à ma dette; c'est la dispofition précife de l'*article* 532 de la Coûtume qui porte que *le creancier peut contraindre le poßeßeur d'heritage qui luï eſt hypotequé, ſoit à titre particulier, ou droit univerſel, ou ſucceſſif, à lui paſſer titre nouveau, faire-reconnoiſſance de la dette, & que ſon heritage y eſt obligé.*

Mais je ne puis pas demander contre lui, comme il eſt d'uſage à Paris, qu'il ſoit tenu de me payer, ſi mieux il n'aime déguerpir ſon acquêt; s'il a joüi par an & jour je ne ſçaurois le dépoſſeder que par la voye de la ſaiſie réelle.

C'eſt la Juriſprudence établie par deux anciens Arrêts du Parlement de Roüen; l'un du 18 Juillet 1539, & l'autre de 1555; c'eſt l'eſprit de l'*article* 552 de la Coûtume qui dit que *le tiers acquiſiteur ayant joüi par an & jour ne doit être depoſſedé pendant le decret, en baillant caution de rendre les fruits depuis la ſaiſie juſqu'au jour de l'état;* c'eſt la diſpoſition précife de l'*article* 120 du Reglement general fait au Parlement de Roüen au mois d'Avril de l'année 1666, ſelon lequel *le tiers acquereur ne peut être obligé de deguerpir ni de laißer ſon heritage aux creanciers hypotequaires, & ne peut être depoſſedé que par la ſaiſie reelle;* enfin c'eſt l'uſage pratiqué dans toutes les Juriſdictions du Reſſort du Parlement de Normandie.

Telle eſt la remarque de Mᵉ. Henry Baſnage ſur l'article 546 de ſon Commentaire. *L'acquereur d'une rente ou d'un heritage ne peut être,* dit ce Commentateur, *depoſſedé que par la ſaiſie reelle, & le creancier ne peut ſaiſir les fruits; cette Juriſprudence eſt établie par deux anciens Arrêts des années 1539 & 1555; & nôtre uſage eſt different en ce point de celui de Paris, car nous ne pratiquons point le delaißement par hypoteque; & afin qu'on n'en doutât plus, la Cour en a fait un article exprès dans le Reglement de 1666.*

II.

III.　　L'Action en déclaration d'hypoteque s'est néanmoins introduite dans le Comté d'Eu, & l'on peut même dire qu'elle y a pris racine ; mais quand on s'est plaint des Jugemens qui avoient condamné les acquereurs à payer, si mieux ils n'aimoient déguerpir, le Parlement les a cassés, & a ordonné aux Particuliers de se soumettre à cet égard aux dispositions de la Coûtume, & aux Usages de la Province. Il y a plusieurs Arrêts qui l'ont ainsi jugé, & qui méritent l'attention du Lecteur.

IV.　　Le premier dont j'ai connoissance est celui qui fut rendu en la Chambre de l'Edit le 17 Juillet 1666. Le sieur Savary Marquis de Mauleuvrier, créancier de Mre. Henry Martel Seigneur de Bacqueville, ayant fait assigner Philippe Chappelier Sieur de la Varenne qui avoit acquis de son débiteur quelques biens situez dans le Comté d'Eu, pour se voir condamner à lui payer ce qui restoit de son obligation, si mieux il n'aimoit déguerpir purement & simplement son acquêt, obtint Sentence à son avantage ; Chappelier s'en rendit appellant en la Cour ; & sur son appel il obtint Arrêt par lequel on mit sur la demande les Parties hors de Cour & de Procès, *sauf au sieur Savary à faire proceder par voye de saisie réelle sur les immeubles acquis par Chappelier, & à les faire decreter suivant & conformement à la Coûtume de Normandie.*

La Cour jugea la même chose par Arrêt du 1 Juillet 1669 en faveur de Mre. Antoine de Mailly, Chevalier, Marquis d'Hautcourt, possesseur & proprietaire de la Terre de Guillemecour assise dans le Comté d'Eu, contre François d'Auviliers qui l'avoit fait assigner en déclaration d'hypoteque, comme étant créancier du fieur De cayeul Seigneur de la Bretonniere, à qui cette Terre avoit appartenu.

Le fieur d'Hautcourt fut une feconde fois inquieté dans fa poffeffion par les Religieufes de Gomerfontaines qui obtinrent fentence à leur avantage aux Requêtes de l'Hôtel le 17 Septembre 1670; mais en ayant interjetté appel il fit rendre Arrêt le 13 Août 1672 en la quatriéme Chambre des Enquêtes, par lequel la Cour en l'infirmant débouta les Intimées *de leur demande en declaration d'hypoteque, fauf à elles à fe pourvoir fur ladite Terre fuivant & conformement à la Coûtume de Normandie*; déclara leurs faifies injurieufes, tortionnaires, & déraifonnables; & en fit pleine & entiere main levée au fieur de Hautcourt; les condamna en tous les dépens tant des Caufes principale que d'appel; & ordonna que *l'Arrêt feroit à la diligence du Subftitut du Procureur General lû, publié, & affiché au Bailliage du Comté & Pairie d'Eu, l'Audiance tenant.*

Les Religieufes de Gomerfontaines fe pourvurent contre cet Arreft par Lettres en forme de Requefte Civile, & s'oppoferent à celui du 1. de Juillet 1669. mais fe défians toûjours du fuccés, elles eurent recours à l'autorité de Mademoifelle d'Orleans Comteffe d'Eu qui demanda d'être reçûe partie intervenante en l'Inftance; qui pour appuyer fon intervention rapporta un acte de Notorieté des Officiers, Avocats, & Procureurs de la Ville d'Eu, portant que de tems immemorial la demande en declaration d'hypoteque y avoit lieu; & qui demanda que fans s'arrefter à ces deux Arrefts aufquels elle feroit reçûe oppofante, *il plût a la Cour ordonner que l'ufage pour la declaration d'hypoteque au refpect d'acquereurs & tiers detenteurs feroit obfervé dans le Comté d'Eu, & que*

*la Coûtume ancienne Locale du Pays pour la redaction de laquelle*
*elle se pourvoiroit pardevers le Roy, afin d'ôter toute matiere de*
*procez, seroit maintenuë & gardée* : ce qui donna lieu à un
Arrest rendu en la quatriéme Chambre des Enquêtes
le 3 Mars 1674.

Par cet Arrest les Religieuses de Gomerfontaines furent déboutées de leur opposition à l'Arrest du 1. Juillet 1669; declarées non recevables en leurs Lettres; &
condamnées en l'amende & aux dépens; & acte accordé au sieur d'Hautcourt de la declaration par lui faite
qu'il consentoit que l'Arrest ne pût nuire ny préjudicier aux droits de Mademoiselle d'Orleans, sur l'intervention & l'opposition de laquelle, il fut ordonné qu'il
seroit surcis pendant un an à la publication de l'Arrest
du 13. Août 1672 pendant le quel tems elle pourroit se
retirer pardevers le Roy pour estre pourvû à la redaction des Usages Locaux du Comté d'Eu.

En execution de cet Arrest elle obtint en 1675. des Lettres qui designerent les Commissaires, & qui furent
regiftrées au Greffe de la Cour le 20. Mars; mais ces
Lettres n'eurent aucune suite, & l'effet en fut totalement abandonné. Voyez ce que j'ay dit à leur sujet au
chapitre VI. où j'ay aussi parlé de celles que Mr. le Duc
de Guise avoit obtenues en 1579.

Basnage a fait mention *loc. cit.* c'est-à dire sur l'art.
546. de la Coûtume de Normandie de l'Arrest de 1672.
dont j'ay rapporté l'espece il n'y a qu'un moment. Voicy de quelle maniere il s'explique, *Nôtre usage n'est pas*
*ignoré au Parlement de Paris, car suivant l'article 120. du Re-*
*glement de 1666. il s'y est donné Arrest le troisiéme d'Aoust 1672.*
*par lequel il a été jugé que dans le Comté d'Eu, comme dans le*
*reste de la Normandie, le tiers détenteur ne peut estre dépossedé*

*'que par la saisie réelle, & le Parlement de Paris ordonna que l'Arrest seroit lû en la Jurisdiction de la Comté d'Eu pour servir de Reglement, nonobstant le certificat contraire des Juges & des Praticiens.*

Il est vray qu'il m'a été mis entre les mains la copie d'un Arrest du 19. Avril 1689, qui sur l'Appel d'une Sentence rendue par le Bailly d'Eu reserve une des parties à former sa demande en declaration d'hypoteque: mais il y a quelques remarques à faire à son sujet.

Premierement en infirmant la sentence dont étoit appel, il est vray qu'il maintient & garde sur le fondement d'un transport de l'année 1655. Marie Paine veuve de Louis le Grand en la possession & joüissance des deux rentes qui faisoient la matiere de la contestation des parties, sauf à M.{^e} Jacques de Pardieu Marquis de Maucomble qui prétendoit les avoir comme creancier de la personne au profit de qui elles avoient été constituées, à se pourvoir en declaration d'hypoteque; mais on ne voit point qu'on ait agité dans le procez la Question, si dans le Comté d'Eu cette action peut être admise, ou non; il ne s'en agissoit point entre les Parties; Marie Paine & le sieur de Maucomble disputoient à qui emporteroit deux rentes; cette veuve prétendoit qu'on devoit donner la préference à son titre qui étoit un transport; & elle a eu l'avantage de parvenir à ses fins; mais parce qu'on trouva que le sieur de Maucomble avoit aussi titre & droit à la chose, & que ce qu'il y avoit de défectueux de sa part pouvoit ne provenir que de la Procedure, & de ce qu'il ne prenoit pas la voye que la Loy prescrit pour déposseder une personne qui est en possession en vertu d'un bon titre comme est un transport, on ne voulut pas le declarer déchu de toute esperance, & pour cet effet la Cour, soit de son propre mouvement, soit pour satisfaire à ce que Marie Paine pouvoit avoir soûtenu, le reserva à se pourvoir en declaration d'hypoteque, sans qu'il l'en eût requise.

Secondement la Cour le reservant à cette action a pris soin d'ajouter ces mots *deffenses au contraire*, ce qui fait qu'on ne sçauroit tirer d'induction de la maniere dont elle a prononçé, la Veuve s'étant trouvée par le moyen de cette restriction en état de se défendre contre cette action à laquelle il avoit été reservé, & d'opposer l'Usage de nôtre Province qui veut qu'un tiers acquereur ne puisse être depossedé que par la voye de la saisie réelle.

Et en dernier lieu quand cet Arrest auroit approuvé la demande en declaration d'hypoteque dans le Comté d'Eu, ce qui n'est pas, il est sans difficulté que sa disposition ne pourroit l'emporter sur ceux des 17. Juillet 1666, 1. Juillet 1669, 13 Août 1672, & 3 Mars 1674, qui sont rapportez cy-devant, & qui ont été rendus sur la même Question en si grande connoissance de cause.

Avant que je finisse, je me sens obligé de dire quelque chose d'un Arrest dont la citation pourroit embarrasser, si l'on n'étoit pas instruit de quelle maniere il a été rendu, j'en ai appris les circonstances de M°. de Vadicourt Avocat qui avoit travaillé dans le Procés; il est du 14. Aoust de l'année 1698.

La contestation étoit entre les sieurs de Bouges & Theroude d'une part, & le sieur de Pont d'autre. De Bouges se défendoit par la nullité de la demande en declaration d'hypoteque qui avoit été formée par de Pont; & à l'égard de Theroude, il se deffendoit par

un

un autre moyen qu'il tiroit du fond. De Pont qui reconnut que de Bouges prenoit la veritable voye qu'il
falloit prendre pour s'affurer du fuccés, & que fa défenfe étoit fondée fur la Jurifprudence des Arrefts, fit
un accommodement avec lui, qui par-là fut tiré du
Procez, ou du moins y acquiefça & fit enfuite juger le
differend avec Theroude, qui pour avoir perfeveré dans
fon moyen qui ne fut pas trouvé bon, & n'avoir pas oppofé la nullité que de Bouges avoit oppofée contre la
demande en declaration d'hypoteque, fuccomba dans
fa défenfe. D'où il refulte qu'on ne doit pas tirer cet Arreft à confequence, parce que s'il a confirmé une action de cette nature, ça été fur l'acquiefcement de la
partie qui l'avoit arguée de nullité, & fur ce que l'autre partie s'attachant uniquement au fond, & n'objec-
tant pas le même deffaut, paroiffoit abandonner ce
moyen, & ne vouloir pas s'en fervir.

Au refte le grand nombre d'Arrêts qui ont été rendus pofterieurement à ceux dont nous venons de parler, & qui ont jugé en differentes efpeces que les Habitans du Comté d'Eu ne fe pouvoient difpenfer de fuivre la Coûtume de Normandie, ne laiffe pas aujour-
d'hui l'ombre de la moindre difficulté par rapport à
nôtre Queftion, & ce d'autant plus que les Lettres
obtenuës en 1675 par Mademoifelle d'Orleans en exécution de l'Arrêt du 13 Mars 1674, n'ont eu aucune
fuite, en forte que s'ils s'en trouvoit quelqu'un qui parût
avoir une difpofition contraire, il faudroit l'attribuer,
ou à un défaut d'inftruction, ou à quelque circonftance
particuliere de fait.

En vain l'on oppoferoit que *l'article* 120 du Reglement general de 1666 qui porte que *le tiers acquereur ne*

VI.

*peut être depoſſedé que par la ſaiſie réelle* , eſt une Loy nouvelle ; & que quand le Comté d'Eu ſeroit ſujet à l'ancienne Coûtume de Normandie , & à celle qui a été réformée en 1583, ce ne ſeroit pas une raiſon pour dire qu'il dût abſolument ſuivre les Reglemens que le Parlement de Roüen juge à propos de faire.

Premierement , cet article n'établit point un droit nouveau ; c'eſt une confirmation , & un renouvellement de l'ancienne Juriſprudence de la Province marquée par les Arrêts de 1539, & 1555 dont nous avons parlé cy-devant , ou ſi l'on veut une interprétation des *articles* 532, & 552 de la Coûtume qui n'avoient pas été conçus dans des termes aſſés clairs , & d'une aſſés grande étenduë.

Et en ſecond lieu , il n'eſt pas bien certain que les Vaſſaux du Comté d'Eu ne ſoient point ſujets aux Reglemens que le Parlement de Roüen fait , & à la Juriſprudence qu'il établit par ſes Arrêts particuliers.

Il eſt vrai que dans la Conference qui fut faite le 21 Avril 1714 au lieu où eſt la Bibliotheque qui nous a été donnée par M. de Riparſont , quelques-uns de nos Confreres eſtimerent que le Reglement de 1666, & les autres n'étoient point des Loix qui dûſſent aſſujettir ni lier ces Vaſſaux , & même que ce fut cette opinion qui prévalut ; mais il s'en trouva auſſi pluſieurs qui furent d'un avis contraire , & qui autoriſerent leur ſentiment par des exemples , & la diſpoſition des Arrêts ; quoiqu'il en ſoit , c'eſt une Queſtion difficile qui merite en ſoi une attention particuliere , & que nous aurons ſoin de traiter ailleurs.

ENtre Philippes Chappelier, fieur de la Varenne, Appellant aux perils & fortune de Meffire Henry Martel, Seigneur de Bacqueville, d'une Sentence renduë aux Requeftes du Palais le 2 Janvier 1666, d'une part, & Meffire Camille Savary, Legataire univerfel de deffunt Meffire Côme Savary, Marquis de Maulevrier fon oncle &c. Intimé, d'autre *Veu par la Cour en la Chambre de l'Edit*, &c. Tout confideré, dit a efté. La Cour a mis & met l'appellation & ce dont a efté appellé au néant; émendant fur la demande dudit Savary contre ledit Chappelier, les Parties hors de Cour, *faufaudit Savary à faire proceder par voye de faifie réelle fur les Immeubles acquis par icelui Chappelier dudit Martel, & à les faire decreter fuivant & conformement à la Coûtume de Normandie &c.* Prononcé en la Chambre de l'Edit le 17. Juillet 1666.

*Arreſt du 17 Juillet 1666*

COmme de la Sentence renduë aux Requeftes du Palais à Paris le 22. Avril 1665. entre François d'Auvilliers, fieur de la Folie, Ecuyer de nôtre Grande Ecurie, &c. d'une part ; & Antoine de Mailly, Seigneur d'Hautcourt défendeur d'autre, par laquelle, &c. euft été appellé, &c. Vû &c. Tout joint, &c. *Nôtredite Cour*, &c. a mis & met l'appellation & Sentence au neant ; émendant a debouté ledit d'Auvilliers *de fes demandes en declaration d'hypoteque*, fins, & conclufions, *fauf à lui à faire proceder par voye de faifie réelle fur la terre de Guillemecourt*, acquife par ledit de Mailly par retrait lignager de François Clement de Vaux, auquel elle avoit été venduë par Jacques Defcayeul, qui l'avoit acquife de Pierre Defcayeul, *& à la faire decreter fuivant & conformement à la Coûtume de Normandie* ; condamne ledit d'Auvilliers aux dépens, &c. Fait en Parlement le 1. Juillet 1669. &c.

*Arreſt du 1. Juillet 1669.*

COmme de certaine Sentence donnée par nos amez & feaux Confeillers les Maîtres des Requeftes de Nôtre Hôtel le 17 Septembre 1670. entre les Abbeffe, Prieure, & Convent de Gomerfontaines lez gizors Ordre de Cîteaux Demandereffes d'une part ; & Me. Antoine de Mailly Chevalier Marquis d'Hautcourt défendeur, d'autre, &c. par laquelle ledit de Mailly auroit été condamné comme Proprietaire & détenteur de la Terre & Seigneurie de Guillemecourt payer aufdites Demandereffes la fomme de 3900. liv. pour 13. années d'arrerages de la penfion viagere de fœur Claude Françoife Defcayeul Religieufe audit Convent, &c. *Si mieux n'aymoit ledit de Mailly fe defifter de ladite Terre, &c.* Eû été appellé, &c. Vû, &c. Tout joint & diligemment examiné &c. Nôtredite Cour, &c. a mis & met les appellations & Sentences defquelles a été appellé au néant ; *Emendant* déboute les Dames Abbeffe & Religieufes de Gomerfontaines *de leur demande en declaration d'hypotheque*, fauf à elles à fe pourvoir fur ladite Terre de Guillemecourt *fuivant & conformément à la Coûtume de Normandie*, &c. condamne lefdites Religieufes en tous les dépens tant des caufes principale que d'appel, *& fera le prefent Arreſt à la diligence du Subſtitut de notre Procureur General lû, publié, & affiché au Bailliage du Comté & Pairie d'Eu l'Audience tenant*, &c. Fait en Parlement le 13. Août 1671. figné, DU TILLET.

*Arreſt du 13 Aouſt 671.*

Arreſt du<br>13. Mars<br>1674.

LOUIS &c. Sçavoir faiſons que le jour & datte des preſentes com-
parantes les Dames Abbeſſe, Religieuſes, & Convent de Gomerſontaines demandereſſes en Lettres en forme de Requeſte civile par elles obtenues en Chancellerie le 4. Février 1673 contre l'Arreſt du 13 Août 1672.
& oppoſantes à l'execution de l'Arreſt du 1. Juillet 1669. d'une part ; &
Mre. Antoine de Mailly Chevalier Marquis d'Hautcourt deſſendeur d'autre ;
*Et encore entre Mademoiſelle Anne-Marie-Louiſe d'Orleans Ducheſſe de Mont-
penſier demandereſſe en Requête du 16 Février 1673. à fin d'interven-*
tion & oppoſition à l'execution dudit Arreſt du 13. Août 1672. d'une part,
& leſdites Dames Abbeſſe & Religieuſes de Gomerſontaines, & ledit ſieur
de Mailly deſſendeurs d'autre. *Vû* par Nôtredite Cour en la quatriéme
Chambre des Enquêtes, ledit Arreſt, &c. Nôtredite Cour ſans avoir égard
à l'oppoſition & Lettres des Religieuſes de Gomerſontaines dont elles ſont
déboutées, *les a declarées & declare non recevables en leurs Lettres en forme de Requête civile* & ampliation à icelles, & les condamne en l'a-
mende de 300. livres envers ledit de Mailly & en tous les dépens. *Donne*
acte audit de Mailly de ſa declaration qu'il conſent que le preſent Arreſt
*ne pourra nuire ni préjudicier aux droits de ladite Damoiſelle d'Orleans ; ce fai-
ſant, ayant égard à l'intervention & oppoſition de ladite Damoiſelle d'Orleans ordonne qu'il ſera ſurcis pendant un an à la publication de l'Arreſt du
13 Août 1672, pendant lequel tems pourra ladite Damoiſelle d'Orleans ſe retirer
pardevers le Roi pour eſtre pourvû à la redaction des Uſages Locaux du Comté d'Eu ſi aucuns y a, &c.* Donné à Paris en Parlement le 13. Mars 1674.

Lettre de<br>1673.

Voyez le Chapitre VI. les Lettres obtenues par Mademoiſelle d'Orleans,
& qui depuis n'ont eu aucune ſuite, y ſont rapportées

Arreſt. du<br>19. Avril<br>1689.

LOUIS &c. Sçavoir faiſons que comme de la Sentence donnée par le
Bailly du Comté d'Eu du 20 May 1686. entre Marie Paine Veuve de
Louis le Grand, &c. Demandereſſe, &c. d'une part ; & Meſſire Jacques de
Pardieu Chevalier Seigneur Marquis de Maucomble, &c. Deffendeur d'autre, &c. par laquelle, &c. eût été appellé, &c. Vû &c. Tout joint & examiné,
Nôtredite Cour, &c. a mis & met l'Appeſlation & Sentence de laquelle a
été appellé au néant ; *émendant* a maintenu & gardé ladite Paine en poſſeſſion & joüiſſance des rentes de 14. livres & 21 livres 14 ſols 4. deniers, &c.
Ordonne qu'elle ſera payée des arrerages &c. *ſauf* audit de Pardieu à ſe pourvoir en declaration d'hypoteque ſur leſdites rentes, *deffenſes au contraire*,
&c. Donné à Paris en Nôtre Parlement le 19. Avril l'an de Grace 1689. &
de nôtre Regne le 46. *Signé*, DU TILLET.

# CHAPITRE XII.

Si le tiers Coûtumier accordé par la Coûtume de Normandie aux Enfans qui renoncent à la succession de leur Pere ou Mere, doit avoir lieu dans le Comté d'Eu.

## SOMMAIRE.

I. *Avant la Reformation de la Coûtume le Doüaire n'étoit point propre aux Enfans.*

II. *Les Redacteurs l'ont declaré propre.*

III. *La Coûtume le donne sur la succession de la Mere comme sur la succession du Pere.*

IV. *Il est permis aux Enfans de revoquer les alienations qui ont été faites par leur Pere ou Mere.*

V. *On ne veut point suivre ces dispositions dans le Comté d'Eu.*

VI. *Divers Arrêts du Parlement de Paris qui ont jugé qu'on les y suivroit.*

VII. *Explication d'autres Arrests qui paroissent avoir jugé le contraire.*

VIII. *L'Arrest de Reglement donné au Conseil en 1687 pour la Province de Normandie doit estre suivi dans le Comté d'Eu.*

L E Parlement de Paris ne s'est pas contenté d'assujettir les Vassaux du Comté d'Eu aux dispositions de l'ancien Coûtumier de Normandie, ni aux anciens Usages de la Province ; il les a pareillement asservis à la nouvelle Coûtume réformée en 1583.

I.

On sçait qu'avant cette Réformation le Doüaire de la femme n'étoit point propre aux enfans, en sorte que la renonciation à la succession de leur pere ne leur procuroit aucun avantage.

II. Les Reformateurs & les Etats trouverent cette Loy trop dure qui ne veilloit pas à conserver quelque chose aux enfans pour leur subsistance dans le débris de la fortune de leur pere & mere, & pour faire mériter de plus en plus à leur Coûtume le titre glorieux de *sage* dont on l'a décorée, ils arrêterent qu'à l'avenir le Doüaire de la femme seroit propre à ses enfans, en cas de renonciation de leur part à la succession de leur pere : c'est la disposition de l'*article* 399 de la nouvelle Coûtume. *La proprieté du tiers de l'immeuble destiné par la Coûtume pour le doüaire de la femme est acquis aux enfans du jour des Epousailles, & pour les Contrats de mariage qui se passeront par cy-après : & neanmoins la joüissance en demeure au mari sa vie durant, sans toutefois qu'il le puisse vendre, engager, ni hypotequer : comme en pareil les enfans ne pourront vendre, hypotequer, ou disposer dudit tiers avant la mort du pere, & qu'ils ayent tous renoncé à la succession.* Ce tiers est ce que nous appellons communément *le tiers Coûtumier des enfans.*

III. Il ne leur appartient pas seulement sur la succession de leur pere ; il leur est également dû sur celle de leur mere suivant l'*article* 404 de la Coûtume. *Pareillement la proprieté du tiers des biens que la femme a lors du mariage, ou qui lui échoiront constant le mariage, ou lui appartiendra à droit de conquest, appartiendra à ses enfans, aux mêmes charges & conditions que le tiers du mari.*

IV. Si le pere aliene ses biens, cette alienation ne pourra pas nuire au tiers Coûtumier que la loy deffere aux enfans. *Article* 403. *Et où le pere auroit fait telle alienation de ses biens que ledit tiers ne se pourroit prendre en essence, ses enfans pourront revoquer les dernieres alienations jusqu'à concurrence dudit tiers, si mieux les acquereurs ne veulent payer l'estimation du fonds dudit tiers en roture au denier 20, & en fief noble au denier 25, laquelle estimation sera partagée également entre lesdits enfans.*

On n'a point voulu recevoir ces dispositions dans le Comté d'Eu ; l'enfant qui renonce à la succession de son pere ou de sa mere n'y peut reclamer aucune chose ; on suit en ce point-là l'ancienne Coûtume ; & l'on ne veut point s'assujettir à la nouvelle parce qu'on n'a pas assisté à sa réformation. **V.**

Mais quand il s'est trouvé des enfans assez fermes & assez entendus pour défendre & conserver leurs droits, le Parlement de Paris a jugé que l'Usage observé dans le Comté d'Eu étoit un abus, & que les Habitans de ce Pays-là devoient être également sujets comme tous les autres de la Province aux *articles* 399, 403, & 404 de la Coûtume.

Par Sentence renduë au Bailliage d'Eu le 27 Novembre 1670 Laurent Cantel Ecuyer, Sieur de la Mauduite, chargé du fait & cause d'Antoine Poyer, avoit fait déclarer François de Cloiftres Epicier demeurant à Paris, ayant les droits cedés de Gafton le Fournier, non recevable à prétendre *aucun droit Coûtumier* sur les heritages qui avoient appartenu à François le Fournier pere de son cedant lors de son mariage, & qui étoient situez dans le Comté d'Eu ; des Cloiftres appella de cette Sentence ; & sur son appel il obtint Arrêt le 9 Mai 1676, par lequel Poyer sans s'arrêter à quelques fins de non recevoir qui avoient été par lui proposée fut condamné **VI.**

*à se desister & departir en sa faveur de la tierce partie de ces heritages, & aux trois quarts des dépens.*

Il est vrai que la Cour ajoûta de son propre mouvement ces mots, *le tout sans préjudice de nos Lettres Patentes du mois de Mars 1675*, parce qu'elle esperoit que Mademoiselle d'Orleans qui les avoit obtenuës en poursuivroit incessamment l'execution & feroit en consequence assembler les Etats, & proceder à la redaction de ses prétendus Usages Locaux ; mais dans la suite ayant vû qu'on ne s'étoit donné aucun mouvement sur cela, elle a jugé purement & simplement & sans faire aucune restriction toutes les Questions qui sont venuës du Comté d'Eu en conformité de la Coutume de Normandie, soit ancienne ou nouvelle.

Par autre Arrest du 16. Février 1692, elle infirma la Sentence que Georges Badart poursuivant la saisie réelle, vente, & adjudication par Decret des heritages ayant appartenu à feu François de S. Oüen Chevalier Seigneur de Folleny, avoit obtenue au Bailliage d'Eu le 14. Decem. 1686, & en émendant elle ordonna que *Loüis, François, & Pierre de S. Oüen auroient distraction de ce qui leur appartenoit dans la Terre de Folleny pour leurs tiers Coûtumier, avec restitution de fruits du jour qu'il y avoit eu ouverture à leur droit* pour lequel ils avoient fait leur opposition afin de distraire dont ils avoient été déboutez par la Sentence. Cet Arrêt fut rendu en la troisiéme Chambre des Enquêtes au rapport de Mr. de Fourquieux qui est à present Procureur General de la Chambre des Comptes. J'ay vû l'extrait du Procés ; il est même encore entre mes mains ; & j'y remarque que chaque Partie n'omit rien de ce qui pouvoit servir à justifier sa prétention.

Mr. Henry Basnage dans son Commentaire sur *l'article*

399. de la Coûtume, a fait mention de l'Arreſt du 9. May 1676. qu'il dit avoir été rendu au rapport de Mr. le Fevre, & il ajoûte que la ſeconde Chambre des Enquêtes du Parlement de Rouen en rendit un autre le 31. Août 1683. au rapport de Mr. Tiremois d'Harqueville aprés avoir vû celui de 1676, par lequel elle jugea pareillement que des biens ſituez dans le Comté d'Eu étoient ſujets *au tiers Coûtumier des enfans.* Il fut rendu au profit de Marie le Bailly femme civilement ſeparée de David de la Ruë, qui demandoit un tiers Coûtumier ſur les Fermes de Duſancourt, & de Saint-Riquier, contre Dame Marie Boiſſel veuve de Loüis de Manneville, Ecuyer, Sieur de Caudecotte.

Tel étoit auſſi l'avis de Mr. Julien Laſnon ancien Avocat au Parlement de Paris, & fort diſtingué dans les matieres qui concernoient la Coûtume de Normandie. Il eſtimoit qu'on ne pouvoit refuſer aux enfans qui renonçoient à la ſucceſſion de leurs peres, *un tiers Coûtumier* ſur les biens ſitués dans le Comté d'Eu. J'ai une Conſultation qu'il ſigna le 17 Juillet 1696 où il le répondit de la ſorte. Le Conſultant étoit le Sieur d'Anglêqueville qui avoit interjetté appel d'une Sentence renduë par le Bailly d'Eu le 19 Decembre 1684 qui l'avoit débouté de la demande par lui formée de *ſon tiers Coûtumier ſur la Terre d'Aſſigny ſituée dans le Comté d'Eu.*

Quelque tems après j'obtins ſur cet appel Arreſt en la Grand'Chambre dont je ne me reſſouviens point de la date, par lequel je fis infirmer la Sentence. Il eſt vrai qu'il ne fut pas contradictoire; mais j'ai oüi dire que les créanciers qui avoient interêt d'en empêcher l'execution ne s'y oppoſerent point, & que depuis ils ſe ſont accommodés avec le ſieur d'Anglêqueville auquel ils ont fourni des fonds, ou la valeur de son tiers.

Quoiqu'il en soit, nous avons encore vû juger la Question en la Grand'Chambre le premier jour de Février 1700 au rapport de M. Portail sur ce fait. La Ferme de Bruneville appartenante à Claude de Bouges, & située dans le Comté d'Eu, ayant été saisie réellement, l'adjudication en fut faite au Siege d'Abbeville où l'affaire avoit été portée pour des raisons particulieres, au profit de Me André de Beaumont Conseiller du Roy, Lieutenant de l'Amirauté, & Procureur Fiscal du Comté d'Eu par Sentence du 9 Octobre 1676, à la charge de l'opposition formée par Nicolas & François de Bouges enfans de la partie saisie le 2 jour de Mars 1675, pour avoir distraction de leur tiers Coûtumier sur ladite Ferme, & de les en laisser joüir s'il y écheoit, & s'il étoit ainsi dit & ordonné, auquel cas diminution seroit faite à l'adjudicataire jusqu'à concurrence sur le prix de son adjudication.

Nicolas & François de Bouges freres contre lesquels on soutint de la part des créanciers, lorsqu'on procedoit à l'ordre sur les lieux, qu'ils n'avoient point de tiers Coûtumier à prendre sur la Ferme de Bruneville, parce qu'elle étoit assise dans le Comté d'Eu, dont les Usages Locaux n'admettoient point cette legitime, interjetterent appel de l'adjudication, prétendans qu'avant toutes choses il falloit prononcer sur leur opposition afin de distraire.

Ils appellerent encore de quelques Jugemens qui avoient été rendus à l'ordre, & la Cour étant saisie de ces appellations, ils demanderent la délivrance de leur tiers Coûtumier en fonds, & aux charges de droit contre le sieur de Beaumont adjudicataire, qui au même

tems obtint Commiſſion en vertu de laquelle il fit aſ-
ſigner les créanciers qui avoient touché le prix de ſon
adjudication pour voir dire qu'ils feroient tenus de faire valoir les payemens qui leur avoient été faits.

J'ai vû les écritures du procès ; j'y avois même travaillé pour une des Parties ; & j'y ai remarqué qu'outre
les objections qu'on avoit faites devant les premiers
Juges à Nicolas & François de Bouges, on ſoûtint contre
eux que les enfans n'avoient *aucun tiers Coûtumier* quand
tout le prix de l'adjudication des biens ſur leſquels ils
prétendoient l'avoir, ſe trouvoit conſumé, comme dans
l'eſpece en queſtion, par les créanciers anterieurs au
mariage de leur pere. Mais Nicolas & François de
Bouges qui avoient produit les Arrêts qui avoient condamné l'Uſage obſervé dans le Comté d'Eu par rapport au tiers Coûtumier, & de la diſpoſition deſquels le
ſieur de Beaumont, quoique Avocat en la Ville d'Eu,
& Procureur Fiſcal du Comté, ne paroiſſoit pas beaucoup diſconvenir, prétendirent de leur part que le
nombre des créanciers privilegiez n'étoit pas aſſez con-
ſidérable pour abſorber tout le prix ; ce qui donna lieu
à la Cour de renvoyer par ſon Arrêt les Parties pardevant le Lieutenant General d'Abbeville, pour connoître
ſi les créanciers utilement colloqués à l'ordre étoient
anterieurs, ou non, au tiers Coûtumier, qui par ce moyen
fut jugé devoir être reçû dans le Comté d'Eu, puiſqu'on fit dépendre la délivrance de celui de ces deux
freres d'un calcul, & de la qualité des dettes que l'adjudicataire avoit payées.

Mais l'Arrêt qui milite ici tout-à-fait pour nous eſt
celui qui fut rendu en la Grand'Chambre le 31 Mai
1713, par lequel on ordonna derechef dans le Comté

d'Eu l'exécution de *l'article* 399 de la Coûtume de Normandie; qui fit diftraction aux enfans du fieur Goré de
leur tiers Coûtumier ; & qui eft d'autant plus remarquable qu'il a été donné dans une inftance qui avoit
été commencée contre Mademoifelle d'Orleans Ducheffe de Montpenfier, Comteffe d'Eu, & qui a été terminée avec Monfieur le Duc d'Orleans à prefent Re-
gent du Royaume, fon légataire univerfel, qui a été
condamné en la moitié des dépens.

VII.　　Je fçai bien que ceux qui défendent les Ufages prétendus Locaux du Comté d'Eu, oppofent trois Arrêts
du Parlement de Paris, & un du Parlement de Roüen,
qu'ils difent avoir jugé le contraire de ce que nous
foûtenons. Le premier du 7 Juin 1658, le fecond du 13
Mai 1670 donné entre Charles & Jean Merlier freres,
d'une part, & Marguerite Preffeau, d'autre ; le troifiéme du 23 Mai 1721 rendu au rapport de M. de Vienne en la Grand'Chambre au profit de Jean le Griel contre Pierre Bezard, & Marie-Anne le Griel fa femme ;
& le quatriéme du 23 Decembre 1666 rendu contre le
fieur de Mênival fils.

Mais je feray voir dans un des Chapitres fuivans qui ren-
fermera une differtation curieufe fur les Coûtumes Locales & Particulieres qu'on attribuë au Comté d'Eu, que ces
Arrêts ne doivent point tirer à confequence; qu'ils ont été
rendus fur des faits finguliers ; & que d'ailleurs ils ne
pourroient prévaloir à ceux de 1676, 1683, 1692, 1700, &
1713, dont je viens de parler, & à un nombre infini d'autres
qui ont été rendus en divers cas, & parmi lefquels il y en
a que la Cour a donnés, foit avec Mademoifelle d'Orleans
Comteffe d'Eu, foit avec Monfieur le Duc du Maine aujourd'hui Proprietaire de cette Grande Terre, fans avoir

égard aux Requêtes qu'ils avoient prefentées pour eftre reçûs parties intervenantes dans les procez à l'effet d'y faire valoir leurs Coûtumes prétendues Locales.

Les Habitans du Comté d'Eu fe trouvans affervis à nôtre ancienne Coûtume & à la nouvelle ; je ne penfe pas qu'il foit en leur pouvoir de rejetter la Jurifprudence établie, ou pour mieux dire confirmée par l'Arreft donné au Confeil d'Etat du Roy le 30. Août 1687 ; qui a fervi de Reglement pour la Province de Normandie ; & & qui a été regiftré au Parlement de Rouen le 21. Janvier 1688, parce qu'il a été donné en interpretation de l'article 369. de la Coutume.

   **VIII.**

Par cet Arreft, que M. Henry Bafnage dans la derniere Edition de fon Commentaire a rapporté fur ledit article 369, il a été dit que la veuve du fils qui a furvêcu fon pere, & qui s'eft porté fon heritier, peut avoir doüaire fur la fucceffion de fon beaupere decedé avant fon mary, fuivant l'ancienne Jurifprudence, ce qui conduit à une autre maxime qui n'eft pas moins certaine, & felon laquelle les enfans qui renoncent peuvent & font en droit de demander leur tiers Coûtumier fur les biens que leur Ayeul poffedoit dans le rems qu'il donna fon confentement au mariage de leur pere.

LOUIS, &c. Salut ; Sçavoir, faifons que comme de la Sentence donnée par le Bailly du Comté & Pairie d'Eu le 27. Novembre 1670. &c. eût été appellé, &c. Vû, &c. Nôtredite Cour, &c. a mis & met l'Appellation & Sentence de laquelle a été appellé au néant ; émendant fans s'arrefter aux fins de non recevoir, condamne Antoine Poyer à fe défifter & départir au profit de François Defcloitres ayant les droits cedez de Gafton le Fournier du tiers des héritages qui appartenoient à François le Fournier lors de fon Contrat de mariage fituez fur les Fiefs tenans du Comté d'Eu, &c. Le tout fans préjudice de nos Lettres Patentes du 23. Mars 1674, &c. Si mandons, &c. Donné à Paris en nôtredite Cour de Parlement le 9. May 1676, &c. Signé JACQUES.

*Arreft du 9 May 1676.*

S iij

*Arrêt du 16. Fevrier 1692.*

LOUIS, &c. Sçavoir faiſons, &c. Nôtredite Cour, &c. En tant que touche l'Appel interjetté par ledit Loüis de S. Oüen de la Sentence du 14. Decembre 1686. a mis & met l'Appellation & Sentence au néant en ce qu'on l'a debouté purement & ſimplement de la demande de ſon tiers coûtumier, émendant quant à ce, ordonne qu'il ſe pourvoira pour l'execution de la tranſaction du 24. Janvier 1656. à l'effet de quoy il ſera conſervé en tous ſes droits, noms, raiſons, & actions ; *faiſant droit ſur* l'Appel interjetté par ledit François de S. Oüen, l'Appellation & Sentence de laquelle a été appellé au néant ; *émendant, &* faiſant droit ſur la Requeſte du 7. Fevrier dernier, & ſur l'intervention dudit Pierre de S. Oüen, *ordonne que diſtraction ſera faite au profit deſdits François & Pierre de S. Oüen d'un tiers de la terre de Folleny dans les deux tiers qui en ont appartenu à François de S. Oüen, avec reſtitution des fruits & revenus deſdits héritages diſtraits, à compter* du jour du décez dudit François de S. Oüen, &c. Donné à Paris en Parlement le 16. Fevrier 1692.

*Signé ,* DU TILLET.

*Conſultation de M. Laſnon de l'année 1696.*

LE ſieur d'Anglêqueville a été debouté par Sentence du 29. Decembre 1684. rendue par le Bailly du Comté d'Eu de ſon tiers coûtumier ſur la terre d'Aſſigny aſſiſe audit Comté. L'on demande ſi la Sentence eſt réguliere.

Le ſouſſigné qui a vû le preſent Memoire, eſt d'avis que la Sentence n'eſt pas ſoutenable, parce que le Comté d'Eu ſe regiſſant par la Coûtume de Normandie, quoique les Appellations ſe relevent au Parlement de Paris, on ne peut conteſter aux enfans le tiers coûtumier ſur un bien qui etoit poſſedé par leur pere lors de ſon mariage. Les Juges d'Eu ont ſouvent prétendu avoir des uſages differens de la Coûtume de Normandie ; mais leur prétention a été condamnée par le Parlement de Paris toutes les fois que la queſtion s'eſt preſentée.

Deliberé à Paris ce 17. Juillet 1696. J. LANON.

*Arrêt du 1. Fevrier 1700.*

LOUIS, &c. Entre Nicolas de Bouges ſieur de Bruneville appellant de l'adjudication des biens de Claude de Bouges ſon pere faite en la Senechauſſée de Ponthieu le 9. Octobre 1657. d'une part ; & Me. André de Beaumont ajudicataire deſdits biens , &c. Intimé d'autre ; & entre François de Bouges intervenant , appelant de la même adjudication , &c. Jacques de Bouges, Claude de Bouges, & Nicolas Cadet , &c. *Nôtredite Cour* ſans avoir égard aux oppoſitions & demandes deſdits Nicolas & François de Bouges à fin de diſtraction à leur profit du tiers des heritages de la ſucceſſion de deffunt Claude de Bouges deſquelles elle les deboute à l'égard dudit de Baumont, en tant que touche l'Appel interjetté par leſdits Nicolas & François de Bouges de l'adjudication du 9. Octobre 1676 , &c. A mis & met les appellations au néant, &c. *A converti en oppoſition* l'Appel interjetté par ledit Nicolas de Bouges, &c. Et ceux interjettez par Nicolas, François, & Claude de l'ordre proviſoire du 2. Decembre 1676. & jours ſuivans ; *& pour y faire droit , enſemble* ſur le ſurplus des demandes & conteſtations des parties, & pour connoî-

tre fi les créanciers utilement colloquez par ledit ordre *font anterieurs à
la prétention du Tiers coûtumier defdits de Bouges, renvoye lefdites parties
pardevant le Lieutenant General d'Abbeville*, &c. Donné à Paris le 1. jour
de Fevrier l'an de grace 1700. *Signé*, DU TILLET.

LOUIS, &c. Sçavoir faifons qu'entre Mademoifelle Anne-Marie-
Loüife d'Orleans, fille aînée de feu Monfieur, Fils de France, &c. Souveraine de Dombes ; Duchefle de Montpenfier ; Comtefle d'Eu ; pour-
fuivant les criées des biens du nommé Goré ; appellante de la Sentence
rendue aux Requêtes du Palais le 9. Avril 1683. d'une part, &c. *Nôtredite Cour*, &c. a mis & met les appellations & ce dont a été appellé au
néant, en ce que, &c. Et en ce qu'il a été dit que Jeanne Crefpin joüy-
roit fa vie durant par ufufruit du tiers des revenus des héritages qui ont
appartenu à Antoine Goré fon mary *indefiniment* depuis fon decez,
y compris la rente de 500. livres à luy donnée en mariage, & que lefdits François Richard & Francois Goré joüiront aprés fon décez en pleine proprieté du tiers defdits héritages qui ont appartenu à Antoine
Goré leur pere, enfemble de ceux qui ont appartenu à Raoul Goré leur ayeul, &c. *Emendant quant à ce* : Ordonne que fur la totalité
de la terre de Boifricard déduction fera faite de la totalité *des dettes que Monfieur le Duc d'Orleans juftifiera être anterieures au Contrat
de mariage du* 20. *Juin* 1639. *& avoir été payées par Antoine Goré* ;
que les fruits du tiers des immeubles dont Antoine Goré étoit faifi
lors de fon Mariage, & de ceux qui lui font échus pendant fon mariage, lefdits fruits échus depuis le decez dudit Antoine Goré jufqu'au
jour du décez de ladite Jeanne Crefpin, appartiendront audit de Verton repréfentant ladite Jeanne Crefpin ; *& que la proprieté dudit tiers,
enfemble les fruits d'iceluy depuis le decez de ladite Jeanne Crefpin, appartiendront audit de Verton reprefentant François & Richard Goré*, &c.
Condamne Monfieur le Duc d'Orleans en la moitié des dépens, &c.
Donné en Parlement le 31. May 1713. &c.

*Arreft du
31. May
1713.*

# CHAPITRE XIII.

Quelle part la femme doit avoir dans les Conquêts faits en Bourgage dans le Comté d'Eu.

## SOMMAIRE.

I. *La Communauté de biens n'a point lieu en Normandie entre mari & femme.*

II. *La femme ne laiſſe pourtant pas de prendre part dans les Conqueſts.*

III. *Selon la regle generale elle doit avoir la moitié en proprieté dans ceux qui ſont en Bourgage.*

IV. *Exception de la Regle generale.*

V. *Cette Regle generale doit eſtre ſuivie dans le Comté d'Eu.*

VI. *Arreſt du Parlement de Paris qui l'a jugé de la ſorte.*

VII. *Si la communauté de biens ſtipulée dans le Comté d'Eu peut profiter à la femme.*

I.    **I**L n'y a perſonne qui ne ſache que la Coûtume de Normandie n'admet point la communauté de biens entre mari & femme ; & même il y en a beaucoup qui prétendent que la ſtipulation qui en auroit été faite entre perſonnes domiciliées dans la Province ne pourroit valoir , ſoûtenans que ſa diſpoſition à cet égard eſt prohibitive.

II.    Néanmoins la femme ne laiſſe pas d'avoir part dans les Conquêts qui ont été faits pendant le cours du mariage ; & cette part eſt tantôt plus forte , & tantôt plus

foible

foible ; cela dépend de la nature du Conquêt, & de
fa fituation ; mais ce qu'il y a de certain, eft que la
femme prend cette part en qualité d'heritiere de fon
mary , comme il eft prouvé par plufieurs articles de
la Coûtume, & par l'arrangement qu'on a donné à celui
qui fixe fon droit, lequel eft couché dans le titre des
Succeffions collaterales.

L'ufage ordinaire de la Province eft de lui donner **III.**
la moitié en proprieté dans ceux qui font en Bourgage, & cet ufage eft fort ancien. Voyez le vieil Coûtumier Chap. XXXI. C. & CI. l'ancien ftile de proceder au païs de Normandie, titre de Conqueft, & titre
de Doüaire ; Guillaume le Rouillé fur les precedens
Chapitres ; & Terrien livre 7. chapitre VII. où il cite deux
Arrets des 8. Mai 1516. & 23. Août 1546. qui l'ont ainfi
jugé.

Lors de la reformation de la Coûtume, les Etats ne
jugerent pas à propos de donner atteinte à cette difpofition ancienne ; au contraire ils la confirmerent par
un Article exprés qu'ils infererent dans le cahier des Articles arreftez qui eft l'article 329. *la femme aprés la mort du*
*mary a la moitié en proprieté des Conquets faits en Bourgage conf-*
*tant le mariage , & quant aux Conquéts faits hors Bourgage , la*
*femme a la moitié en proprieté au Bailliage de Gifors, & en*
*ufufruit au Bailliage de Caux , & le tiers par ufufruit aux autres*
*Bailliages & Vicomtez.* Pour fçavoir ce que c'eft que Bourgage, voyez l'ancienne Coûtume Chap. XXXI. Berault
& Bafnage fur ledit article 329. & Ragueau en fon Indice
des droits Royaux.

Cet article 329. n'eft pas pourtant univerfellement **IV.**
fuivi dans toute l'étenduë de la Province ; il y a des Villages où les femmes ont la moitié des Conquets faits

pendant le mariage , & nous avons des Villes & des Bourgs où cette moitié ne leur appartient pas en proprieté contre la difposition de l'article. C'eft ce qui fe reconnoit par les Ufages Locaux de la Province.

Par l'article premier des Ufages Locaux de la Vicomté de Montiervillers *les femmes n'ont rien en propre dans les acquifitions qui fe font pendant le mariage aux Villes de Harfleur, le Havre, Montiervillers, Fêchamp, ou en quelqu'autre Ville ou Bourgage que ce foit en la Vicomté de Montiervillers, & ce n'eft que par ufufruit feulement qu'elles en ont la moitié.*

La même regle a lieu pour *les Conquêts faits d'heritages ou rentes affifes en la Ville de Caën, & autres lieux où il y a droit de Bourgeoifie en la Vicomté dudit Caën* à l'exception toutesfois du Bourg d'Argence où les femmes ont moitié en proprieté des Conquêts. Article 1. des Ufages de la Vicomté de Caën.

V.  On Veut qu'un pareil ufage fe foit introduit dans le Comté d'Eu, & que tout ce que les femmes peuvent efperer dans les Conquêts qui fe font en Bourgage eft la moitié feulement par ufufruit : mais les Commiffaires nommez pour la Rédaction des Ufages Locaux de Normandie ayant par leur jugement du 10 Septembre 1586, donné deffaut contre les fieur & dame Comte & Comteffe d'Eu, & contre les Officiers, Praticiens, & autres Habitans du Comté d'Eu, & pour le profit fait deffenfes à eux d'alleguer à l'avenir autres Ufages que ceux compris dans les trois articles qu'ils venoient d'arrêter pour la Vicomté d'Arques, *lefquels Ufages, fi aucuns y avoit, demeureroient reduits à la Coûtume generale,* il n'y a pas d'apparence d'admettre celui-ci, & ce d'autant plus qu'il eft contraire à la Coûtume ancienne.

Auffi a-t-il été condamné par un Arreft du 23. Août

1701. rendu en la troifiéme Chambre des Enquêtes au rapport de M<sup>r</sup>. de Ribaudon du Monceau, & obtenu par M<sup>e</sup>. André de Beaumont Avocat au Bailliage d'Eu, Lieutenant de l'Amirauté, & Procureur Fifcal du Comté, & par Damoifelle Marie le Boucher fon époufe, auparavant Veuve de Nicolas Verton fieur de Chiffreville Officier de feu Mademoifelle d'Orleans, par lequel il fut dit qu' *elle auroit en proprieté la moitié des Conquêts qui avoient été faits dans la Ville d'Eu pendant & conftant fon premier mariage.*

Cet Arrêt merite une attention toute particuliere ; outre qu'il a été donné fur la propre pourfuite du Procureur Fifcal du Comté d'Eu qui n'a point fait difficulté d'en attaquer les Ufages, étant mieux inftruit que tout autre du peu d'autorité qu'ils devoient avoir, il eft conforme à l'ancien droit municipal de la Province.

Si l'on veut bien fe donner la peine de jetter les yeux fur le Chapitre XXXI. de nôtre vieil Coûtumier, on y verra qu'anciennement nos Peres donnoient à la femme une part en proprieté dans les Conquêts fituez en Bourgage, & que cette part alloit à la moitié. *Sçavoir devons que les femmes doivent avoir après la mort de leurs marys la moitié des achaps qui font faits en leurs tems.*

Le Chapitre C. qui eft le Chapitre où il eft traité du *Brief de mariage Encombré* nous apprend la même chofe ; *en achapt que le mary faffe d'heritage, n'aura la femme point de partie,* fors en Bourgage *où elle a la moitié*

Nous trouvons encore une femblable difpofition dans le Chapitre fuivant qui traite du *Brief de doüaire* à femme ; cette difpofition eft concuë dans des termes qui ne laiffent point d'équivoque ; *l'en dit fçavoir que femme*

T ij

*ne peut avoir doüaire, ne partie en Conquêt que son mary ait fait puis qu'il l'épousa, fors en Bourgage où elle aura la moitié; mais de doüaire n'y aura elle point.*

A l'égard du stile ancien de proceder au païs de Normandie, il y a deux titres qui font aussi mention de cet usage.

Le premier est le titre de *Conquêt* qui porte expresse-ment *Que la femme prend part de moitié heredital és Conquêts & Heritages qui sont assis en Bourgage.*

Et le second est le titre de *Doüaire* qui est ainsi conçû. *Item, femme ne peut avoir doüaire en ce qui est echû à son ma-ry depuis les Epousailles par succession de ligne collaterale; ne mesmement de ce que durant le mariage il auroit conquesté, se le conquest est assis en lieu où femme acquiert selon la Coûtume & Usage du lieu comme en Bourgage.*

Guillaume le Rouillé qui est le plus ancien Commen-tateur que nous ayons de nôtre viel Coûtumier, a fait mention de ce même Usage sur les Chapitres que nous venons d'indiquer ; & Terrien a fait la même chose *liv.* 7. *chap.* 7.

Voilà ce qui détermina les Commissaires & les Dé-putez des trois Estats de la Province à rediger *l'article* 329 du Cahier par eux redigé dans les termes où je l'ai rapporté cy-devant.

Il faut neanmoins observer que par le Procès verbal de la Reformation, il paroît que cet Article fut accor-dé par les Députez pour Loy nouvelle en ces mots : *Et le tiers par usufruit aux autres Bailliages & Vicomtez.* Ce qui doit faire conclure que par la Coûtume generale les femmes ne prenoient aucune part dans les Con-quests faits hors Bourgage , & que l'usage de leur en donner la moitié en propriété quand ils étoient dans le Bailliage de Gisors , & la moitié en usufruit , lorsqu'ils étoient sous le Bailliage de Caux , étoit un Usage qui s'étoit introduit dans ces Cantons-là , comme plusieurs autres qui s'étoient établis dans differens endroits de la Province , & qui , quoiqu'opposez à la disposition generale de la Coûtume , ne laissoient pas d'être observez.

Aussi Mᵉ Henry Basnage sur cet article a t'il fait la remarque , que la Coûtume de donner à la femme la moitié par usufruit aux acquêts faits en Caux , est fondée principalement sur un Arrêt du 8 de Mars 1517 , donné pour la Dame d'Etoutteville , aprés une enquête par Tourbes de la Coûtume du Païs touchant les Conquêts.

Terrien a fait aussi mention de cet Usage dans son Commentaire l. 1. chap. VII. en ces mots, *l'Usage de Caux est que la femme a la moitié par usufruit ès Conquests assis hors Bourgage : & au Bailliage de Gisors, elle y acquiert la moitié en proprieté ès heritages assis entre les trois Rivieres de Seine, Epte , & Andelle qui est le Vexin Normand.*

Par Conquêts en Bourgage nous entendons communement ceux qui sont situés dans des Villes , dans des Fauxbourgs , ou dans des Bourgs.

Quant aux *Bourgs* , Berault sur ledit *article* 329 dit que selon quelques-uns cette dénomination s'applique aux lieux où il y a Marchés , ou Jurisdictions Royales , ou Haute-Justice ; mais qu'à son avis ce droit de Bourgeoisie doit dépendre de l'Usage observé de tout tems dans le lieu , & que c'est à cet Usage qu'il s'en faut rapporter.

Et à l'égard de Basnage , sur le même article il dit que la Coûtume en établissant une espece de biens qu'elle appelle *Bourgage* devoit expliquer ce qu'elle entendoit par cette dénomination; & que pour le bien entendre il faut avoir recours à l'ancienne Coûtume qui dit au Chap. XXXI. que les conditions & les qualités des heritages *en Bourgage* font qu'on les peut vendre comme les meubles fans le confentement des Seigneurs, en forte qu'il n'en eft point dû de treiziéme, de relief, ni d'aides Coûtumieres; qu'il eft vrai que dans les Bourgs il y a plufieurs chofes qui font tenuës par hommage; mais que cela provient des conventions faites entre ceux qui les tiennent, & non de l'établiffement des Bourgs; & qu'encore bien que ces conventions doivent être gardées, ils font toujours tenus pour *Bourgage*, s'il n'y a point été dérogé par quelque paction expreffe, lorfque le Bourgage fut reçû. *De tenure par Bourgage*, dit l'ancienne Coûtume, *d it l'en fçavoir qu'elles peuvent eftre venduës & acheptées comme meubles fans l'affentement aux Seigneurs, & les Coûtumes doivent eftre payées felon les Ufages des Bourgs, &c. Et fi doit-en fçavoir que tels tenemens ne doivent reliefs ne aides-coûtumieres.*

Enfin, je trouve que Ragueau dans fon *Indice des Droits Royaux*, cite cette ancienne Coûtume, & que fuivant les termes dans lefquels elle eft conçuë dans le chap. XXXI. il eftime que les *Bourgages* font *les mazures, manoirs, & heritages* qui font dans les Bourgs; qui font tenus fans fief; & qui gardent & payent les Coûtumes des Bourgs, & les rentes aux termes accoûtumés, fans être fujets à d'autres fervices, ni redevances.

**VI.** Si par un Contrat de mariage fait dans le Comté d'Eu, la Communauté de biens fe trouvoit avoir été ftipulée, cette claufe pourroit-elle operer pour la femme par rapport aux acquifitions qui fe trouveroient y avoir été faites hors Bourgage, & lui en procurer la moitié en proprieté?

Je sçai bien que si un homme domicilié dans le Comté d'Eu se marie à Paris avec stipulation qu'il y aura communauté de biens entre la future épouse & lui, cette clause aura son effet en quelque lieu qu'ils aillent demeurer, & que la femme aura part comme commune, & en cette qualité moitié en proprieté dans toutes les acquisitions, quand bien même elles seroient faites en Normandie dont la Coûtume, à ce qu'on prétend, est exclusive de Communauté. Telle est la doctrine de M.<sup>r</sup> Charles du Molin en *son Conseil* 53; de M. Loüet & Brodeau; Bacquet en *son Trait. des Dr. de Just.* Chopin en ses Commentaires; Carondas; Auzanet; du Plessis; & de tous les autres Commentateurs *de la Coûtume de Paris* qui combattent unanimement en ce point l'opinion de M.<sup>e</sup>. Bertrand d'Argentré sur *l'article* 218 *de la Coûtume de Bretagne*; telle est aussi la Jurisprudence des Arrêts; & nous n'avons point aujourd'hui d'usage qui soit plus certain que celui-là.

Mais si le Contrat de mariage qui renferme une pareille clause, a été fait entre personnes domiciliées dans le Comté d'eu, la femme devenuë veuve aura-t-elle indistinctement part comme commune dans les acquisitions qui se trouveront avoir été faites en ce Pays-là pendant le cours de son mariage?

D'un côté, l'on peut dire que les Contrats de mariage sont susceptibles de toutes sortes de conventions, pourvû qu'elles ne soient point contraires aux bonnes mœurs; que la stipulation de Communauté n'a rien qui ne soit favorable, & ce d'autant plus qu'elle est conforme aux dispositions de la plûpart de nos Coûtumes;

qu'encore bien que la Communauté ne foit pas d'ufage dans le Pays du droit écrit, il eft pourtant des maximes qu'on l'y peut ftipuler avec effet; qu'il en doit être de même par rapport à la Normandie; & que fi dans la Coûtume de cette Province il y a quelques articles qui repugnent à de femblables claufes, ils ne lient point les Habitans du Comté d'Eu qui n'ont point affifté à leur rédaction.

Mais pour la négative on peut répondre qu'il n'eft point vrai que nous ayons la faculté d'inférer tout ce qui nous plaît dans nos contrâts de mariage, pouvû que nous ne bleffions point les bonnes mœurs. L'ho-nêteté publique ne doit pas être le feul objet que nous envifagions dans nos Contrats; la Loi veut encore que nous nous conformions aux difpofitions des Coûtumes qui regiffent nos perfonnes, & fixent nos capacités; & c'eft une maxime que tout ce que nous faifons au con-traire ne fçauroit fubfifter. Il ne faut point appliquer à la Coûtume de Normandie l'ufage qui s'obferve dans le Pays du Droit écrit; fi dans ce Pays on peut ftipuler entre Conjoints la communauté de biens, c'eft par la raifon que le Droit Romain ne contient point à cet égard de difpofition prohibitive; mais on ne peut pas dire la même chofe de la Coûtume de Normandie; fi l'article 389 qui porte que *les perfonnes conjointes par maria-ge ne font communs en biens, foient meubles, ou conquêts immeu-bles*, eft un article feulement négatif, il faut demeurer d'accord que l'*article* 330 eft d'une autre nature, & que fa difpofition eft abfolument prohibitive, la Coûtume qui dans l'article précedent a marqué la part qui doit appartenir à la femme comme heritiere de fon mari dans les conquêts faits en Bourgage, & ce qu'elle doit

avoir

avoir dans ceux qui font hors Bourgage tant au Bailliage de Gifors, qu'au Bailliage de Caux, & aux autres
Bailliages & Vicomtés de la Province, ayant expreffément déclaré par cet article 330 que la femme ne peut
avoir au de-là de ce qu'elle a jugé à propos de luï
donner, quelque ftipulation qu'on ait pris foin d'infe-
rer dans fon Contrat de mariage. *Quelque accord ou conve-*
*nant qui ait été fait par Contrat de Mariage, & en faveur d'i-*
*celui, les femmes ne peuvent avoir plus grande part aux con-*
*quêts faits par le mari, que ce qui leur appartient par la Coûtu-*
*me, à laquelle les contractans ne peuvent deroger.*

Je fuis perfuadé que dans les bons principes c'eft cette derniere opinion qui doit l'emporter, & que par
conféquent la femme dans nôtre efpece ne peut rien
demander comme commune dans les conquêts, foit qu'ils
foient en Bourgage, ou hors Bourgage, & que par rapport à ces derniers comme à l'égard des autres, elle doit
fe contenter de ce que la Coûtume lui donne par l'*art.*
329, & ce d'autant plus que cet article fait partie de la
Coûtume generale à laquelle nous avons déja montré tant
de fois que les Habitans du Comté d'Eu avoient été
déclarés fujets par les Ordonnances, des Commiffaires nommés pour fa Rédaction, & pour celle des Ufages Locaux de la Province.

Arrêt du<br>23 Août 1701.

COmme de deux Sentences renduës par nôtre Senechal de Ponthieu à
Abbeville. La premiere du 14 Juillet 1698, &c. & la feconde du
6 Août 1699, &c. *Nôtredite Cour, &c.* a mis & met les Appellations &
la Sentence dudit jour 14 Juillet 1698 au neant, en ce que par icelle il a
été ordonné que la moitié des Conquêts demeureroit par ufufruit à André
de Beaumont, & à Marie le Boucher fa femme, &c. *Emendant quant à ce,*
*ordonne que la moitié des Conquêts faits en Bourgage pendant & conftant le*
*mariage de Nicolas de Verton Sieur de Chiffreville, & de ladite le Boucher*
*demeurera & appartiendra en proprieté audit de Beaumont, & à fa femme,*
*&c.* Fait en Parlement le 23 jour d'Août l'an de grace 1701.

V

# CHAPITRE XIV.

Si la Majorité s'acquiert à l'âge de 20 ans dans le
Comté d'Eu comme dans le reste de la Province
de Normandie.

## SOMMAIRE.

I. *Etat de la Question.*

II. *La Majorité parfaite doit être fixée à 20 ans accomplis
dans le Comté d'Eu.*

III. *Explication des articles de la Coûtume generale qui établis-
sent cette maxime.*

IV. *Celle des anciens & nouveaux Reglemens.*

V. *Disposition de la Coûtume ancienne, & du style de proceder dans la Province.*

VI. *Sentimens des Commentateurs anciens & modernes.*

VII. *Conclusion.*

VIII. *Les Reglemens des années 1619 ou 1620, 1666 & 1673
n'introduisent point une Loy nouvelle.*

IX *Explication d'Arrests qu'on prétend avoir jugé que dans le
Comté d'Eu l'on n'étoit point majeur à 20 ans.*

X. *Arrests qui ont formellement decidé le contraire.*

I.    ON m'a proposé plusieurs fois cette Question, &
j'ai toûjours remarqué que ceux qui défendoient
l'Usage où l'on est dans le Comté d'Eu de ne fixer
la majorité qu'à 25 ans, s'appuyoient sur ce qu'il étoit
conforme à la disposition du Droit Romain, à l'esprit
de la plûpart des Coûtumes du Royaume, & à la déci-

fion des Ordonnances de nos Rois , & fur ce qu'il n'é-
toit point formellement contraire à la Coûtume de
Normandie dans laquelle ils prétendoient qu'il n'y avoit
point de difpofition précife fur cette matiere.

Ce langage eft ce me femble un aveu de leur part
que le Comté d'Eu doit fe regir & gouverner par nôtre
Coûtume , puifqu'ils n'appuyent la défenfe d'un de
leurs Ufages Locaux , & ne cherchent à lui donner de
l'autôrité que fur le fondement qu'il ne bleffe point
fes difpofitions , ne s'expliquant pas à ce qu'ils prétendent pofitivement fur le fait. Mais c'eft errer quand on
parle de la forte. Elle renferme des difpofitions for-
melles & précifes fur la Queftion ; c'eft à l'âge de 20
ans qu'elle regle la majorité : & cette fixation eft marquée dans tant d'articles qu'il y a de la foibleffe à le
vouloir contefter , & ce d'autant plus qu'elle eft foûte-
nuë par le texte même de nôtre vieille Coûtume ; par
les Arrêts du Parlement de Roüen ; par les anciens &
nouveaux Reglemens ; & par le fentiment uniforme de
tous les Commentateurs qui atteftent que de tout tems
nous avons vêcu dans cet ufage.

Pour appuyer ces maximes on peut d'abord avoir recours aux *articles* 223 , 224 , 227 , 229 , 230 , 232 , & 234
de nôtre Coûtume qui parlent de la garde Royale &
Seigneuriale , & qui expliquent quelles perfonnes y
tombent , & à quel âge elles finiffent.

Le premier de ces articles dit que *la Garde noble finit*
*après que le mineur a 20 ans accomplis , & s'il eft en la Garde*
*Royale après vingt & un an accompli.* Cet article montre
que celui qui a 20 ans ne tombe point en garde , d'où
il faut tirer cette confequence qu'il eft majeur , car s'il
ne l'étoit pas , il y tomberoit aux termes de l'art. 223

II.

III.

V ij

qui dit que *les enfans mineurs d'ans après la mort de leur pe-*
*re, mere, ou autre leur predecesseur, tombent en la garde du Sei-*
*gneur duquel est tenu par foy & par hommage le fief noble à eux*
*échû, soit fief de Haubert, ou membre de Haubert jusqu'à un*
*huitieme.*

Le second article est ainsi conçû : *Et neanmoins il de-*
*meure toûjours en garde jusqu'à ce qu'il ait obtenu du Roy Let-*
*tres Patentes de main-levée, & icelles fait expedier : & pour*
*les gardes des autres Seigneurs, il suffit leur signifier le passé âgé.*
Les derniers termes de cet article sont fort importans,
parce qu'ils découvrent que l'esprit de nôtre Coûtume
est que celui qui a 20 ans accomplis soit *passé âgé*, c'est-
à-dire, hors du nombre de ceux que nôtre ancienne
Coûtume au Chapitre XLIII. appelle *non-âgés*, qui est
de la dénomination qu'elle donne aux mineurs.

Le troisiéme porte que *la garde d'une fille finit après*
*l'âge de 20 ans accomplis, ou plûtôt, si elle est mariée par le con-*
*seil & licence de son Seigneur.*

Le quatriéme que *fille estant âgée de 20 ans, encore qu'elle*
*ne soit mariée, sort hors de garde.*

Le cinquiéme que *si fille estant hors de garde se marie à un*
*qui ne soit âgé de 20 ans, son fief tombe en garde tant que l'hom-*
*me soit âgé.* Le dernier mot de cet article est encore fort
remarquable, car il denote que celui qui a sa 20e. année
complete est âgé, c'est à-dire majeur suivant l'esprit & la
disposition de la Coûtume.

Le sixiéme que *femme mariée ne retombe en garde, encore*
*que son mari meure avant qu'elle ait atteint l'âge de 20 ans,*
*parce toutesfois qu'elle ne peut contracter de son immeuble sans*
*decret de Justice, & consentement de ses parens.* Il n'y a pas
moins d'observations à faire au sujet de cet article qu'à
l'égard des autres : il mérite même encore plus d'atten-

tion que les précedens, parce qu'en difant qu'on ne peut difpofer de fon immeuble tant qu'on n'a pas atteint fa 20ᵉ. année, c'eft expliquer ouvertement que la majorité commence à cet âge-là, le pouvoir de difpofer par donation, par vente, échange, ou autrement de fon immeuble ne s'accordant en Normandie qu'au majeur feul.

Et le feptiéme que *la fille aînée mariée, ou ayant accompli l'âge de 20 ans, ne tire pas fes fœurs puifnées hors de garde jufqu'à ce qu'elles foient mariées, ou parvenuës à l'âge de 20 ans : fauf toutesfois à la fille aifnée à demander fon partage aux tuteurs de fes fœurs qui lui fera baillé par l'avis des parens ; & en ce cas elle aura delivrance du fief & heritages eftans en fon lot.* On ne peut pas fixer la majorité plus pofitivement que fait cet article à 20 ans, l'action en partage ne s'accordant point aux mineurs, & ne convenant qu'aux perfonnes qui font parvenuës à leur majorité.

Il n'en eft pas de même du frere aîné. L'art. 196 dit que *quand il eft âgé, la garde de tous les fiefs de la fucceffion finit, combien que les puifnés foient encore en bas âge, & fait ledit aifné la foy & hommage de tous les fiefs, & en paye les reliefs pour tous.* Réflechiffez encore un moment fur la difpofition de cet article, & vous y trouverez nôtre principe établi, puifqu'il donne à celui qui fort de la garde à 20 ans la qualité d'homme *âgé*, qui eft la dénomination que nous donnons ordinairement à ceux qui font majeurs, les perfonnes en *non-âge* ou *les foubs-âges* étant au contraire ceux qui font encore mineurs. Je rappellerai cy-après cet article en parlant des *articles* 197 & 198 qui prouvent encore que l'âge de 20 ans eft l'accompliffement de la mojorité.

Je fçai bien qu'il y a quelques objections qu'on fait

ordinairement fur quelques-uns des articles qui font au titre des *Gardes*, mais à les confiderer avec un peu d'attention, il eft facile de reconnoître que ce ne font que des fubtilités qui s'évanoüiffent & difparoiffent en conciliant tous les articles les uns avec les autres.

On peut ajoûter pour l'établiffement de nôtre propofition l'*art*. 254 qui porte que *fi pere & mere ont donné à leurs filles foit en faveur de mariage, ou autrement, heritages excedans le tiers de leur bien, les enfans mâles le peuvent revoquer dans l'an & jour du decès de leur pere & mere, ou dans l'an & jour de leur majorité.* Il eft vrai qu'il ne fixe pas le tems de cette majorité, mais tous nos Commentateurs conviennent fur les articles dont les difpofitions ont quelque rapport avec la fienne, qu'elle commence à 20 ans : & il n'y a perfonne qui ne fçache que tel eft l'ufage prefent de la Province.

Joignons encore l'*art*. 261 qui dit qu'après le decès du pere les filles demeurent en la garde du fils aîné, & que fi lors elles ont atteint l'*âge de 20 ans* & demandent mariage, les freres les peuvent garder par an & jour pour les marier convenablement, & les pourvoir de mariage avenant : l'*art* 296 qui permet à l'aîné dans le Pays de Caux de retirer le tiers appartenant à fes puînés, un an après le decès de fon pere, s'il eft majeur, ou s'il eft mineur, un an après fa majorité, en payant le denier 20 pour les terres roturieres, & le denier 25 pour les fiefs nobles, laquelle majorité fe regle encore en ce cas comme en toute autre occafion à 20 ans : l'*art*. 412 qui porte que tout Teftament doit être fait pardevant le Curé ou Vicaire, Notaire ou Tabellion en la prefence de deux témoins idoines, *âgés de 20 ans accomplis*, & non légataires : l'*art*. 431 felon lequel Perfonne âgée de 20 ans ac-

complis peut donner la tierce partie de son heritage
& biens immeubles, soit acquêts, conquêts, ou propre, à qui bon lui semble par donation entre vifs: &
l'*art.* 435 qui donne pouvoir aux heritiers de revoquer
les donations faites contre la Coûtume dans les dix ans
du jour de *leur majorité* qui suivent l'opinion de Berault
& Godefroy, & conformément à nôtre usage vont jusqu'à 30 années seulement, & non au de-là.

Enfin servons-nous pour achever nôtre preuve de *l'art.* IV.
38. du Reglement géneral fait au Parlement de Roüen
les Chambres assemblées en 1666. dont voici les termes. *Toute personne née en Normandie, soit masle, ou femel-*
*le est censée majeure à* 20. *accomplis, & peut après ledit âge*
*vendre & hypotequer ses biens meubles & immeubles, sans es-*
*perance de restitution, sinon pour les causes pour lesquelles les ma-*
*jeurs peuvent estre restituez.*

Et qu'on ne dise pas que ce Reglement n'est plus en
vigueur aujourd'huy comme il a été jusqu'en l'année
1688. outre que l'art. que je viens de citer n'a point été
soupçonné faire partie de ceux qu'on dit avoir été l'ouvrage du credit & de l'autôrité de quelques Officiers
du Parlement de Rouen, il se trouve conforme aux
Arrests & Reglemens qui l'ont precedé long-tems auparavant, & notamment à un Arrest que quelques uns
dattent du 4 Mars 1619. & d'autres du 7 Fevrier 1620.
rendu les Chambres assemblées sur le Requisitoire de
M. le Procureur General ; & dont il ne sera pas inutile de rapporter ici le dispositif. *La Cour, les Chambres as-*
*semblées, faisant droit sur la Remontrance du Procureur Ge-*
*neral, a declaré & declare en tant que besoin seroit, que par*
*la Coûtume, stile, & usage du pays de Normandie de tous*
*tems gardé & observé, & par les Arrests & Reglemens de*

la Cour, toutes perfonnes tant mafles que femelles, âgées de 2 0. ans
revolus & accomplis, ont efté, & font tenus & reputez majeurs, habiles, & capables d'efter en Jugement, joüir de leurs
droits, & contracter legitimement de leurs meubles & immeubles : & que tous Contracts & Actes legitimes par eux faits
audit âge ont efté de tout tems jugez bons & valables : finon
que pour quelque caufe d'incapacité d'efprit, mauvais ménage,
ou autre confideration particuliere des perfonnes il ait efté par les
parens ou par Juftice pourvû par interdiction ou reftriction publiée & infinuée aux Affifes & lieux publics fuivant les Arrefts & Reglemens : & ordonne ladite Cour que le prefent Arreft fera lû, publié, & enregiftré en tous les Sieges de Jurifdiction tant Royale que fubalterne & inferé à la fin de la Coûtume de cedit Pays & Duché de Normandie comme declaratif
du droit municipal & ufage dudit Pays de tout tems obfervé,
& pour fervir tant pour les chofes paffées que pour l'avenir.

V.   Mais peut-on révoquer en doute la maxime que je
veux établir, pour peu qu'on s'attache à ce qui eft écrit
dans nôtre ancienne Coûtume & dans le ftile de proceder en la Cour de Parlement de Rouen du 21 Janvier 1515.

Cette Coûtume au Chap. XXXIII. intitulé *de gardes d'Or-*
*phelins* s'explique en ces termes. *L'en doit fçavoir que ceux*
*font dedans âge qui n'ont pas accompli 20. ans : & pour ce qu'ils*
*doivent eftre tenus en garde tant que les 20. ans foient accomplis,*
*on leur donne un an par l'Ufage de Normandie en quoy ils peu-*
*vent faire en court clameur, & rappeller les faifines de leurs An-*
*ceffeurs par Enquefte. A celui qui a accompli 21. an n'eft pas*
*octroyée l'Enquefte de la faifine à fon Anceffeur, fe l'Anceffeur*
*ne mourut dedans l'an & jour que la clameur a efté faite.* Sur
quoy Mr. Guillaume Terrien en fon Commentaire au
titre du Droit & Etat des perfonnes l. 11. Chap. V. n. 2.
dit

dit, ce t an eſt appellé l'an profitable dedans lequel on peut rappeller par voye poſſeſſoire les ſaiſines de ſes Predeceſſeurs, tout ainſi que le Deffunt duquel la ſucceſſion eſt échue à un ſoubâge eût pû faire en l'an *& jour* precedent ſon decez, de ſorte que led. an precedent ſon decez *&* l'an enſuivant l'âge parfait de l'heritier ne ſont comptez que pour un an.

La même Coûtume au Titre de *non âge* qui eſt le Chap. XLIII. ajoute, *Non âgé prolonge la fin des querelles. Nous dirons que ceux ſont en non-âage qui n'ont pas accompli 20 ans. Tous ceux qui ſont en non âge auront terme de toutes querelles tant qu'ils viennent en âge de vingt & un an, fors des querelles qui ſont determinées par enqueſtes ou par briefs. Choſes que ceux qui ſont en non âge facent ne dient en Court laye ne ſera eſtable, fors ce qui ſera determiné par Loy oultrée ſelon les Droits & Coûtumes du Pays de Normandie.*

Et à l'égard du ſtile de procedez, voicy comme il parle, au tit. des Ajournemens, *Un Mineur eſt parvenu en l'âge legitime pour eſtre en Jugement en ladite Cour de Normandie tant entre Nobles que Roturiers; auſſi pour faire tous Contrats, s'il a 20 ans revolus & accomplis.*

Quant aux Auteurs qui ont travaillé ſur nôtre Coûtume, il n'y en a pas un qui ne ſoit d'un avis uniforme ſur la Queſtion, & qui ne fixe à 20 ans la majorité de ceux qui ſont nez dans nôtre Province.

VI.

Mᵉ. Guillaume le Rouillé qui eſt le plus ancien de nos Commentateurs dit ſur le titre de garde d'orphelins qui eſt en la vieille Coûtume de Normandie, *Par ce texte peut apparoir qu'un homme eſt ſoubâge tant qu'il ait 20. ans accomplis.* Sur le même titre il fait diverſes remarques qui tendent à prouver la même choſe : & ſur celui de non âge il s'en explique encore fort poſitivement en ces mots, *Les ſoubaages ſont âgez quand ils ont 20 ans accomplis.*

Mᵉ. Guillaume Terrien au titre du Droit & Eſtat des

X

perſonnes l. 2. Chap. V. expliquant ces termes qui ſont au Chapitre *de non âge* & que j'ai déja rapportez ci-devant, *L'en doit ſçavoir que ceux ſont dedans âge qui n'ont accompli* 20. *ans*, marque cette diſpoſition de nôtre Coûtume comme differente de la diſpoſition du Droit, & de celle de pluſieurs Coûtumes du Royaume ſuivant leſquelles la majorité ſe regle à 25. ans: un peu plus bas il deſigne l'âge de 20 ans comme l'âge parfait pour intenter valablement des actions & former des demandes: dans le Chap. X. du titre *de la difference des biens* l. 5. il inſinue la même choſe: & dans le titre *d'actions, querelles, ou clameurs,* Ch. 28. l. 8. après avoir parlé de l'Ordonnance du Roy François I. de l'année 1539. qui permet de ſe pourvoir juſqu'à la 35. année de ſon âge contre les Actes & Contrats faits en minorité, il ajoute, *Et combien que le tems donné par cette Ordonnance, ſoit de dix ans, & non plus, après le tems de majorité tel qu'il eſt prefix & limité par le droit commun qui eſt l'âge de 25 ans; toutefois ſi par la Coûtume il eſt limité à moindre âge, comme il eſt en ce pays à l'âge de 20. ans parfaits & accomplis, il ne laiſſera d'avoir le tems de cette Ordonnance pour ſe faire relever de ce qui auroit eſté fait devant le tems qu'il ſeroit tenu pour aagé par la Coûtume. Mais il ne ſeroit pas relevé à cauſe de minorité de ce qu'il auroit fait depuis juſqu'au* 25 *an de ſon âge.*

Les Commentateurs de la nouvelle Coûtume ne ſe ſont pas expliquez ſur la Queſtion moins nettement que ceux qui les avoient devancés. Daviron en ſa Paraphraſe ſur le titre des Gardes favoriſe entierement nôtre opinion; mais plus ouvertement encore ſur l'art 431. qui porte que perſonne âgée de 20. ans accomplis peut donner la tierce partie de ſon heritage & biens immeubles, ſoient acqueſt, conqueſt, ou propre. *Pour le pre-*

mier chef de cet article, tout ainsi, dit-il, *que tous autres Con-*
*trats ont esté permis à celui qui est fait majeur par la Coûtume,*
*aussi ce Contrat de donation luy est permis : & l'âge defini de 20*
*ans accomplis, afin d'ôter le doute de ceux qui tombent en garde*
*du Prince, lesquels combien qu'ils ne sortent de garde qu'à 21 an,*
*sont toutefois capables de faire telle donation.*

M<sup>e</sup>. Josias Berault ne peut pas aussi parler plus positivement qu'il fait sur l'article 223. *La Coûtume, dit cet*
Autheur, *aux cas où elle parle de l'âge, ajoute ordinairement ce*
*mot (accompli) comme au titre des testamens art.* 1. *&* 3. *&*
*au tit. des donations art.* 1. *desquels art. & de celuy cy, mesme*
*des art* 196, 197, 198, 227, *& autres resulte que les personnes,*
*soient fils ou filles, sont âgez & majeurs à 20 ans accomplis, &*
*à tel âge sont dits estre parvenus en âge legitime, tant pour estre en*
*Jugement, que pour faire tous Contrats ; comme aussi le porte le*
*Stile de la Cour de Parlement, & comme nous avons noté sur*
*l'art.* 431. *qui est l'art.* 1. *du tit des donations. Et combien que la*
*garde noble Royale ne finisse qu'après le* 21 *an du mineur, il ne*
*laissera pas d'estre majeur & lui juris à* 20. *ans, comme ceux*
*qui sortent de la garde d'autres Seigneurs : ce qui n'a pas lieu en*
*la plûpart des autres Provinces de la France où l'on n'est point*
*en âge legitime pour contracter jusqu'à* 25 *ans, & comme por-*
*toit la disposition du Droit Romain.*

Il ne sera pas, ce me semble, inutile de rapporter ici
les art. 196, 197, & 198, dont ce Commentateur a fait
mention. Le premier que j'ai déja rapporté dit *que quand*
*le frere aîné est âgé, la garde de tous les fiefs de la succession finit,*
*combien que les puisnez soient encore en bas âge, & fait ledit aîné*
*la foy & hommage de tous les fiefs, & en paye les reliefs pour*
*tous.*

Le second que *Si tous les enfans ausquels appartient le fief*
*sont mineurs & en tutelle, le Seigneur feodal est tenu donner*

X ij

*souffrance à leurs tuteurs jusqu'à ce qu'ils , ou l'un d'eux , soit en âge pour faire la foy & hommage , en baillant declaration par le tuteur des fiefs & charges d'iceux , ensemble les noms & âges desdits mineurs , en payant par chacun an les rentes qui sont duës au Seigneur à cause desdites Terres , sinon au cas que le Seigneur tienne les heritages en sa main; & fasse les fruits siens : pour faire laquelle foy & hommage le fils est reputé âgé à 21 an accompli s'il est en la garde du Roy, & à 20 ans accomplis s'il est à la garde des autres Seigneurs.*

Et le troisiéme , que *le Seigneur feodal dcit aussi donner souffrance au tuteur pour les terres roturieres appartenantes aux mineurs , jusqu'à ce qu'ils , ou l'un deux soit en âge pour presenter aveu , en baillant par le tuteur declaration desd. heritages & charges d'iceux avec les noms & âge des mineurs, en payant les rentes , pour lequel aveu bailler le fils aîné est reputé âgé à 20 ans accomplis.*

Voyons presentement de quelle maniere le même à parlé sur l'art. 431. *A l'âge de 20 ans accomplis , chacun, dit-il , est en majorité, fût-il en la garde du Roy. Autant en faut dire de la fille, comme nous avons dit , cy dessus sur l'art. 223, tit. de Garde noble , & partant n'est à suivir l'opinion de ceux qui disent que les filles sont en perpetuelle tutele de leurs parens, car à cet age de 20 ans accompli n'étans mariées , elles sont libres, sui juris , & peuvent comme les masles disposer de leurs biens meubles & immeubles par donation , vendition , & autres sortes d'alienations.* Ainsi a esté decidé en la Chambre de l'Edit au rapport de M. de Touffreville le Roux le 8. Fevrier 1613 entre damoiselle Renée de la Cheze , & Charles de Clinchamp , &c. donc contre telles donations faites en cet âge de 20 ans accomplis elles doivent venir par voye de restitution , ex quibus causis majores. Après quoi il rapporte l'Arrêt de Reglement du 4 Mars 1619, ou 7 Février 1620 , rendu sur la Remontrance de M. le Procureur General du Roy au Parlement de Roüen , & dont j'ai tranfcrit cy-devant la difpofitif.

Lifez ce que M. Jacques Godefroy a dit fur lefdits art. 196, 197, & 198. & vous reconnoiftrez qu'il appelle majeurs ceux que la Coûtume nomme âgés de 20. ans accomplis, mais le lieu oú il me femble s'expliquer plus nettement fur la Queftion eft l'art. 435. qui porte, comme j'ai déja dit, que les heritiers peuvent revoquer les donations faites contre la Coûtume dans les dix ans du jour du decès du Donateur s'ils font majeurs , & dans dix ans du jour de leur majorité, autrement ils n'y font plus recevables , & fur lequel il ajoûte , *la majorité eft en Normandie comptée à 20 ans accomplis , quoiqu'en Pays de Droit-Ecrit elle ne foit entendue parfaite qu'à 25 & partant s'enfuit qu'aprés 30 ans on n'eft plus recevable à ladite révocation.*

Mais peut-on rendre une décifion plus claire & plus formelle que celle de M. Henry Bafnage fur l'art. 223? il eft, dit ce Commentateur, *hors de doute qu'en Normandie fils ou filles font âgés & majeures à 20 ans accomplis , & à cet âge ils font dits eftre parvenus à un aage legitime , &c. Toutes perfonnes tant mafles que filles eftans majeurs après 20 ans accomplis , elles ont une pleine difpofition de leurs biens : les reftrictions qu'on y apporte font nulles fuivant qu'il a efté jugé aux Enquêtes par Arreft du 3 de Fevrier 1645 au rapport de M. de la Place-Ronfeugeres , entre Flamand & Toqueville. Il fut jugé qu'une reftriction faite à un majeur de ne pouvoir aliener fes immeubles eftoit nulle, parce qu'une perfonne majeure qui n'eft point en curatele peut difpofer de fon bien : pour donner effet à ces reftrictions , il faut qu'elles foient faites dans les formes , & renduës publiques & notoires.*

Sur l'art. 224. il ajoûte, *il n'en eſt pas de même des Tu-telles comme des Gardenobles ; elles finiſſent par la ſeule majorité, & il n'eſt point neceſſaire d'obtenir un acte de paſſé aagé ; la ſeu-le majorité rend la perſonne capable de tous actes & contrats.* Il en-tend par-là marquer la difference qu'il y a entre la Tu-telle & la Garde Seigneuriale encore bien que l'une & l'autre finiſſent à 20 ans accomplis, en ce que pour la garde il faut ſignifier ſuivant cet article 224 aux Sei-gneurs un acte *de paſſe aagé*, aulieu qu'il n'eſt pas be-ſoin d'une formalité pareille pour la Tutelle qui s'é-teint à la naiſſance & au ſeul aſpect de la majorité qu'il demeure d'accord être acquiſe à l'âge de 20. ans ac-complis, puiſqu'il dit qu'elle fait ceſſer la tutelle qui conſtamment finit parmi nous à cet âge là.

Ce qu'il écrit ſur l'art. 431. n'eſt pas encore à negli-ger. *L'aage de 20. ans accomplis eſt la premiere qualité que la Coutume deſire pour rendre une perſonne capable de donner : elle a fixé a cet aage la majorité de ceux qui ſont ſoumis à ſon autorité, ayant retranché celui de 25. ans juſqu'où le droit Romain, & plu-ſieurs Coûtumes de France ont entendu la minorité.*

L'Auteur du livre intitulé l'Eſprit de la Coûtume de Normandie fait la même obſervation ſur le titre des Gardes. *Il faut remarquer*, dit-il, *que par la plûpart des Coûtu-mes de la France, un homme & une femme ne ſont point aagez qu'à 25. ans, en quoi l'on ſuit la diſpoſition du droit Romain, mais tou-tes perſonnes en Normandie ſoient maſles ou femelles ſont cenſées majeures à 20 ans accomplis, & peuvent après ledit aage ven-dre & hypotequer leurs biens meubles & immeubles ſans eſpe-rance de reſtitution, ſinon pour les cauſes pour leſquelles les ma-jeurs peuvent être reſtitués.*

Joignons à tout cela l'uſage qui eſt l'interpréte des diſpoſitions Coûtumieres qui pourroient avoir quelques ambiguités par le défaut d'une expreſſion aſſés nette, & tous les articles de la Coûtume où ces mots *mineur* & *majeur* ſont employés; ceux du Reglement de 1666; & ceux du Reglement de 1673 fait au Parlement de Roüen les Chambres aſſemblées pour le fait des tutelles, où ces mêmes termes ſe trouvent inſerés, & nous conviendrons ſans doute qu'il n'y a nulle difficulté à conclure que dans nôtre Province on eſt majeur à 20 ans accomplis.

Comment donc pouvoir dire que cette majorité n'eſt pas bien établie, & que la Coûtume ne s'eſt point expliquée nettement ſur cette matiere? C'eſt chercher à ſe tromper ſoi-même que de parler de la ſorte, & ſe former à l'eſprit des chimeres pour avoir le plaiſir de les combattre. VII.

Or ces principes ſuppoſés, je ne conçois pas la raiſon par laquelle les Habitans du Comté d'Eu ſe pourroient défendre d'admettre nôtre majorité de 20 ans, pour autoriſer celle de 25 qui eſt établie par des Coûtumes étrangeres qui ne doivent point les regir, & qui n'auroit pour fondement que leurs prétendus Uſages Locaux qui ont été condamnés tant de fois : quand nous n'aurions que le Reglement de 1619, ou 1620; celui de 1666 ; & celui de 1673, qui en interprétant la Coûtume ont reglé que toutes perſonnes nées en Normandie étoient majeures à 20 ans accomplis, pourroient-ils ſe diſpenſer de s'aſſujettir à ces diſpoſitions?

Il ne faut point regarder ces Reglemens comme l'établiſſement de Loix nouvelles; chacun d'eux eſt la confirmation & le renouvellement de l'ancienne Juriſprudence, & l'interprétation même de la Coûtume; à quoi j'ajoute qu'il n'eſt pas bien conſtant que les Ha- VIII.

bitans du Comté d'Eu ne foient point fujets aux Reglemens que le Parlement de Normandie fait fur certaines matieres. C'eft une Queftion delicate que nous traiterons ailleurs.

IX.　　La Queftion qui fait la matiere du prefent Chapitre
s'offrit au Parlement de Paris en 1682, en la quatriéme
Chambre des Enquêtes où le 21 Mars il intervint Arrêt
au rapport de M. Ferrand, dont ceux qui défendent les
Ufages Locaux du Comté d'Eu ont voulu fe prévaloir
plufieurs fois, encore bien qu'il leur foit beaucoup
plus contraire qu'il ne leur eft avantageux. Voici quelle
en étoit l'efpece.

Magdeleine des Groifille née en la Ville d'Eu au
mois de Janvier 1629, vendit à Guillaume Rocquelin
une Maifon & Brafferie fcifes en ladite Ville par Contrat du 23 Octobre 1651, n'étant encore âgée que de 22
ans, 8 mois.

Quelque tems après elle époufa Michel Gerard : &
le 12 Octobre 1662 elle mourut, laiffant une fille mineure nommée Catherine; qui fut depuis mariée à Jean
Avril Marchand Orphévre; & qui prétendant que fa
mere n'avoit paffé ce Contrat qu'à la fufcitation d'A-
drien Bunet fon beaupere & fon tuteur; qu'elle étoit en
ce tems-là mineure; qu'elle avoit été furprife; & qu'elle n'avoit reçû qu'une legere partie du prix, qui même étoit fort modique par rapport à la valeur de ce
qu'elle avoit vendu, fe pourvut en Chancellerie où elle
obtint des Lettres de Refcifion, en conféquence defquelles elle fit affigner Rocquelin pardevant le Bailly
d'Eu pour fe voir condamner à lui délaiffer fon acquêt,
& à la reftitution des loyers.

Rocquelin comparut fur cette affignation, & déclara
par

par écrit qu'il n'empêchoit point l'enterinement des
Lettres , & que les parties ne fuſſent remiſes en tel &
ſemblable état qu'elles étoient avant le Contrat de 1651,
pourvû qu'on lui rembourſât les deniers qu'il juſtifieroit avoir été par lui payés legitimement, avec ſes frais
& les ameliorations qu'il prétendoit avoir faites, & dont
il donna ſon memoire en forme. Mais la demandereſſe
refuſa d'accepter ſes offres, ce qui donna lieu à un appointement en droit, ſur lequel intervint Sentence le 3
Avril 1680, par laquelle les Lettres furent enterinées,
& Rocquelin condamné à la reſtitution des fruits, ſans
obtenir le rembourſement tel qu'il en avoit formé la
demande.

Il ſe rendit appellant de ce Jugement , & ſur ſon appel en la Cour il eſt vrai qu'il ſoûtint trois choſes. La
premiere , que Magdeleine des Groiſilles mere de la
demandereſſe *ayant 22 ans 8 mois* dans le tems de ſon
Contrat de vente , elle étoit pleinement *majeure* aux
termes de la Coûtume de Normandie qui devoit être
la loy des Parties , & que par conſéquent ſa fille étoit
mal-fondée dans l'obtention de ſes Lettres : la ſeconde,
qu'étant acquereur de bonne foi , l'on n'avoit pas dû
le condamner à rapporter les fruits : & la troiſiéme,
qu'on n'avoit pas dû lui refuſer le rembourſement de
toutes les ſommes qu'il avoit demandées, puiſqu'il les
avoit effectivement payées entre les mains, ou à la décharge de la vendereſſe , ou de ſa fille.

De la part de l'Intimée , il fut ſoûtenu au contraire
qu'il n'y avoit point d'article dans la Coûtume de Normandie qui fixât la majorité préciſément à 20 ans accomplis ; que les *articles* 197 & 198 , 223 , 227 , 229 &
230 , 412 , 414 & 431 que l'appellant oppoſoit , étoient

Y

ſpécifiques & particuliers pour les Aveux, les Gardes, les Teſtamens , & les Donations, & ne tiroient point à conſéquence pour la matiere en queſtion, nôtre Coûtume ayant dans ces articles beaucoup de rapport avec celle de Paris qui regloit toutesfois la majorité à 25 ans. Que ſi l'on vivoit dans un uſage contraire en la Province , ce n'étoit qu'en execution des Reglemens faits au Parlement de Roüen ; & que d'ailleurs ce n'étoit, ni à ces Reglemens, ni à cette Coûtume, qu'il falloit s'attacher dans le Comté d'Eu qui ſe regiſſoit par des Uſages Locaux & Particuliers ; qu'au ſurplus il ne pouvoit pas ſe diſpenſer de rapporter les fruits , parce qu'ayant acquis d'une mineure à vil prix , on ne devoit pas préſumer qu'il fût un acquereur de bonne foy ; que de toutes les ſommes dont il demandoit le rembourſement il n'y en avoit pas une dont la vendereſſe eût profité ; & qu'à l'égard des ameliorations bien loin d'en avoir fait , il avoit laiſſé tomber tout en ruine.

Sur ces conteſtations fut rendu l'Arrêt cy-devant daté , par lequel la Cour confirma à la verité la Sentence en ce-qu'elle avoit enteriné les Lettres de Reſciſion ; mais au même tems elle l'infirma en ce qu'il n'avoit été fait aucune déduction à l'appellant qui *avoit donné les mains à l'enterinement* , pourvû qu'on lui accordât les conditions ſous leſquelles il avoit fait ſes offres ; en ce qu'on l'avoit condamné indéfiniment à reſtituer tous les loyers ; & en ce qu'on lui avoit refuſé ſes ameliorations ; *& en emendant* ordonna qu'il lui ſeroit déduit pluſieurs ſommes , du nombre de celles dont il avoit demandé la déduction ; interloqua ſur les autres ; & prononça que cet Arrêt *ne pourroit tirer à conſequence, & qu'il ſeroit montré au Procureur du Roy ſur les nouveaux Uſages*

*introduits dans le Comte d'Eu contre la difpofition de la Coûtu-
me de Normandie, les anciens Ufages de la Province, & l'e-
xecution des Arrefts, pour fur ce intervenant requerir ce qu'il appartiendroit.*

Il eſt aiſé de reconnoître par le diſpoſitif de cet Arrêt
que l'intention de la Cour n'a pas été d'approuver les
prétendus Uſages Locaux du Comté d'Eu. Auſſi une
perſonne de ma connoiſſance qui a actuellement un
procès en la Cour où ſon interêt eſt de faire juger que
la majorité dans ce Pays-là ſe regle à 25 ans, en ayant
demandé copie à un Avocat de la Ville d'Eu qui étant
parent, & portant le nom de celui contre lequel il avoit
été rendu, pouvoit en avoir une connoiſſance plus particuliere, cet Avocat lui manda-t'il qu'il ne pouvoit pas
en tirer avantage, ayant été rendu ſur des circonſtances de fait, & le conſentement de ſon parent.

En effet j'ai les Factums qui furent faits dans le tems
du Jugement, & j'y trouve que Rocquelin avoit *con-
ſenti préciſement à l'enterinement des Lettres,* & obéi de
ſe déſiſter de ſon acquêt, en lui rendant les ſommes
qu'il avoit legitimement payées, ſes frais, & ſes ameliorations. Cette déclaration avoit été par lui faite dés
le tems qu'il étoit en inſtance devant le premier Juge,
& il y perſeveroit encore ſur ſon appel : en ſorte que la
Cour l'ayant condamné conformément à la Sentence
à délaiſſer à l'intimée la maiſon en queſtion, on ne peut
pas dire qu'elle ſe ſoit déterminée à le juger de la ſorte par l'Uſage Local du Comté d'Eu ſuivant lequel
on n'eſt majeur qu'à 25 ans, *mais par ſon conſentement
& ſes offres*, puiſqu'au même tems elle lui ajuge la
reſtitution & le payement des ſommes qu'il avoit demandées, ou du moins d'une partie.

Y ij

Mais ce qui prouve clairement que l'intention de la Cour n'a pas été de favoriſer cet uſage , mais de le condamner , & de le rejetter comme un veritable abus, eſt qu'ayant examiné les differens Arrêts du Parlement qui avoient déja jugé qu'il falloit ſuivre dans le Comté d'Eu la Coûtume de Normandie , elle a ajoûté que celui-ci *ne pourroit tirer à conſequence* , & que d'ailleurs il ſeroit montré au Procureur du Roy ſur les nouveaux Uſages introduits dans le Comté contre la diſpoſition de nôtre Coûtume , les anciens Uſages de la Province, & l'execution des Arrêts , pour ſur ce intervenant requerir ce que de raiſon , préſuppoſant que comme partie publique , & comme l'Officier chargé du ſoin d'empêcher le cours des abus qui ſe gliſſent , & de faire executer les Arrêts de la Cour , il viendroit lui-même requerir l'execution de ceux qu'elle avoit rendus en nôtre faveur.

L'année ſuivante la même Queſtion ſe préſenta ſur ce fait en la deuxiéme Chambre des Enquêtes au rapport de M. le Maye. Nicolas Aſſegond né au Bourg de Blangi , ayant perdu ſes pere & mere , vint demeurer en cette Ville de Paris chés un Marchand pour y apprendre le commerce. Il y demeura pendant neuf ans, après quoi il s'en retourna dans le pays en 1673 ; il avoit dans ce tems-là 24 ans ou environ , & pour lors il s'obligea par un contrat du 28 Juin de la même année 1673 au payement , cours , & continuation de 40 liv. de rente moyennant 800 liv. qu'l reconnut avoir reçuës de François Viot tuteur des enfans mineurs de Pierre Viot , & de Marie Richebraque. En 1676 il ſe pourvut contre ce contrat par Lettres de reſciſion , & en ayant pourſuivi l'enterinement , il ſe fit ajuger ſes conclufions par Sentence renduë au Bailliage d'Eu le 6 Mars 1679.

Viot interjetta appel de cette Sentence en la Cour, où il prétendit qu'Affegond étoit natif de Blangi où le Contrat avoit été paffé; que ce Bourg étoit en Normandie dont la Coûtume fixoit la majorité à 20 ans accomplis; & que par conféquent il avoit été mal jugé puifqu'au tems de la paffation l'intimé avoit plus de 24 ans : & en fecond lieu, qu'encore bien qu'il n'y eut aucune deftination d'emploi de deniers portée par le Contrat, il ne devoit pas même fubfifter, tant parce que les deniers appartenoient à des mineurs, que par la raifon qu'ils avoient été baillés à l'intimé pour parvenir à fon mariage, & en la prefence du nommé Jacquemel fon Oncle.

A l'égard d'Affegond il fe défendit par l'Ufage Particulier obfervé dans le Comté d'Eu, & il produifit avec l'Arrêt du 21 Mars 1682 dont je parlois il n'y a qu'un moment, & le Factum de Catherine Gerard, plufieurs Jugemens, & Contrats qu'il avoit fait compulfer pour montrer qu'il y falloit avoir 25 ans accomplis pour pouvoir contracter, & difpofer valablement de fon bien.

Il ajouta à ce premier moyen qu'il avoit été furpris par Jacquemel fon oncle & l'appellant qui étoient de concert pour le tromper; qu'il étoit à la verité porté par le Contrat qu'il avoit reçû les 800 liv. en argent comptant; mais qu'il n'y étoit point dit que cette fomme lui eût été baillée pour acquitter quelques dettes des fucceffions de fes pere & mere ; qu'il n'y avoit nulle ftipulation d'emploi; & qu'il n'en avoit reçû aucune chofe ; que c'étoit Jacquemel qui d'intelligence

avec Viot avoit abusé de sa facilité ; que cet oncle n'é-
toit point son curateur ; qu'il n'avoit signé le Contrat
qu'en qualité de témoin ; & qu'il étoit un homme de si
mauvaise foi qu'abusant de la Procuration qu'il lui avoit
donnée pour recevoir son revenu pendant qu'il demeuroit à Paris, il avoit vendu partie de son bien, & dis-
posé de ses titres & papiers pour une somme de 1000
liv. ce qui l'avoit obligé de le poursuivre, & d'obtenir
Sentence par laquelle il l'avoit fait condamner à lui
en faire la restitution avec dommages & interêts.

Le procès étant en état de juger, & ayant été mis sur
le Bureau, la Cour arrêta qu'il seroit mis entre les
mains de Messieurs les Gens du Roy pour y donner
leurs Conclusions qui furent à l'avantage de l'intimé,
qui depuis obtint Arrêt le 10 Mars 1683 par lequel la
Cour mit l'appellation au neant, *sans neanmoins que l'Arrest pût tirer à consequence.*

Il ne me paroît pas que les partisans des Usages Locaux du Comté d'Eu puissent faire un grand fond sur
cet Arrêt, parce qu'il peut avoir eu pour motif ou la
Sentence du 20 Novembre 1670 renduë au Bailliage
d'Eu par laquelle Nicolas & Jacques Assegond avoient
été émancipés d'âge sous la curatelle de Nicolas Hallé
sans l'avis duquel il avoit été dit qu'ils ne pourroient
vendre ni aliener leurs biens qu'ils n'eussent atteint l'â-
ge de 25 ans, ou la surprise énorme que l'intimé prétendoit lui avoir été faite jusqu'au point de n'avoir touché chose quelconque de la somme de 800 liv. portée
par le Contrat, ou quelqu'autre circonstance particuliere. Nous ne pouvons avoir une autre idée dans les
termes où nous voyons l'Arrêt conçû, car si l'intention de la Cour avoit été d'autoriser l'usage qu'on suit

dans le Comté d'Eu, elle eut mis l'appellation au néant purement & simplement, & n'eût pas ajoûté comme elle a fait ces mots, *Et sans tirer à consequence*, qui signifient qu'il ne faut pas recevoir comme Loy generale, ce qu'elle paroît avoir jugé, & qu'il y a eu quelque fait particulier qui l'a déterminée.

Il y a un autre Arrest rendu en la cinquiéme Chambre des Enquêtes le 1 Juin 1696. dont ceux qui défendent les Usages prétendus Locaux du Comté d'Eu veulent encore se prévaloir ; mais je puis bien assurer qu'il a eu pour motif une circonstance particuliere exprimée dans le vû des pieces, & dans quelques actes que celui qui l'avoit obtenu m'a depuis mis entre les mains. Voicy quelle en étoit l'espece.

M⁰. François Vildor Grenetier au Grenier à Sel de la Ville d'Eu épousant en secondes nopces Damoiselle Marie Cantel, fixa par son Contrat de Mariage le doüaire à 400. livres par chacun an. Quelque tems aprés il mourut & laissa pour son présomptif heritier François Vildor son fils qu'il avoit eu de son premier lit : Ce fils étant mineur on lui donna pour tuteur Jean Vildor qui consentit à l'execution du Contrat de mariage, & souffrit que la Veuve se fit payer de son doüaire ainsi qu'il avoit été stipulé. Il arriva même depuis que ce fils étant en possession de ses revenus, chargea dans un tems qu'il avoit plus de 20 ans accomplis, un Fermier qui par compte fait avec lui s'étoit trouvé redevable de quelques sommes, de les payer à sa belle mere en déduction de ce qui lui étoit dû de son doüaire de 400. livres par cha. cuu an.

Mais dans la suite il prétendit que ce Doüaire excedoit le tiers des biens dont son pere joüissoit dans le tems de son mariage, & que par consequent on ne pouvoit le forcer à le payer suivant la disposition de nôtre Coûtume *art.* 371.

Ce refus fit la matiere d'une contestation entre lui & sa belle mere qui s'appuyant sur les actes passés par son tuteur & par lui, soûtint qu'il étoit non reçevable à lui contester ses 400. livres: sur quoi par Sentence renduë par le Bailly d'Eu le premier Decembre 1694., il fut dit que sans avoir égard aux fins de non recevoir de ladite Cantel dont elle fut déboutée, il seroit procedé aux lots à doüaire des biens ayant appartenu à son mary, & qu'à cet effet les parties conviendroient d'experts pour faire la liquidation & estimation du revenu du tiers desdits biens qu'elle pouvoit legitimement prétendre pour son doüaire, laquelle estimation seroit faite, eu égard aux baux des heritages tels qu'ils étoient faits lors du decès de son époux.

Cette Sentence contient plusieurs autres chefs dont il seroit inutile de faire icy le détail: Il faut observer seulement qu'il n'y en eut point appel de la part de la Veuve: François Vildor fils fut le seul qui s'en rendit Appellant, & incidemment il prit des Lettres de rescision contre les actes qui avoient été passés tant par son tuteur que par lui. Il poursuivit depuis l'enterinement de ces Lettres, & aussi-tôt sa belle mere fournit de deffenses que j'ay vûes, par lesquelles elle representa que c'étoit fort inutilement qu'il s'étoit pourvû contre ces actes qui ne subsistoient plus, puisque le Juge d'Eu n'y avoit point eu égard par sa Sentence dont elle n'étoit point appellante, au moyen de quoi il étoit aisé de voir qu'elle ne prétendoit point s'en prévaloir; que cependant puisqu'on lui opposoit la Coûtume de Normandie qui regloit gfoit le Doüaire de la femme au tiers des biens de fon mary, elle ne feroit pas moins recevable à s'en faire un moyen contre lui qui avoit approuvé fon Contrat de mariage depuis qu'il avoit atteint fa 20 année ; mais enfin qu'elle ne vouloit point empêcher qu'on n'enterinât fes Lettres, pourvû qu'on remît refpectivement toutes les parties au même état où elles étoient avant les actes, ce qu'elle réïtera par une Requefte du 28 May 1696, par laquelle *elle en demanda précifément acte, & en forma la demande.*

Cette Requefte eft inferée dans l'Arreft qui fuivit par lequel il fut ordonné qu'avant faire droit fur la demande de François Vildor à fin de reduction du Doüaire, il feroit fait eftimation par Experts du revenu du tiers des biens laiffez par fon pere, eu égard à ce qu'ils pouvoient valoir de revenu au tems de fon decès, & par rapport aux forces & charges de la fucceffion : & faifant droit fur les Lettres de Refcifion de Vildor, fa demande à fin d'enterinement, & celle de fa belle-mere portée par fa Requête du 28 May, les Parties furent remifes en tel & femblable état qu'elles étoient avant les actes contre qui les Lettres avoient été prifes.

Par ce recit on peut facilement connoître qu'il n'y a rien dans cet Arreft dont on puiffe tirer avantage pour foûtenir l'opinion contraire à la nôtre. Si la Cour n'a pas eu égard aux actes qui avoient été faits par le fieur Vildor, ce n'a pas été fur le fondement qu'ils avoient été paffez par un mineur ; mais parce que la Sentence du Bailly d'Eu dont fa belle-mere n'étoit point appellante n'y avoit point eu non plus égard, & parce que cette veuve avoit confenti par fes défenfes, & par une Requefte précife à l'enterinement des Lettres ; à joindre

Z

que le sieur Vildor étoit extrêmement favorable dans la prétention qu'il avoit de faire reduire le Doüaire qui lui étoit demandé, la Coûtume de Normandie ne permettant pas au mari de donner à sa femme en Doüaire au-delà du tiers du revenu de ses biens, & des actes qu'il attaquoit par les Lettres, les uns étant faits par son tuteur qui ne devoit pas lui préjudicier, & les autres passez par lui dans un tems qu'il n'avoit point encore une pleine connoissance des forces & des charges de la succession de son pere, son tuteur qui ne lui avoit point encore rendu compte de son administration, comme je le sçay, ne lui en ayant point mis les titres entre les mains.

Au reste il seroit bien mal aisé, que la cinquiéme Chambre des Enquêtes eût fixé par cet Arrest la majorité de l'homme à 25 ans dans le Comté d'Eu, elle qui a formellement condamné cet usage le 5 Avril 1721. par un Arrest que je rapporteray dans un moment. Mais auparavant il faut expliquer celui qui fut rendu le 28 Juillet 1699 en la troisiéme Chambre des Enquêtes au rapport de M. d'Elpeche qui a pareillement jugé la Question en nôtre faveur

X.    M<sup>re</sup>. François de Brossard, Chevalier, Seigneur, & Patron de S. Martin, obtint Sentence au Bailliage d'Eu le 6 Mai 1665 contre René de Bezu, Sieur de S. Jullien tuteur de Charles François de Bezu, qui le condamna à payer 4200 liv. promises par un Contrat de mariage du premier de Mars 1645 pour reste de plus grande somme tant en son nom que comme tuteur de son neveu.

Ce Charles François de Bezu devenu âgé de 21 an passa transaction en 1667 avec ledit sieur de S. Martin, par laquelle il se constitua en 300 liv. de rente pour les

4200 liv. dont la condamnation avoit été prononcée
en 1665.

En 1672 il prit des Lettres contre cette transaction,
prétendant qu'il étoit mineur dans le tems qu'elle
avoit été faite : mais ces Lettres ne furent point enterinées , soit par la negligence , ou par la mort de quelques - unes des parties : il y eut seulement des Jugemens interlocutoires, & entr'autres un par lequel il fut
dit que Charles François de Bezu qui se plaignoit de ce
qu'on l'avoit fait engager comme heritier pur & simple , quoiqu'il ne fût qu'heritier beneficiaire , rapporteroit avant faire droit ses Lettres de benefice d'inventaire.

En l'année 1699 Jacques de Bezu frere de Charles
François , & tuteur des enfans mineurs qu'il avoit lais-
sés , interjetta appel de la Sentence de 1665 , prétendant que la condamnation qu'elle renfermoit n'étoit
pas juste , & qu'on ne pouvoit pas se prévaloir de la
transaction que son frere avoit faite , parce qu'il étoit
dans ce tems-là mineur.

Charles de Brossard , Ecuyer , Sieur de S. Brice, heritier du Sieur de S. Martin , soûtint que l'instance de
Lettres étoit perie ; & que d'ailleurs quand elle subsis-
teroit encore , ledit Jacques de Bezu ne seroit pas mieux
fondé dans sa prétention , parce que dans le Comté
d'Eu il falloit suivre la Coûtume de Normandie suivant
laquelle on étoit majeur à 20 ans.

Par l'Arrêt dudit jour 28 Juillet 1699 on confirma la
Sentence ; on ordonna l'exécution de la transaction de
1667 ; & l'on condamna les heritiers de Charles François de Bezu qui l'avoit passée , à payer les 4200 liv.
en question.

Deux jours après que l'Arrêt fut rendu, je demandai à M. le Rapporteur, s'il étoit vrai que la Chambre eût agité la Question, *S'il falloit avoir 25 ans accomplis dans le Comté d'Eu pour estre reputé majeur*, & il me répondit que cela ne paroiſſoit pas bien nettement par l'Arrêt dont la lecture ne pouvoit pas faire préſumer qu'on l'eût jugée ; *que cependant* la Cour l'avoit agitée ; & qu'on étoit demeuré d'accord qu'il falloit ſuivre *audit Comté la Coûtume de Normandie qui fixoit la majorité à 20 ans.*

Cette réponſe me fit lui demander encore, ſi la Chambre ne s'étoit point déterminée par la fin de non recevoir reſultante de ce qu'on avoit laiſſé tomber l'inſtance de Lettres en peremption, & il m'aſſura du contraire, & me dit que ſi la Chambre y avoit trouvé de la difficulté, elle auroit ordonné qu'on feroit juger l'inſtance avec d'autant plus de raiſon que le tuteur des enfans de Charles-François de Bezu prétendoit que les Lettres étoient enterinées, du moins tacitement, par le Jugement interlocutoire qui ordonnoit qu'avant faire droit Charles François rapporteroit ſes Lettres de benefice d'inventaire pour montrer qu'il n'étoit qu'heritier beneficiaire, au lieu qu'il s'étoit obligé comme heritier pur & ſimple, puiſqu'en conformité de cette Sentence il rapportoit actuellement les Lettres : mais que la Chambre voyant que quelque Jugement que le tuteur pût obtenir ſur les lieux à ſon avantage, elle n'y auroit point égard, parce qu'elle étoit perſuadée qu'il falloit dans ledit Comté s'aſſujettir à l'uſage de la Province de Normandie, c'étoit par cette conſidération qu'elle s'étoit déterminée à condamner, ſans en faire à deux fois, les heritiers de Charles-François à payer les 4200 livres contenuës en la tranfaction.

Quoiqu'il en foit, il eft de ma connoiffance que nôtre Queftion a été difertement jugée par Arrêt rendu en la cinquiéme Chambre des Enquêtes le 5 Avril 1721 contre Charles Monnier au profit de Catherine Monnier, & Marie Jeanne Monnier fes fœurs.

Il avoit obtenu des Lettres en la Chancellerie contre les décharges qu'il avoit données à Catherine Monnier fa fœur dans le tems qu'il n'avoit point encore atteint fa 25 année, de l'adminiftration qu'elle avoit euë de fon bien, & contre la promeffe qu'il lui avoit faite par fon Contrat de mariage avec Loüis Trezet d'une fomme au de-là de ce qui lui étoit legitimement dû pour fon mariage avenant; & par Sentence du Bailly d'Eu du 13 Février 1719 il avoit fait enteriner ces Lettres.

Sur l'appel qui fut interjetté de cette Sentence on prétendit que lors de fa décharge & de fa promeffe il étoit majeur d'une majorité parfaite, attendu qu'il avoit plus de 20 ans, & que par conféquent il étoit mal fondé dans fes Lettres.

De fa part au contraire il foûtint qu'il étoit mineur; que c'étoit la loy de fon origine qui devoit en pareil cas décider de fon état; & que felon l'ufage établi de tout tems dans le Comté d'Eu, ce n'étoit qu'à l'âge de 25 ans qu'on fortoit de tutelle, & qu'on devenoit majeur.

Comme la matiere n'avoit pas été bien difcutée, la Queftion parut d'abord faire quelque difficulté; mais les parties intereffées à faire rejetter les prétentions de le Monnier, étant venues me confulter la veille du Jugement, je fis une requête de cinq ou fix rôles par laquelle j'expliquai la difpofition de l'ancienne & de la nouvelle Coûtume; l'Ufage de la Province; & le Reglement de 1620 dont il fut fait une production nouvelle; & ce fut cette requête qui détermina le lendemain la Chambre à donner fon Arrêt par lequel *fans avoir égard aux Lettres obtenuës par le Monnier, & à fa demande en enterinement dont il fut débouté*, elle le condamna à entretenir fes faits & promeffes. La requête eft énoncée dans l'Arrêt.

Après le Jugement du procès j'eu la curiofité de demander à quelques uns de Meffieurs ce qui leur avoit fait de la peine, & tous m'affurerent que la Chambre avoit été convaincuë de l'Ufage ancien & moderne par la lecture du Reglement de 1619 ou 1620; & que fi d'abord on avoit fait quelque difficulté, ç'avoit été par la raifon que dans la Coûtume generale on ne trouvoit point d'article qui fixât pofitivement la majorité à 20 ans, les articles qu'on alléguoit fur cette matiere ne pouvant tout au plus fervir qu'à faire *préfumer* qu'elle s'acqueroit à cet âge-là dans la Province, parce qu'ils n'étoient pas formels & pofitifs comme ceux qui faifoient mention du droit de Viduité du mary fur les biens de fa femme; du tiers Coûtumier des enfans dans la fucceffion de leur pere ou mere; du droit de l'époufe dans les conquêts de fon mary; & des autres matieres au fujet defquelles on prétendoit qu'il y avoit dans ce Comté d'Eu des Ufages contraires aux difpofitions de la Coûtume Generale.

NOtredite Cour, &c. a mis & met l'appellation & ce dont a été appellé au neant en ce qu'il n'auroit été fait deduction audit Roquelin sur le prix principal de ladite maison, &c. qu'il auroit été condamné indiffiniment à rapporter les loyers sans deduction des impenses, meliorations, & reparations; & en ce qu'il ne lui a été fait aucune déduction; &c. Emendant quant à ce, ordonne que, &c. ne pourra le present Arrest tirer à conséquence, & sera montré au Procureur du Roy sur les nouveaux Usages introduits dans le Comté d'Eu contre la disposition de la Coûtume de Normandie & anciens Usages de ladite Province, & execution des Arrests, pour sur ce intervenant requerir, ce que de raison. Si mandons &c. Donné à Paris en nôtre Parlement le 21. jour de Mars, l'An de grace 1862.

*Arrest du du 21. Mars 1681.*

LOUIS, &c. Sçavoir, faisons que comme de la Sentence donnée par nôtre Bailly du Comté d'Eu le 6 Mars 1679. entre Nicolas Assegond, Marchand Bourgeois de la Ville d'Abbeville, *Demandeur en enterinement de Lettres* en forme de Rescision, par luy obtenues en Chancellerie le 5 Aoust 1676. d'une part; & François Viot, Marchand à *Blangi*, Deffendeur d'autre part. *Par laquelle ayant égard ausdites Lettres, & icelles enterinant les Parties auroient été remises en tel état qu'elles étoient avant la passation dudit Contrat du 28. Juin 1673. portant création de* 40. *livres de rente, à raison du denier* 20. *par ledit Assegond, au proffit dudit Viot, &c.* eût été appellé; &c. vû, &c. Requeste dudit François Viot du 6. Juin 1682. à ce qu'en tant que besoin est ou seroit, il fût reçû appellant de la Sentence d'Emancipation du 20 Novembre 1670, rendu audit Comté d'Eu, par laquelle *Nicolas & Jacques Assegond, auroit été emancipé d'âge sous la Curatelle de Nicolas Hallé, sans l'avis duquel ils ne pouroient vendre n'y aliener leurs biens, qu'ils n'eussent atteint l'âge de* 25 *ans. & en consequence,* &c. Tout joint, &c. Nôtredite Cour, &c. a mis & met les appellations au néant; ordonne que la Sentence, & ce dont a été appellé sortira effet, &c. *& ce sans tirer à conséquence.* Mandons, &c Donné à Paris en nôtre Parlement, le dix Mars, l'An de grace 1683. &c. *Signé,* JACQUES.

*Arrest du 10 Mars 1683.*

LOUIS, &c. Sçavoir, faisons, que comme de la Sentence donnée par le Bailly d'Eu le 1 Decembre 1698. entre Marie Cantel, Veuve de François Vildor, Grenetier au Grenier à Sel, d'Eu Demanderesse, &c d'une part, &c. & François Vildor, &c. emancipé, procédant &c. Deffendeur, d'autre, &c. *par laquelle sans avoir égard aux fins de non recevoir de ladite Cantel, Veuve Vildor, dont est elle a été deboutée, il a été ordonné qu'il sera procedé aux lots à Doüaire des biens de deffunt François Vildor, sur l'état qui sera donné par ledit François Vildor, & Jean Vildor son Curateur,* &c. en consequence dequoy les Parties conviendront d'Experts pour faire la liquidation & estimation du revenu du tiers des biens dudit Vildor, qu'elle peut legitimement prétendre pour son droit de Doüaire, &c. eût été appellé, &c. vû, &c. *Lettres de Rescision dudit Vildor du* 25 *Mars dernier contre les Actes par luy passez & par son Tuteur, les* 4 *Aoust* 1689, 6 *Octobre* 1690 *&* 3.

*Arrest du 1. Juin 1696.*

*Novembre* 1692, *& Arrests paſſez en conſequence;* Requeſte dudit Vildor, afin d'enterinement de ſes Lettres, &c. *Requeſte* de ladite Cantel du 28 Mars dernier employée pour réponſe, &c. ladite Requeſte contenant demande *à ce que ſi la Cour le trouvoit à propos, en faiſant droit ſur leſdites Lettres & Requeſtes d'enterinement, les Parties fuſſent miſſent reſpectivement au même état qu'elles étoient avant les Actes paſſez entre elle, & le Tuteur dudit Vildor, &c.* Nôtredite Cour, &c. a mis & met l'Appellation & Sentence de laquelle a été appellé au néant, *emendant,* & avant faire droit ſur la demande dudit Vildor, afin de Reduction du Doüaire accordé par le Contrat de mariage de ladite Cantel, &c. ordonne qu'eſtimation ſera faite par Experts, &c. du revenu du tiers des biens laiſſez pour ledit François Vildor ſon mary &c. *faiſant droit ſur les Lettres de Reſciſions priſes par ledit Vildor le 23 May dernier contre, &c.* demande en enterinement d'icelle; demande de ladite Cantel du 28. *May dernier, a remis les Parties en tel & ſemblable état qu'elles étoient avant leſdits Actes,* &c. Mandons, &c. Donné à Paris en nôtre Cour du Parlement en la 5. Chambre des Enqueſtes le 1. Juin, l'An de grace 1696, &c.

Arreſt du 28. Juillet 1699.

L OUIS, &c. tout joint & deligemment examiné, nôtredite Cour, &c. ſans s'arreſter aux fins de non recevoir de Charles de Broſſard, &c. a mis & met les Appellations au néant, &c. declare le Contrat de mariage de François de Broſſard, & Charlotte de Bezu du 1 Mars 1645. executoire ſur, &c. ce faiſant condamne, &c. Si mandons, &c. Donné à Paris en Parlement le 28 Juillet, l'An de grace 1699. &c.

Arreſt du 5e Avril 1721

L OUIS, &c. Sçavoir, faiſons que comme de la Sentence donnée par le Bailly Vicomte, Juge Civil & Criminel du Comté & Pairie d'Eu le 13 Fevrier 1719. &c. entre Charles Monnier, *Demandeur en Lettres de Reſciſion,* par lui obtenues en Chancellerie le 16. Mars 1718. à ce qu'en cas qu'il apparût du contenu en icelle *& notamment que ledit Monnier fût Mineur lors des décharges qu'il avoit données à Chaterine Monnier ſa ſœur du maniment qu'elle avoit en de ſou bien,* &c. & que les promeſſes par lui faites par le Contrat de mariage de ſadite ſœur *excedaſſent ce qu'elle pouvoit eſperer pour ſa legitime, & que ledit Monnier eût ſigné leſdites décharges & Contrat de mariage, ſans aſſiſtance de Curateur, & qu'il y fut lezé,* ledit Monnier fut remis en tel & ſemblable état qu'il étoit auparavant, &c. par *laquelle Sentence* ayant égard auſdites Lettres & icelles enterinant & faiſant droit, ledit Charles Monnier auroit été déchargé de la ſomme 1000 livres par le Contrat de mariage d'entre ladite Catherine Monnier ſa ſœur & Louis Quentin Trehet, & ce par deſſus celle de 7000 livres, à laquelle ſomme il eſtoit ordonné que le mariage avenant de ladite Catherine Monnier, demeureroit liquidé, &c. eut été appellé en Nôtre Cour, &c. vû, &c. Requeſte dudit Charles Monnier, cy-devant, *emancipé d'âge* procédant ſous l'autorité de Nicolas le Seigneur ſon Curateur aux Cauſes, & à preſent *Majeur de 25. ans du 23. Mars 1720, &c.* Production nouvelle de Marie Jeanne Monnier, par Requeſte *du 4. Avril 1721. ſignifiée le même jour des pieces y mentionées aux inductions qui en étoient tirées, &c.* tout joint & diligemment examiné. Nôtredite Cour, par ſon Jugement & Arreſt,

&c.

&c. sans avoir égard aux Lettres de Refcifion obtenues par ledit Charles Monnier, ni à sa demande à fin d'enterinement desquelles il est débouté ordonne que le Contrat de mariage desdits Trechet, & sa femme sera executé, & suivant y celui condamne ledit Monnier à leur fournir des heritages ou rentes de la succession de Nicolas Monnier pere commun jusqu'à concurence de la somme de 7000 livres, & à leur fournir aussi une Chambre garnie ou la somme de 1000 livres, dont il s'est reconnu debiteur par ledit Contrat de mariage, &c. sans avoir égard aux fins de non recevoir dudit Charles Monnier, &c. ayant aucunement égard aux intervention & demande de ladite Marie Jeanne Monnier, déclare le present Arrest commun avec elle, en consequence tient l'Acte sous seing privé du 4 Mars 1717. pour reconnu; ordonne que ladite Marie Jeanne Monnier jouïra suivant la Coûtume de Normandie de l'usufruit de la somme de 7000 livres, à laquelle son marige avenant a été fixé par l'Etat en forme de partage sans date écrit de la main dudit deffunt Nicolas Monnier, approuvé par ledit Charles Monnier par ledit Acte étant ensuite dudit état, &c. l'execution du present Arrest reservée à nôtredite Cour, en la cinquiéme Chambres, des Enqueftes. Mandons, &c. Donné en Parlement le 5 Avril, l'An de grace 1721. & de nôtre Regne le 6. *Signé* GILBERT,

Aa

# CHAPITRE XV.

Si les freres partagent également entre eux dans le Comté d'Eu les biens qui font fitués en Bourgage.

## SOMMAIRE.

I. *Dans les partages d'immeubles fitués en Caux, l'on diftinguoit anciennement entre ceux qui étoient en Bourgage, & ceux qui étoient hors Bourgage.*

II. *Dans les biens hors Bourgage les puînés n'avoient qu'une provifion à vie.*

III. *Et dans les biens de Bourgage ils partageoient également avec leur aîné.*

IV. *Jurifprudence établie par la nouvelle Coûtume.*

V. *Quelle portion avoient anciennement les filles dans les biens de Bourgage.*

VI. *Explication de l'art. 270 de la Coûtume qui veut qu'entre freres les biens qui font fitués en Bourgage foient partagés également.*

VII. *Ufage établi dans le Comté d'Eu d'en donner les deux tiers à l'aîné.*

VIII. *Arrêts qu'on prétend avoir confirmé cet Ufage.*

IX. *Arrêts qui ont jugé le contraire.*

I.     Long-tems avant la réformation de la Coûtume de Normandie, lorfqu'il étoit queftion de faire un partage de biens fitués dans le Pays de Caux, on diftinguoit entre ceux qui étoient en Bourgage, & ceux qui étoient hors Bourgage.

Terrien en son Commentaire *liv. 6. chap. 4.* dit que II.
suivant le stile de proceder en Normandie au titre *des Successions*; l'aîné prenoit en Caux toute la succession de ses pere & mere ou autre ascendant sans en faire aucune part hereditaire à ses puînés ausquels il donnoit seulement une provision à vie quand les biens n'étoient point en Bourgage. Voici comme il rapporte, & comme il fait parler ce stile ancien : *Par la Coûtume & Usage du Bailliage de Caux qui s'étend en aucuns lieux de la Vicomté de Rouen, le plus aîné a la succession de son pere & mere, ayeul, besayeul, & predecesseur, sans en faire part ou portion heredital à ses freres puînés hors Bourgage. Mais seulement ont les freres puînés provision de vivre leur vie durant seulement, la proprieté demourant à l'aîné.*

Par la lecture que j'ai prise de cet endroit du stile je III.
n'ay pas remarqué que ces deux mots y fussent, *hors Bourgage*; mais je ne doute pas qu'on ne dût l'entendre de la maniere qu'il est expliqué par Terrien, car parlant dans le même titre des biens en Bourgage, il fait assez connoître que cette nature des biens est sujete à partage entre coheritiers. *Item, il est à sçavoir que és Bourgages qui sont audit Bailliage, combien qu'il y en ait, & en quelque lieu qu'ils soient assis, les heritages sont partables.* A quoi nous devons ajouter *par portions égales*, parce qu'il ne doit point y avoir d'inegalité dans les partages, si elle n'est précisément expliquée par la Loi.

Ces deux endroits réunis & conciliés ensemble nous apprennent qu'autrefois dans le Pays de Caux on faisoit grande difference entre biens en Bourgage, & ceux qui n'y étoient pas. Dans les uns les puînés avoient part, & dans les autres ils n'avoient qu'une provision à vie seulement.

**IV.**     Cette derniere disposition parut trop rigoureuse aux
Etats lors de la reformation de la Coûtume. On voit par
le procés verbal de la redaction des Usages Locaux de la
Province, qu'ils introduisirent plusieurs art. pour Coûtume nouvelle, par lesquels ils reglerent la maniere de
succeder en Caux, & que de ce nombre furent l'art.
279, par lequel on reserva *aux peres, meres, ayeul, ayeule,
ou autres ascendans la faculté qu'ils avoient auparavant de pouvoir disposer du tiers de leurs heritages & biens immeubles à leurs
enfans puisnez, ou l'un deux sortis d'un même mariage, soit par
donation, testament, ou autre disposition solemnelle par écrit entre vifs, ou à cause de mort à la charge de la provision à vie des
autres puisnez non compris en ladite disposition:* l'art. 288. qui
porte que *si les puisnés donataires veulent renoncer à leur
don ou disposition ils auront seulement provision à vie* qui suivant
l'art. 290. est le tiers en usufruit afin, comme disent les
Commentateurs, que l'intention des peres ne soit pas
frustrée: & l'art. 295. qui dit que *si les peres, meres, ou autres ascendans décedent sans disposition, le tiers de toute la succession appartiendra proprietairement aux puisnés, demeurant neanmoins à l'aîné le manoir & pourpris sans aucune estimation ou
recompense.*

Un de nos Commentateurs, dit que " c'est par ce der-
„ dernier article, qu'on a corrigé la rigueur de l'ancien-
„ ne Coûtume qui ne donnoit que le tiers à vie; que long-
„ tems auparavant la condition des puisnez étoit encore
„ plus dure, parce qu'ils n'avoient rien que ce qu'il plai-
„ soit aux aînez de leur donner, & qu'ils en étoient quit-
„ tes en les nourrissant à leur discretion, & plûtôt com-
„ me des valets que comme des freres; qu'on observoit
„ autrefois en Bretagne une Loi semblable suivant l'as-
„ sise du Duc Godefroy de l'année 1185 ; qu'Artus Premier

Duc de Bretagne toûché par les defordres que cette Loi "
rigoureufe faifoit naître, ordonna que le tiers des biens "
feroit affecté aux puifnez à vie ; qu'en Normandie l'on "
commença par un ancien Arreft du Parlement de Roüen "
du 24 Janvier 1521 à adoucir la dureté de nôtre Coû- "
tume ; qu'on ordonna que les puifnés auroient le tiers "
à vie, déduction faite de la portion des filles ; & qu'en- "
fin par ledit article 295, on leur a donné le tiers en "
proprieté ". Bafnage fur cet art. & la Bibliotheque du
*Droit françois in verb.* Douaire.

Cet ufage de ne garder pas dans la divifion des biens       **V.**
fituez en Bourgage les mêmes regles qu'on obferve dans
le partage de ceux qui font *hors Bourgage*, eft ancien.
Quoique par nôtre vieille Coûtume aux titres *de parties
d'heritages*, *& de Brief de mariage Encombré* la fœur ne
puiffe pas regulierement demander partage à fon frere,
& doive fe contenter de mariage avenant, elle a néanmoins en certains cas le tiers de l'heritage & pour lors
on lui donne *en Bourgage* portion égale avec lui fuivant
la remarque qui en eft faite dans le premier de ces
deux titres. *Les fœurs ne doivent clamer aucune partie en l'heritage de leur pere contre leurs freres, ne contre leurs hoirs : mais elles peuvent demander leurs mariages : & fe les freres les peuvent
marier de meubles fans terre, ou avec terre, ou de terre fans meubles, à hommes idoines, fans les déparager : ce leur doit fuffire :
& s'ils ne les veulent marier, elles auront le tiers de l'heritage en
lieu de mariage, &c. En Bourgage auront les fœurs telle partie comme les freres.*

C'a été fur ce fondement, qu'avant la reformation
de la Coûtume le Parlement de Roüen rendit deux Arrefts qui ont été remarquez par Terrien *loco citato*, par
le premier qui eft du 18 Janvier 1521 il jugea que les

A a iij

enfans d'un Particulier nommé de Bordeaux reprefen-
tans l'une des 5. filles de Jean le Saulnier qui feule d'entr'elles avoit été refervée à partage, auroient avec Nicolas le Saulnier frere aîné de ces cinq filles la fixiéme
partie des heritages de la fucceffion affis en *Bourgage* &
la 5. partie du tiers de ceux qui fe trouveroient hors
Bourgage; & par le fecond du 17. de Février fuivant,
il fut dit qu'il feroit fait huit lots des heritages de la fucceffion de des Hommets affis en Bourgage, dont Jean
& Jacques tant de leur Chef, qu'à la reprefentation de
5. de leurs fœurs mariées auroient fept lots; que Marguerite leur fixiéme fœur feule refervée par fon pere
à partage auroit le huitiéme lot: & que fi cette huitiéme
partie ne pouvoit être commodement faite, le tout
feroit appretié en argent dont elle auroit un huitiéme.

　　Ces maximes ont donné lieu à l'art. 270. de la Coûtume reformée felon lequel *les freres & les fœurs partagent également les heritages qui font en Bourgage par toute la Normandie, même au Bailliage de Caux, au cas que les filles fuffent
reçues à partage.*

　　Il eft vrai qu'à juger par le rang que les Reformateurs
ont donné à cet article, il femble qu'il ne doit s'entendre que du partage des freres & fœurs du mariage defquelles eft parlé dans les articles précedens & dans celui qui le fuit; & c'eft auffi la remarque qui en a été
faite par Godefroy dans fon Commentaire.

　　Mais cet auteur ajoûte que fa difpofition eft également
fuivie dans les partages qui font uniquement à faire entre
freres, & il en rapporte Arreft du Parlement de Roüen
qu'il date mal du dernier Janvier 1603, par lequel on
jugea que des enfans d'un puifné partag ro ent également avec l'enfant de l'aîné une fucceffion collaterale

de propre qui leur étoit échue dans le pays de Caux, & dont les biens étoient assis en Bourgage.

Berault qui avoit rapporté cet Arrest avant Godefroy, dit qu'il fut rendu en la Chambre des Enquestes le dernier Janvier 1613. au rapport de M. de Blais entre des nommez Blanchet; qu'il confirma une Sentence du Bailly de Caux ou son Lieutenant au Siége de Caudebec confirmative d'une autre qui avoit été rendue le 14 Avril 1612 en la Vicomté du même lieu; qu'il fut donné avec grande deliberation, & aprés avoir vû l'Arrest de Cossart du 12. Decembre 1606. qu'on prétendoit avoir jugé le contraire, & un autre du 18 Juin 1611 rendu au rapport de M$^r$. Bouchard entre des particuliers qui s'appelloient Gladain; que les enfans du puisné qui demandoient part en la succession s'aidoient de cet article 270; & que l'enfant de l'aîné qui contestoit leur demande, s'appuyoit sur l'article 303. qui porte que *le frere aîné a l'ancienne succession de ses parens collateraux, sans en faire part ou portion à ses freres puinez*; lequel article on a jugé par-là n'avoir lieu que pour le propre hors bourgage. C'est l'observation que Berault a faite sur ledit article 270.

Ces principes étant une fois établis, concluons que le Comté d'Eu étant assis dans le Pays de Caux, on y doit suivre l'art. 270 dont nous avons parlé cy-dessus, & qui donne aux freres & sœurs reçûës à partage part égale dans les biens qui sont en Bourgage par toute la Normandie, & même au Bailliage de Caux.

Néanmoins on veut qu'il s'y soit établi un usage contraire suivant lequel en la Ville d'Eu l'aîné a les deux tiers des maisons & heritages y situés, & les puînés l'autre tiers, ce qu'on dit avoir été gardé dans la

VII.

plûpart des partages qui ont été faits dans ce Pays-là. Mais cet Usage qui est repris dans l'acte de notorieté du 25 de Février 1673 rapporté sur le Chap. IX. se trouvant absolument contraire à nôtre ancien droit, & à la nouvelle Coûtume, il est sans difficulté qu'on n'y doit pas avoir égard pour les raisons que nous avons tant de fois repetées.

VIII.    Il est pourtant vrai que nos adversaires opposent que l'usage de donner à l'aîné les deux tiers dans les biens situés en Bourgage contre la disposition de l'*art.* 270 de la Coûtume, a été suivi dans la plûpart des partages qui ont été faits dans le Comté d'Eu; que par un Arrêt de 1656 le Parlement de Paris confirma cet Usage; & que par un autre du premier Août 1657 on ordonna l'execution d'un partage qui avoit été fait en conformité.

Mais je répond à l'objéction que si quelquefois on a donné cet avantage à des aînés dans des partages qui se faisoient entre eux & leurs cadets, il en a pareillement été bien fait où l'*article* 270 de la Coûtume generale qui veut que les biens situés en Bourgage soient partagés *par portions égales entre freres, même au Bailliage de Caux,* a été reguliérement observé; & que d'ailleurs ce prétendu Usage, quand il seroit vrai, devroit être consideré comme un abus, & par conséquent comme un Usage à réformer, parce qu'il ne faut pas souffrir que les particuliers dérogent & contreviennent *au Droit Public* par les conventions qu'ils peuvent faire entr'eux, *Privatorum pactis juri publico derogari non potest.*

Que si la décision de l'Arrêt de 1656 que je n'ai jamais vû, est telle qu'on la veut faire croire, c'est une décision solitaire qui ne doit point porter coup, par la
raison

raison que ce qui est contraire au droit ne peut point tirer à conséquence, comme dit le Jurisconsulte Paul. *Quod verò contrà rationem juris receptum est, non est producendum ad consequentias. l. 14 §. de Leg. D;* parce que cet Arrêt peut avoir eu pour motif quelque circonstance particuliere ; & par ce qu'en tout cas l'autorité d'un Jugement contraire à tous ceux qui ont été rendus depuis sur la matiere, ne doit pas prévaloir à celle de ces derniers Jugemens qu'il faut présumer avoir été donnés en pleine connoissance de cause, *Quod non ratione introductum est ; sed errore primùm, deindè consuetudine obtentum est, in aliis similibus non obtinet;* c'est ce que disoit autrefois le Jurisconsulte Celsus en la Loy 39 au même titre, & ce qu'il avoit déja dit en la loy 4, & en la loy 5. *Ex his quæ fortè uno aliquo casu accidere possunt, jura non constituuntur ; nam ad ea potius debet aptari jus quæ & frequenter & facile, quàm quæ perrarò eveniunt.*

Et qu'à l'égard de l'Arrêt du 1. Août 1657 sa disposition ne doit point faire loy par les mêmes raisons que je viens d'expliquer ; & ce d'autant plus que c'est un Arrêt donné du *consentement des parties,* & concerté entre elles au Parquet de M<sup>rs</sup>. les Gens du Roy, & qui par conséquent ne peut établir ni constituer un droit general *quia jura non in singulas personas, sed generaliter constituuntur.* l. 8. eod. ff. D.

Il n'en est pas de même de l'Arrest qui fut rendu en la troisiéme Chambre des Enquestes le 23. Août 1701. au Rapport de M<sup>r</sup>. de Ribaudon du Monceau, & que j'ay rapporté au Chapitre X I I I.

Par cet Arrest on jugea plusieurs choses.

La premiere que Damoiselle Marie le Boucher femme de M<sup>r</sup>. André de Beaumont Avocat au Bailliage d'Eu,

IX.

Lieutenant de l'Amirauté, & Procureur Fiscal du Comté, auroit la moitié *en proprieté* dans les conquets qui avoient été faits *en Bourgage* pendant son mariage avec Nicolas de Verton sieur de Chiffreville Officier de Mademoiselle d'Orleans Comtesse d'Eu son premier mary, sans avoir égard à l'usage qu'on prétendoit s'être établi dans le Comté d'Eu de ne donner à la femme que la moitié *en usufruit* dans les conquets de cette nature, contre la resolution expresse de *l'art.* 329. de la Coutume; lequel Arrest a esté suivi & confirmé par un second du 30. Mars 1715. rendu en la Grand'Chambre au rapport de M'. Brayer, par lequel on a jugé sur l'appel d'une Sentence renduë au Bailliage d'Eu le vingt-deux Janvier 1712, que Jeanne Sallé Veuve de Pierre Grandin, tutrice de leur fils mineur, & consorts heritiers de Marguerite Aubry veuve en secondes nôces de Nicolas Boucher, auroient comme la representant la moitié *en proprieté* dans les conquests qui avoient été faits en *Bourgage* pendant le mariage d'entr'elle & Boucher suivant & conformément *audit art.* 329. Il m'est échappé de rapporter cet Arrest au Chapitre XIII.

La seconde, que les sieurs de Verton freres partageroient entr'eux par portions égales une maison scize en la Ville d'Eu en execution de *l'art.* 270. de la Coûtume.

La troisiéme, qu'ils partageroient de la même maniere des rentes constituées qui étoient dues à la succession qu'il s'agissoit de partager par des personnes dont tous les biens étoient situez en ladite Ville, & qui par cette raison étoient censez biens en *Bourgage*, parce qu'en Normandie les rentes de cette nature ne se réglent pas, comme à Paris, par la Loi du domicile du creancier, mais par la Coûtume des lieux où les debiteurs ont leurs biens situez.

Et la quatriéme, que l'aîné des coopartageans auroit les deux tiers dans l'Office de Grenetier au Grenier à Sel de la Ville d'Eu , qui avoit appartenu à leur pere, & les puînez l'autre tiers.

Et qu'on ne dise point que l'Arrest contient en soi des dispositions contraires, & que quand la Cour a statué sur ce dernier chef, elle a eu intention de se conformer à l'Usage local du Comté d'Eu, & de rejetter *l'art.* 270. de la Coûtume.

Il n'est pas à présumer qu'elle eût voulu tomber dans des contradictions si manifestes. Il y a tout lieu de croire, qu'en ordonnant comme elle a fait le partage de cet office , elle ne l'a pas regardé comme un bien *de Bourgage* , ce qui n'est pas fort extraordinaire , puisque l'art. 72. du Reglement general fait au Parlement de Roüen en 1666 ; qui est une interpretation de *l'art.* 329. de la Coûtume & qui regle la part que la femme a dans les Offices acquis pendant le mariage, ne lui donne que le tiers *en Usufruit* qui est la portion que ledit art. 329. lui donne dans les conquets faits *hors Bourgage* à l'exception de ceux qui sont au Bailliage de Gisors où elle a *la moitié en proprieté* , & de ceux qui sont situez au Bailliage de Caux où elle prend *la moitié en usufruit.*

Mais peut-on jamais voir un Arrest plus solemnel & plus décisif que celui qui fut rendu en la Grand'Chambre le 25 Juin 1716 au rapport de M. l'Abbé Robert au rapport de qui avoient été rendus l'Arrest du 14 Juillet 1701 dont je parlerai dans un des Chapitres suivans où nous examinerons *si dans le Comté d'Eu les fruits qui sont sur la terre aprés le jour de la nativité de S. Jean-Baptiste , & qui tiennent encore par les racines sont meubles,* comme il est d'usage en Normandie, & l'Arrest de Clieu du 14 Mars

1704 dont j'ai fait mention au Chap. X. & qui concerne le droit de Viduité du mari sur les biens de sa femme?

Cet Arrest fut donné dans une instance qui étoit pendante en la Cour entre François, Nicolas, & Joseph Bonnet, enfans puînés & coheritiers en la succession de feu Me. Jean Bonnet, Sieur du Mesnil, & de damoiselle Marie de Chepy sa femme, appellans d'une Sentence renduë au Bailliage du Comté & Pairie d-Eu le 3 Février 1714 d'une part, & Me. Jean Bonnet, Sieur de Litteville, Lieutenant Civil & Criminel en l'Election d'Eu, fils aîné dudit Jean Bonnet, intimé, d'autre; & la Question étoit de sçavoir si ce fils aîné ne devoit pas avoir les deux tiers dans les biens situés dans la Ville d'Eu & dans ses Fauxbourgs.

J'ai vû peu d'affaires soûtenuës avec plus d'attention que la sienne; on n'omit rien de ce qui pouvoit servir à la défense des Usages prétendus Locaux du Comté d'Eu; & tous les Arrests, & autres titres & pieces dont on crut pouvoir tirer quelque induction, furent rapportés. Quant aux Puînés dudit sieur Bonnet de Litteville, il faut convenir qu'on parla très foiblement pour eux; & cependant ce fut en leur faveur que la Cour se détermina.

Tous leurs moyens se renfermoient à dire en general, sans s'attacher à aucune preuve, que le Comté d'Eu faisoit partie du Duché de Normandie; que ses Habitans avoient été déclarés sujets aux dispositions de la Coûtume par les Ordonnances des Commissaires nommés pour la rédiger, & pour la rédaction des Usages Locaux de la Province; & que le Parlement de Paris l'avoit ainsi jugé par une infinité d'Arrests qu'on ne rapportoit point.

Mais à l'égard du Sieur Bonnet de Litteville, voici quelle fut sa défense par rapport à la Queſtion principale de l'inſtance, & par rapport à une ſeconde qu'il fit naître, & qui conſiſtoit à ſçavoir ſi ſes puînés partageans également avec lui les biens ſitués dans la Ville d'Eu, ils devoient avoir auſſi portion égale dans ceux qui étoient dans *les Fauxbourgs.*

Il y a, dit-il, des Uſages locaux dans le Comté d'Eu ; & ces Uſages y ont été perpetuellement ſuivis. Il eſt ſitué dans l'étenduë du Bailliage de Caux, qui eſt un des ſept Bailliages de la Province de Normandie ; il n'y a perſonne qui ne ſçache qu'il fut autrefois du Reſſort de l'Echiquier de Roüen : ſon érection en Pairie qui eſt de 1458 l'en éclipſa ; & pour lors il commença d'être du Reſſort du Parlement de Paris.

Il faut demeurer d'accord, que dans les ſiecles paſſés, il fut régi par les mêmes Loix qui régiſſoient tout le Duché de Normandie, qui avoient été établies par les Ducs, & dont on voit aujourd'hui la meilleure partie dans ce qu'on appelle le Viel Coûtumier de la Province.

Mais comme cet ancien Coûtumier qui avoit été redigé ſous le Regne de S. Loüis ou environ, étoit l'ouvrage d'un Particulier ; qu'il n'avoit point été redigé par les Etats, ni omologué par le Prince ; & que par conſéquent il ne pouvoit pas être d'une autorité bien Souveraine, il faut auſſi convenir qu'il s'établit dans ce Comté certains Uſages locaux, comme il s'en étoit introduit dans la meilleure partie de la Province : ſçavoir, dans les Vicomtés de Roüen, Pont-de-l'Arche, Caudebec, Arques, Montivilliers, & Neuchaſtel ; dans les vingt-quatre Paroiſſes étant du Reſſort de Gournay ;

dans les Vicomtés de Caën , Bayeux , Vire , Falaise, Evreux, Nonancourt, Beaumont-le-Roger, Conches, Breteüil , Gisors, Vernon, Andely , Lions & Verneüil; & dans la Chastellenie d'Alençon.

Ces Usages Locaux du Comté d'Eu contraires aux dispositions generales de la Coûtume de Normandie, sont dans un nombre assés considérable , & l'un d'eux est de donner au frere aîné les deux tiers des biens immeubles en quelques endroits qu'ils soient situés , sans distinguer s'ils sont en Bourgage , c'est-à-dire dans la Ville ou dans la Campagne.

On ne peut douter de l'existence & de la verité de ces Coûtumes locales , elles sont justifiées par une infinité de pieces & de circonstances.

Par les Lettres Patentes que le Parlement de Roüen obtint pendant la minorité du feu Roy Loüis XIV. au mois de Janvier 1641 dont voici les termes : *Voulant aussi pour la commodité de nos Sujets du Comté d'Eu , la Haute Justice d'icelui ressortir en nôtredite Cour du Parlement de Roüen, & que tous les procès & differens qui seront mûs & dévolus y soient jugés & terminés selon les Us & Coûtumes locales, ainsi qu'elles ont été établies : Avons interdit & interdisons desdits procès & differens d'entre les appellans dudit Comté d'Eu , la connoissance à nôtre Cour de Parlement de Paris , sans préjudice des droits de Pairie ;* lesquelles Lettres furent aussi-tôt revoquées par une Declaration du 29 Avril suivant.

Par les Lettres du 24 Octobre 1579 que M. le Duc de Guise Comte d'Eu obtint *pour la rédaction de ses Coûtumes locales & particulieres ,* ne voulant pas assister , ni que ses Officiers & Vassaux assistassent à la rédaction de la Coûtume generale de Normandie , où les Commissaires nommés procedoient en conséquence de Lettres expédiées en 1577 aux Etats de la Province.

Par le refus qu'il fit encore, ainsi que tous ses Vassaux, d'assister en 1586 à la rédaction des Usages locaux de la Province, attendu qu'il avoit obtenu des Lettres pour la rédaction des siens.

Par l'Arrest du mois de Mars 1611 rendu en la Grand'-Chambre sur les Conclusions de M. l'Avocat General Servin, sur l'appel interjetté par M. le Duc de Guise d'une Ordonnance renduë par les Commissaires qui avoient procedé à la rédaction des Usages locaux de Normandie, par laquelle ils avoient fait défenses à tous Habitans de citer à l'avenir autres Coûtumes locales que celles qu'ils avoient redigées. Il s'agissoit en cette cause de sçavoir si *le droit de Viduité* qui appartient au mari sur les biens de sa femme, devoit avoir lieu dans le Comté d'Eu comme dans le reste de la Province.

Par un Arrest de 1570 qui ordonna qu'il seroit informé de l'usage des lieux sur une pareille question, quoique toutefois la Coûtume ancienne de Normandie s'expliquât positivement sur cette matiere.

Par un acte de notorieté du 5 Octobre 1646 expedié au Bailliage d'Eu contre le sieur de la Bretonniere, portant que ce droit de Viduité établi par la Coûtume generale ne se pratiquoit point en ce Pays-là.

Par un autre acte de notorieté du 26 Février 1673 par lequel tous les Officiers, Avocats, & Procureurs de ce Bailliage attesterent la même chose, & qu'il s'y observoit *plusieurs autres Usages locaux*, lesquels y sont désignés, & du nombre desquels est celui dont il s'agit dans la présente espece.

Par un Arrest du 22 Decembre 1682 portant qu'avant de proceder au Jugement définitif du chef qui concernoit le droit de Viduité prétendu par le pere, suivant l'article 382 de la Coûtume de Normandie, *les Parties rapporteroient dans deux mois des Actes de notorieté* des Juges & autres Officiers du Comté d'Eu sur la commune observance dans le Pays dudit article 382.

Par un troisiéme Acte de notorieté du 14. Juin 1701. contenant que ce droit ne s'observe point dans le Comté d'Eu.

Par un Arrest du 7. Septembre 1701. qui a ordonné que sur une Question concernant ce droit, les Parties contesteroient plus amplement.

Par les Conclusions de Monsieur le Procureur General d'Aguesseau, données depuis dans la même affaire, portant que *les Parties rapporteront des Actes, Contrats, & Transactions*, pour justifier de quelle maniere on s'étoit comporté dans ce Païs lorsqu'elle s'etoit presentée.

Par l'intervention de Monsieur le Duc du Maine Comte d'Eu dans ce procés pour y conserver ses interests, afin qu'il ne s'y passât rien qui portât préjudice *aux Coûtumes locales de son Comté.*

Par un Arrest du 14. Mars 1704. rendu en la Grand'-Chambre au rapport de Monsieur l'Abbé Robert, par lequel il fut dit qu'avant faire droit, les Parties feroient diligence dons trois mois *de rapporter des Comptes des Partages, & autres Titres & Jugemens* entre personnes domiciliées, ou ayans leurs biens dans l'étenduë du Comté d'Eu, pour justifier si l'on y avoit donné ou non ledit droit de Viduité, & la maniere dont on pouvoit l'acquerir ou y renoncer.

Par trois Arrests des 13 Mars 1571, 19 Septembre 1587 & 11 Juillet 1606 rapporez dans le Livre intitulé : *Les Gardes de Normandie*, par lesquels la Cour a ordonné qu *il seroit feroit informé de certains articles de la Coûtume locale du Comté d'Eu, tant auparavant que depuis la Coûtume generale de Normandie.*

Par un Arreſt du mois de Mars 1674 qui ordonne qu'il ne pourroit faire préjudice à Mademoiſelle de Montpenſier Comteſſe d'Eu, qui ſe retireroit pardevers le Roy pour obtenir des Lettres à l'effet de rédiger *ſes Uſages locaux.*

Par les Lettres Patentes qu'elle obtint en conſéquence en 1675.

Par un Arreſt du 7 Juin 1658 qui débouta des enfans qui demandoient *leur tiers Coûtumier* ſur des biens ſitués dans le Comté d'Eu, & qui faiſoient partie de la ſucceſſion de leur pere à laquelle ils avoient renoncé, quoique *l'article* 399 de la Coûtume generale attribuë ce droit aux enfans qui renoncent.

Par un Arreſt du 16 Mai 1670 qui l'a jugé de la ſorte.

Par un Arreſt du Parlement de Roüen du 23 Decembre 1666 qui a encore jugé la même choſe.

Par un Arreſt du premier Février 1700 qui a pareillement débouté les ſieurs de Bouges de la demande qu'ils avoient formée pour la délivrance *d'un tiers coûtumier* ſur des biens aſſis dans le Comté d'Eu.

Par un Arreſt du 4 Janvier 1632 qui ordonna qu'il feroit informé par turbes de l'uſage obſervé dans la Ville d'Eu de faire valoir la poſſeſſion de dix ans de lecture & de publication des Contrats, contre *l'article* 453 *de la Coûtume*, qui porte que ſi la lecture n'a point été faite, l'heritage eſt ſujet à retrait dans les trente ans.

Par l'Arreſt du 21 Août ſuivant, par lequel le Demandeur en retrait fut débouté de ſa demande, l'uſage étant demeuré pour certain tel qu'il avoit été soûtenu par le défendeur.

Par plusieurs Arrests des 29 May 1646, 19 Avril 1689, 29 Mars 1697, 14 Août 1698, 22 Août 1702, 29 Juillet 1707, & 20 Février 1713 qui ont admis dans le Comté d'Eu *la demande en declaration d'hypoteque* contre le tiers acquereur, nonobstant l'ancien usage de la Province; l'esprit de la Coûtume en l'article 552; & l'article 120 du Reglement general fait au Parlement de Roüen en 1666, qui porte que l'acquereur qui a joüi par an & jour ne peut être dépossedé que *par la voye de la Saisie réelle.*

Par quatre Arrests des 10 Mars 1682, 10 Mars 1683, premier Juin 1696, & 11 Avril 1701 qui ont jugé que dans le Comté d'Eu l'on n'étoit *majeur qu'à 25 ans*, encore bien que dans tout le reste de la Province on soit majeur à 20 ans accomplis.

Par un Arrest du 4 Juillet 1701 rendu en la Grand'-Chambre au rapport de M. l'Abbé Robert, entre les Religieuses Ursulines de la Ville d'Eu, le sieur de Lespine, & le sieur de Saint Agnan, confirmatif d'une Sentence par laquelle on avoit jugé que les grains écrûs dans un territoire dépendant du Comté d'Eu n'étoient pas *meubles* après le jour de S. Jean-Baptiste, jusqu'à ce qu'ils fussent sciés & coupés, au préjudice de l'article 505 de la Coûtume generale de Normandie, qui porte que *les fruits, grains & foins étans sur la terre aprés le jour de la Nativité de S. Jean Baptiste, en cas qu'ils tiennent par les racines, & ne soient coupés ni sciés, sont néanmoins censés & réputés meubles.*

Par l'autorité de Me. Henry Basnage, sur l'article 164 de la Coûtume, où il atteste qu'il y a des Usages locaux dans le Comté d'Eu, en parlant *du droit de relief* qui ne s'y paye pas comme dans les autres Jurifdictions de la Province.

Par un Arreſt du dix Juillet 1655 qui ordonna qu'à la requête de M. le Procureur General il ſeroit informé de l'uſage qu'on diſoit être obſervé dans le Comté d'Eu, de ne donner à l'aîné qu'*un ſeul préciput* dans les ſucceſ-ſions de pere & de mere, nonobſtant l'*article* 348 de la Coûtume generale qui en donne deux.

Par un Arreſt de 1656 qui confirma le même uſage obſervé dans le même Pays, de donner à l'aîné *les deux tiers* des maiſons & heritages ſitués dans la Ville d'Eu, & l'autre tiers aux cadets, contre la diſpoſition expreſſe de l'*article* 270 de la Coûtume generale, qui veut que les freres partagent également les biens ſitués en Bour-gage.

Et par un Arreſt du premier Août 1657 qui ordonna l'execution d'un partage qui avoit été fait de la ſorte.

Toutes ces pieces juſtifient d'une maniere invincible qu'il y a dans le Comté d'Eu des Uſages locaux contrai-res aux diſpoſitions de la Coûtume generale de Nor-mandie, & qu'ils en ont regi les Habitans pendant plu-ſieurs ſiecles.

Un de ces Uſages, comme on a déja dit, eſt de don-ner à l'aîné les deux tiers des immeubles ſitués dans la Ville d'Eu; & la verité de ce fait eſt établie par la Sen-tence dont eſt appel, & par les deux Arreſts de 1656, & 1657 dont il vient d'être parlé.

Mais enfin, ſi la Religion de la Cour ne ſe trouvoit pas parfaitement inſtruite, l'intimé ſe flate en ce cas qu'elle ne fera pas difficulté de lui ajuger les concluſions qu'il a priſes au procès; & en conſequence de l'admettre à faire preuve de cet Uſage qui eſt d'autant plus favorable que le Comté d'Eu est & fait partie du Bailliage de Caux où la Coûtume donne à l'aîné les deux tiers dans les successions de ses pere & mere.

On suit à la lettre les Usages locaux des autres Cantons de la Province ; par quelle raison rejettera-t'on ceux du Comté d'Eu?

Il est bien vrai que la Coûtume generale qui commença d'avoir lieu le premier Juillet 1583, a été omologuée par Arrest du Conseil du 7 Octobre 1585; mais il est veritable aussi que les Usages locaux qui furent redigés en 1587 en vertu de Lettres Patentes du mois d'Août 1586, n'ont été suivis d'aucun Arrest d'omologation; que le Comté d'Eu ne fut point compris dans ces Lettres Patentes ; & que ses Habitans n'assisterent point à la rédaction qui fut faite en consequence.

Au reste, l'article 270 de la Coûtume generale qui est le titre des appellans, & qui porte que *les freres partagent également les biens qui sont situés en Bourgage*, est un article de nouvelle Coûtume à la rédaction de laquelle le Comte d'Eu & ses Vassaux n'ont point assisté, & où ils n'avoient garde d'assister, puisque M. de Guise avoit obtenu dans le même tems des Lettres Patentes pour faire rédiger ses Coûtumes locales & particulieres.

La preuve que cet article 270 est un article de nouvelle Coûtume, se tire du procès verbal qui est à la fin du texte de la Coûtume imprimée en 1586 à Paris par Martin le Megissier, où sont ces mots, *en faisant lecture de l'article 270 commençant, les freres & les sœurs partagent, &c. les Députés de Bayeux, de Vire, & du Bailliage de Caux ont allégué Coûtume contraire.*

Quoiqu'il en soit, l'usage qu'on observoit alors dans le Comté d'Eu étoit de ne donner point aux puînés par<sup>c</sup>

égale avec leur aîné dans les biens de Bourgage ; on y a depuis perpetuellement suivi la même Jurisprudence, & on l'y observe encore à present.

Cet usage n'est point d'une nature à pouvoir être rejetté ; ce n'est point un usage contraire à la Coûtume, & qui se soit introduit depuis qu'elle a été rédigée ; c'est un usage ancien qui étoit en vigueur, & qu'on suivoit dans le Bailliage de Caux avant la rédaction, & ce n'est pas, à proprement parler, lui qui est contraire à la Coûtume ; c'est la Coûtume nouvelle rédigée long tems après son établissement qui lui est contraire, & à laquelle les Habitans du Comté d'Eu n'ont point assisté.

Il ne s'agit donc pas ici de sçavoir si un Usage qui s'établit dans un Païs est capable d'anéantir une disposition précise de Coûtume, mais bien de sçavoir si les Commissaires nommés par le Roi pour la rédaction de la Coûtume de Normandie, & pour celle des Usages locaux de la Province, & qui n'avoient aucun droit de Jurisdiction sur le Comte d'Eu & ses Vassaux qui de leur part avoient obtenu des Lettres particulieres pour la rédaction de leurs Coûtumes locales, ont pû détruire par une Loy nouvelle un usage qui s'observoit alors en ce Pays-la.

Dans tous les partages qui ont été faits avant & depuis la réformation de la Coûtume, on a donné les deux tiers à l'aîné ; si les appellans étoient assez heureux pour se faire écouter, ce succès tireroit à des conséquences infinies. Il n'y a point de partage qu'on n'attaquât, ni de famille qui ne fût en confusion. Ils n'oseroient disconvenir qu'on a suivi la même regle dans les partages qui ont été faits des biens de leur ayeul.

Quand après tout les appellans pourroient avoir portion égale avec leur frere aîné dans les biens de la Ville d'Eu, ce qui n'est pas, ils ne devroient pas avoir le même avantage dans les biens qui sont dans *les Fauxbourgs de ladite Ville.*

Cette seconde Question est à la verité très-inutile à traiter après tout ce qu'on vient de dire; mais comme les appellans ont poussé leurs idées jusqu'au point de vouloir étendre *le Bourgage* dans lequel ils prétendent avoir portion égale avec leur frere aîné, aux biens qui sont dans les Fauxbourgs de la Ville d'Eu, & même à quelques-uns qui sont dans la campagne, l'intimé se trouve absolument obligé d'entrer dans ce détail, & de faire voir leur erreur.

On ne doit reputer *Bourgage*, & notamment dans le Pays de Caux, que les biens qui sont dans l'enceinte des murailles des Villes, parce qu'il faut toûjours restraindre les dispositions qui sont contraires aux Loix generales; & parce que *l'article* 270 de la Coûtume de Normandie, sur le fondement duquel les appellans prétendent part égale avec leur frere dans les biens de Bourgage, est un article de nouvelle Coûtume, auquel, ainsi qu'il est porté dans le procès verbal, les Députés de Bayeux, de Vire, & du Bailliage de Caux s'opposerent, alléguans Coûtume Locale au contraire.

Il est vrai que l'article passa; mais outre qu'il n'explique point en quoi consiste *le bien de Bourgage*, le Comte & la Comtesse d'Eu, leurs Officiers, & leurs Vassaux n'assisterent point à la rédaction de cette Coûtume qui par conséquent ne sçauroit faire préjudice aux Habitans de ce Pays-là dans les cas où ils ont des Usages locaux contraires.

Il ne faut pas s'étonner de l'usage observé dans le

Comté d'Eu, de refuser aux puînés part égale avec leur frere aîné dans les biens de Bourgage ; il n'y avoit dans l'ancienne Coûtume de Normandie que les sœurs à qui ce partage égal appartînt dans les biens de cette nature ; la Coûtume ne donnoit point le même privilege aux puînés ; ç'a été la nouvelle Coûtume reformée qui leur en a fait part, & à la rédaction de cette Coûtume les Habitans du Comté d'Eu n'ont point assisté, au moyen de quoi ils ont persisté dans leur ancien usage.

Si donc l'intimé avoit le malheur, ce qu'il n'espere pas, de ne réüssir point dans sa prétention, du moins feroit-il en droit de soûtenir que ledit article 270 étant contraire à l'ancien droit de la Province, il en faut restraindre la disposition, & borner *le Bourgage* dont il parle aux seuls biens qui sont renfermés dans la Ville d'Eu, & ne l'étendre point à ceux qui sont dans *les Fauxbourgs.*

Aussi voit-on que c'est ce qui s'observe dans la Ville de Dieppe, qui est une des principales Villes du Bailliage de Caux, & où l'on tient pour maxime que ledit article 270 ne s'observe que pour les biens qui sont dans l'enceinte des murailles de la Ville, & non pour ceux qui sont dans l'étenduë du Polet Fauxbourg de ladite Ville, où les biens se partagent entre freres comme en Caux, c'est-à dire, où l'aîné a les deux tiers outre son préciput, & les puînés l'autre tiers.

Ces faits sont nettement établis par l'acte de notorieté que l'intimé a pris des Officiers & Avocats du Bailliage de Caux, Vicomté d'Arques le 29 Février de la presente année 1716.

Par l'Arrest la Cour infirma la Sentence, & ordonna que le partage des biens *en Bourgage* feroit fait entre les freres par portions égales conformément à l'art. 270 de la Coûtume.

Arreſt du 30. Mars 1715.

LOUIS, &c. Nôtredite Cour a mis & met l'appellation & ce dont a été appellé au néant, en ce que par icelle leſdits Sallé & Conſors heritiers de ladite Aubry, ont été condamnés rendre aux heritiers dudit Nicolas indiſtinctement les titres & papiers des acqueſts & conqueſts dud. Nicolas Boucher, pour & autant que ladite Aubry en a été chargée par l'Inventaire fait après le decès dudit Boucher : *Emendant quant à ce*, déclare les offres deſdits Sallé & Conſors bonnes & valables, de leur rendre ſeulement ceux concernans les conqueſts des biens ſitués *hors Bourgage*, deſquels ladite Aubry a eu l'*uſufruit* ſuivant l'article 329 de la Coûtume de Normandie ; *Ordonne* que leſdits Sallé & Conſors demeureront ſaiſis des titres & papiers concernans la proprieté de *la moitié des conqueſts ſitués en Bourgage* appartenant à ladite Aubry ſuivant ledit article, &c. Condamne ledit Boucher aux dépens. Mandons, &c. Donné en Parlement le 30 Mars 1715, &c. *Signé*, LORME.

Arreſt du 1. Aoûſt 1657.

ENtre Me. Jean Mython Avocat en la Cour, fils puîné & heritier en partie de défunt Me. Jean Mython ancien Majeur de la Ville d'Eu, &c. demandeur en partage, &c. d'une part, &c. & damoiſelle Marie d'Aval veuve de Richard Mython, tutrice de Jean Mython ſon fils, principal heritier de Jean Mython & de Catherine Giboult ſes ayeul & ayeule, &c. *Après que, &c. ont été oüis au Parquet de Meſſieurs les Gens du Roy,* & par leur avis ſont demeurés d'accord de l'appointement qui enſuit. *appointé eſt* oüi ſur ce le Procureur General du Roi, que ladite Cour, *du conſentement des parties pour éviter aux frais de la turbe ordonnée par l'Arreſt du dix Juillet 1655, & autres enſuivans,* & regler le partage diffinitif qui doit être fait entre leſdites parties des biens deſdites ſucceſſions, ordonne qe ladite d'Aval aura, tant pour la part & préciput de ſon fils, la Terre de, &c. *pour les rentes hypotequ.s paſſives* deſdites ſucceſſions, & fondations d'obits duës aux Egliſes de S. Jacques d'Eu & du Treport, la défendereſſe en payera *les deux tiers*, & le demandeur *l'autre tiers* ; & pour les rentes actives, &c. en ſera délivré le *tiers* au demandeur, & les deux autres *tiers* à ladite d'Aval, &c. *& ſur les demandes & prétentions des parties* pour raiſon du préciput demandé par ladite d'Aval en la ſucceſſion de ladite Giboult, & de la moitié de tous les biens deſdites ſucceſſions que prétendoit ledit demandeur en conſequence de l'article 356 de la Coûtume de Normandie, & autres demandes reſpectives, &c. les parties hors de Cour & de procès *ſans dépens.* Fait en Parlement le premier jour d'Août 1657. *Signé*, DU TILLET.

Arreſt du 25 Juin 1716.

LOUIS, &c. Nôtredite Cour faiſant droit ſur le tout, &c. & ſur l'appel deſdits François, Nicolas, & Joſeph Bonnet de la Sentence dudit jour 3 Février 1714 en ce qui concerne le partage ordonné par icelle des biens *en Bourgage* ſuivant *l'uſage du Comté d'Eu*, a mis & met l'appellation & ce dont a été appellé au néant ; émendant, ordonne qu'il ſera procedé au partage des *biens en Bourgage par égales portions ſuivant l'art.* 270, *& autres de la Coûtume de Normandie, &c.* Donné en Parlement le 25 Juin 1716. &c.

CHAPITRE

# CHAPITRE XVI.

Si les Declarations de 1604 & 1614 ; les Réponses de nos Rois aux Rémontrances des trois Etats de la Province de Normandie ; l'Article 594 de la Coûtume ; l'Edit de création des Offices de Commissaires aux Saisies réelles de 1677 ; & les Arrests du Conseil qui font défenses de poursuivre les Decrets d'Immeubles situés en Normandie ailleurs que pardevant les Juges ordinaires des Lieux, ont leur effet dans le Comté d'Eu.

## SOMMAIRE.

I. *Les Normans ne pouvoient anciennement être distraits de leur Jurisdiction naturelle.*

II. *Contraventions faites à leur Charte.*

III. *Se font toutesfois conservés dans leurs anciens Privileges par rapport aux Decrets qui ne peuvent estre faits que devant les Juges ordinaires des Lieux.*

IV. *Explication des Lettres Patentes de 1604 & 1614 ; de l'Article 594 de la Coûtume ; & de plusieurs autres titres.*

V. *Ce qui s'est fait à cet egard dans le Comté d'Eu.*

VI. *Trois Arrests du Conseil obtenus par M. le Duc du Maine Comte d'Eu.*

I L y a peu de personnes qui ne sçachent que par la Charte aux Normans, qui selon quelques-uns est de 1314, & selon d'autres de 1315, on ne peut distraire les Sujets de la Province de Normandie de leurs Jurisdic-

        I.

Dd

tions naturelles pour les traduire dans des Jurifdictions étrangeres ; & que cette Charte a été fuivie de plufieurs Lettres Patentes de confirmation accordées par nos Rois.

II.     Il faut pourtant convenir que ce privilege a reçû plufieurs atteintes par celui de l'Univerfité de Paris ; par celui du Sceau du Châtelet ; par le droit de Committimus ; par les évocations generales ; par les attributions particulieres ; & par autres privileges dont je ne ferai point ici le détail, parce que l'explication en feroit un peu trop longue.

III.     Je dirai feulement que quelque altération qu'il ait euë, nous avons toûjours confervé celui d'empêcher qu'on ne faffe les Decrets d'immeubles fitués en Normandie ailleurs que pardevant les Juges ordinaires des Lieux, quelques prétextes & quelques privileges que puiffent avoir les pourfuivans, encore bien qu'ils ayent droit de Committimus au Grand Sceau, ou qu'ils agiffent en vertu d'actes paffés fous le Sceau du Châtelet qui eft attributif de Jurifdiction, d'Arrefts rendus au Parlement de Paris, ou de Sentences données aux Requêtes de l'Hôtel ou du Palais.

IV.     C'eft l'efprit de la Declaration du 22 Octobre 1604, regiftrée au Parlement de Roüen le 7 Mars 1605, qui declare nuls les Decrets d'immeubles fitués en Normandie, les Ordres, & les Jugemens qui auront été rendus pour raifon de ce, fi les faifies réelles ont été portées devant des Juges autres que les Juges ordinaires des lieux ; & de celle du 24 Avril 1614, luë, publiée, & regiftrée le 23 Juillet fuivant : des Réponfes aux Rémontrances qui furent faites en 1612 & 1638 à Loüis XIII. par les Etats de la Province ; de l'article 594 de nôtre

Coûtume qui porte la même peine, & qui fut introduit
par les Commiſſaires qui procederent en 1600 à la réformation du titre des Executions *par decret* en conſequence
des Lettres Patentes de 1599 expediées pour un nouvel
examen des articles de la Coûtume qui avoit été réformée quelques années auparavant, & dans leſquelles on
peut obſerver en paſſant que les Habitans du Comté
d'Eu avoient été préciſément compris ; de l'Edit de
création des Offices de Commiſſaires aux Saiſies réelles
pour la Province qui eſt du mois de Jullet 1677 ; & d'u-
ne infinité d'Arreſts du Conſeil que j'ai rapportés dans
les Memoires que j'ai faits touchant cette matiere.

On a fait tout ce qu'on a pû pour nous aſſujettir à la
maxime établie par l'Arrêt donné en forme de Reglement au Parlement de Paris le 23 Novembre 1598. Par
lequel il fut dit que les adjudications par decret des immeubles mis en criées en execution d'Arreſts de la Cour
& de Sentences, ſeroient faites dans les Juriſdictions
où les Jugemens auroient été rendus. Mais l'amour que
nous avons pour nos privileges nous a perpetuellement
fait rejetter cette Juriſprudence ; ce qui s'obſerve avec
tant d'exactitude que ſuivant les Declarations du Roi &
les Arreſts de ſon Conſeil on n'a pas la liberté de pourſuivre les Saiſies réelles, Ajudications, & Ordres au Parlement même de Normandie, ni aux Requêtes du Palais.

Ce fut au mois de Juillet 1680 qu'intervint une Declaration ſolemnelle en faveur des Juges ordinaires de
la Province contre les Officiers des Requêtes du Palais
à Roüen qui avoient prétendu qu'étans Juges naturels
des Privilegiés de la même Province, ils avoient droit
de connoître des decrets faits en vertu de leur Sentences, & qu'ils étoient même à cet égard fondés en titres.

Il y néanmoins plusieurs cas où l'on peut poursuivre à Paris le Decret d'un immeuble scis en Normandie, mais ces cas sont des exceptions de la regle generale qui ne tirent point à consequence, & qui servent même à l'établir. Un de ces cas est, quand il y a des biens en Normandie & à Paris, & quand la plus grande partie de ces biens est à Paris.

V. Aux termes de cet article 594; de ces Declarations; de ces Edits; & de ces Arrests il y a long-tems qu'on ne devroit plus faire ni poursuivre à Paris les Decrets de biens situés dans le Comté d'Eu, puisque ce Comté fait partie de la Normandie. Cependant il faut demeurer d'accord qu'on a toûjours continué d'y en faire, & même depuis les Arrests du Parlement de Paris qui ont jugé qu'il y falloit suivre les dispositions de nôtre Coûtume.

Ce n'a été qu'en 1697 que l'usage a changé ce qui est arrivé par trois raisons; la premiere, que la meilleure partie des Habitans de ce Pays-là conduits par les Officiers de Judicature, & par les autres Gens de pratique avoient l'opiniâtreté de ne vouloir pas se rendre à nos Lois; la seconde, qu'il y en avoit un grand nombre qui prévenus par une vieille observation d'un usage contraire à leur privilege, ignoroient leur pouvoir; & la troisiéme, qu'il n'y avoit point là de Commissaire aux Saisies réelles que son interêt particulier forçât de porter ses plaintes au Conseil de la contravention aux anciens droits de la Province.

Si l'Office de Commissaire aux Saisies réelles de la Ville d'Eu avoit été levé plutôt, il y a tout lieu de croire que les choses ne fussent pas demeurées si long-tems dans la situation où elles ont été. Mais depuis lacréation de ces Offices en Normandie qui est de l'année 1677, il ne s'est trouvé personne qui en ait voulu traiter tant que Mademoiselle d'Orleans a vécu, en sorte qu'il n'y avoit point eu de Commissaire aux Saisies réelles jusques en 1694 quelques années encore après son decès. Plusieurs personnes de ce Pays-là m'ont dit qu'avant ce tems ç'étoit le Greffier de la Jurisdiction qui en faisoit la fonction & l'exercice ; que pour ses soins on lui donnoit un profit modique ; & que s'il se trouvoit quelquesfois des personnes qui ne voulussent pas s'y confier, on mettoit les deniers entre les mains d'un bourgeois solvable par Ordonnance de Justice.

Ce fut en 1694 que le sieur Mouchard Receveur des Tailles du Neufchâtel demanda permission à Loüis-Auguste de Bourbon Duc du Maine & d'Aumale, & Comte d'Eu, de lever l'Office de Commissaire aux Saisies réelles de la Ville d'Eu, ce qu'il obtint ; mais les Receveurs du Prince ayant fait entendre à son Conseil le tort que cela pourroit faire à ses Greffes, il leva l'Office ; & depuis informé de la quantité de Decrets qu'on faisoit à Paris de biens situés dans son Comté, il se pourvut au Conseil où sur requête il obtint Arrest le 13 Février 1697, sur mon avis, & sur les pieces que je communiquai, par lequel il fit renvoyer *les Decrets de Lignemare, la Lequeuë, Desville, Bardemont, & du Tot devant les Juges du Comté dans le ressort duquel les Terres étoient situées ; ordonner que les Saisies réelles y seroient enregistrées à la diligence du Commissaire aux Saisies réelles des lieux ; & faire defenses aux poursuivans, & à tous autres de faire aucune poursuite ailleurs à peine de nullité.*

Quelque tems après le sieur de Moyenneville & ses freres s'opposerent à cet Arrest pour l'obtention duquel

VI.

Dd iij

M. le Duc du Maine produifit une partie des Edits &
Declarations accordés aux Habitans de la Province,
& plufieurs Arrefts du Confeil qui ont été rendus en
conféquence : *mais par un fecond rendu contradictoirement le*
*25 Avril 1698 on ordonna qu'il feroit executé felon fa forme &*
*teneur* : ce qui a été fuivi d'un troifiéme qui eft du 13 jour
de Juillet 1699 au rapport de M. le Camus Maître des
Requêtes, par lequel M. le Duc du Maine a fait *ren-*
*voyer encore la faifie reelle* que dame Charlotte Tardieu
veuve de Meffire Charles des Effars avoit fait faire *de*
*la Terre & Seigneurie de S. Pierre-en-val fur David Defcaïeul,*
*& qu'elle pourfuivoit aux Requêtes du Palais à Paris, parde-*
*vant les Juges du Comté d'Eu où la Terre étoit fituée, & or-*
*donner que la faifie reelle feroit regiftrée dans le Siege, & le bail*
*judiciaire pourfuivi à la diligence du Commiffaire aux Saifies*
*réelles des lieux, avec defenfes à la Dame Tardieu, & à tous*
*autres de pourfuivre le Decret ailleurs à peine de nullité.*

La lecture de cet Arreft apprend que les deux autres
avoient été *lûs, publiez, & enregiftrez au Bailliage d'Eu*
pour en rendre la difpofition publique & plus notoire,
& même que celui du 25 Avril 1698, où l'on voit que
les Arrefts qui ont ordonné qu'on fuivroit dans le Comté d'Eu la Coûtume de Normandie, furent produits en
l'inftance, avoit été fignifié non feulement aux pourfuivans, mais encore *à Me. Forcadel Commiffaire General*
*des Saifies réelles à Paris,* à qui la fignification de ce dernier fut faite auffi trois jours après qu'il eut été rendu
ainfi qu'à la pourfuivante & à la partie faifie, fans que
de fa part il y ait eu aucuns obftacles à l'execution de
ces Arrefts.

Il ne faut pas tirer avantage de ce que le feeond a été
rendu fur le défiftement des parties qui s'étoient oppo-

fées à l'execution du premier, car il est certain que le
sieur de Moyenneville & ses freres ne se désisterent de
l'opposition qu'ils avoient formée qu'après avoir reconnu qu'ils ne pouvoient plus tenir contre les Declarations, les Edits, & les Arrests que M. le Duc du Maine
avoit produits.

Il ne faut pas dire aussi que ces trois Arrests des
années 1697, 1698, & 1699 soient un effet de l'autorité
de ce Prince. Il n'y a rien dans tout ce qu'ils renferment
qui ne soit conforme aux regles & à l'équité. Les Habitans du Comté d'Eu étant des membres du Duché de
Normandie, & contribuans aux charges & aux impositions de la Province, il ne seroit pas raisonnable qu'ils
ne participassent pas aux privileges qui lui ont été con-
cedés par nos Rois.

Mais il y a une induction importante à tirer de ces
Arrests. Sçavoir, que M. le Duc du Maine Comte d'Eu
a reconnu lui-même en les obtenant & son Conseil
que les Declarations, les Edits, & les Reglemens qui
étoient faits pour la Normandie regardoient également
son Comté, & que ses Vassaux & lui étoient obligés de
suivre & d'observer ce que les Commissaires nommés
par les Lettres Patentes du dernier Decembre 1599,
pour examiner tout de nouveau les articles de nôtre
Coûtume dont la réformation venoit d'être faite il n'y
avoit encore que 14 ou 15 années, avoient arrêté en procedant en 1600 à la réformation du titre *des Executions
par decret*, puisqu'il a demandé l'execution de l'article
594 de nôtre Coûtume, qui fut un de ceux que les
Commissaires arrêterent en ce tems là ; qui porte que
*les Decrets d'immeubles situez dans la Province ne peuvent estre
faits ni poursuivis ailleurs que pardevant les Juges ordinaires des*

*lieux sur peine de nullité* ; & qui a servi de fondement en partie aux Declarations de 1604 & 1614 ; aux Réponses de Loüis XIII. de 1612 & 1638 ; à l'Edit de 1677 ; & aux Arrests du Conseil dont il a demandé pareillement l'execution : d'où il faut tirer cette autre consequence, qu'il s'est au même tems reconnu sujet aux Jugemens qui furent rendus par les Commissaires qui procederent à la réformation de la Coûtume, & à la rédaction des Usages locaux de la Province, & qui déclarerent ceux qui avoient fait refus de comparoir pardevant eux sujets à la Coûtume generale, le Comté d'Eu n'ayant pas été moins compris dans les premieres Lettres Patentes de 1577 & 1582, que dans celles de 1599 dont il s'est fait un moyen lors du second Arrest, ainsi qu'il paroît par le vû des pieces.

Il faut ajoûter à ces raisonnemens que s'étant encore servi pour l'obtention de ce même Arrest de ceux qui ont été rendus au Parlement de Paris, par lesquels on a jugé qu'il falloit suivre dans le Comté d'Eu la Coûtume de Normandie, ç'a été formellement reconnoître que les Loix & les Usages de nôtre Province étoient le veritable droit qui devoit regir les Habitans de son Comté.

*Arrest du Conseil du 13 Fév. 1697.* SUr la Requeste presentée au Roy en son Conseil par Loüis-Auguste de Bourbon Prince Souvverain de Dombes, Duc du Maine & d'Aumale Comte d'Eu, premier Pair de France, proprietaire des Charges de Commissaire aux Saisies réelles & Receveur des Consignations dudit Comté d'Eu, *Contenant* que sur les plaintes ci-devant faites à Sa Majesté des frequentes évocations qui se faisoient tant au Châtelet qu'aux Requestes de l'Hôtel, Requestes du Palais, & Parlement de Paris des Décrets d'heritages scituez en Normandie au préjudice des privileges de ladite Province établis *par la Coutume* & confirmez par diverses *Declarations des Rois* predecesseurs de Sa Majesté, *nottamment celles* d'Henry IV. & de Loüis XIII. de glorieuse memoire *aux mois d'Octobre* 1604, *& Avril* 1614, par

lesquelles

lefquelles il eft expreffément porté que *toutes ventes & adjudications par
decret d'heritages & biens immeubles fcitués en Normandie, eftats, ordres, &
diftribution des deniers en provenans,* fe feroient pardevant les Juges ordinaires des lieux où les biens font fitués, fans qu'ils en puiffent eftre diftraits ni
évoqués, encore que lefdits decrets fuffent faits & pourfuivis en vertu d'Arrefts, Jugemens donnés, Contrats, Obligations paffés hors ladite Province,
avec défenfes à tous autres Juges tels qu'ils foient d'en connoître, Sa Majefté
pour remedier aux abus qui s'étoient introduits par de telles évocations,
après en avoir fait examiner la confequence en fon Confeil, & s'être fait
repréfenter lefdits privileges, auroit trouvé qu'il étoit de fa Juftice de les
confirmer & rétablir dans leur ancienne vigueur, comme il paroît par *fa
Declaration* du mois de Juillet 1677, contenant la création de nouveaux
Offices de Commiffaires aux Saifies réelles, & de Receveurs des Confi-
gnations de ladite Province, par laquelle il eft derechef, & très expreffément ftatué & ordonné qu' *aucuns decrets d'heritages fitués dans l'étenduë de
ladite Province n'en pourroient être évoqués fous quelque prétexte ni privilege
que ce foit,* laquelle Declaration a été fuivie d'une autre du mois de *Juillet*
1680 renduë en faveur des Juges ordinaires de ladite Province *contre les
Officiers des Requêtes du Palais à Roüen,* qui avoient prétendu qu'étant
Juges naturels des privilegiés, & de la même Province, ils avoient droit
de connoître des Decrets faits *en vertu de leurs Sentences,* & qu'ils étoient
même fondés en titres pour cela, *par laquelle Declaration* défenfes leur furent faites d'en connoître *au préjudice des Juges des Lieux* où les biens décretés fe trouveroient fitués; & bien que ces difpofitions fi folemnelles,
& fi judicieufement établies ne dûffent plus fouffrir d'atteinte, cependant
il s'y trouve encore de nouvèlles contraventions, mais autant de fois que
les plaintes en ont été portées au confeil; que même les Commiffaires aux
Saifies réelles créés par l'Edit de 1677 ont demandé le renvoy pardevant
le Juge des lieux des Decrets qui étoient pendans, foit au Châtelet, ou
aux Requêtes de l'Hôtel & du Palais à Paris, dés auparavant même ledit
Edit de 1677 le renvoi leur en a été accordé fur le champ par divers Arrefts du Confeil d'Etat fur leur fimple requête, *notamment par celui* du 20
Novembre 1687 au fujet du Decret de la Terre de Meilleraye fituée en
Normandie, pourfuivi aux Requêtes de l'Hôtel à la requête de la Dame
Ducheffe Darpajon, & *d'un autre Decret* pourfuivi aux mêmes Requêtes
de l'Hôtel à la requête du fieur d'Herbigny Maître des Requêtes, par lequel Arreft rendu en forme de Reglement au rapport du fieur le Pelletier
lors Controleur General, *lefdits Decrets furent renvoyés au Baillage du
Pont-eau-de-mer où les Terres décretées font fituées, défenfes aux parties de
faire pourfuites ailleurs que pardevant lefdits Juges, aufdites Requêtes de l'Hôtel d'en connoître, & à toutes perfonnes d'évoquer à l'avenir hors de ladite Province de Normandie les Decrets des heritages qui y font fitués fous quelque
prétexte & privilege que ce puiffe être;* ledit Arreft fuivi de plufieurs autres,
notamment *celui* du 14 Avril 1690, & *un autre* du 26 May 1693; le premier
contre le Préfident de Menars; & l'autre contre la Dame Marquife de Leuvil-
le, qui pourfuivoient au Châtelet & aux Requêtes de l'Hôtel à Paris des De-

Ee

crets d'heritages situés en Normandie, lesquels ont été renvoyés devant les Juges des lieux, en sorte que c'est une loy établie avec autant de force & d'autorité qu'elle est remplie de justice & d'équité. Cependant il y est encore aujourd'hui contrevenu en ce que Dame Marie Yvelin, &c. Oüi le rapport du sieur de Fieubet Maître des Requêtes, & Tout consideré, *Le Roy en son Conseil, &c. ayant égard à ladite Requête, a renvoyé & renvoye les Decrets des Terres de Lignemare, la Lequeue, Desville, Bardemont, & du Tot devant les Juges du Comté d'Eu où elles sont situées; ordonne que les Saisies réelles desdites Terres y seront enregistrées à la poursuite & diligence du Commissaire aux Saisies réelles dudit Comté, & fait défenses ausdits Yvelin, de Brossard, Lequieu, & autres de poursuivre lesdits Decrets ailleurs que devant lesdits Juges, à peine de nullité.* Fait au Conseil d'Etat privé du Roy tenu à Versailles le 13 Février 1697. Collationné.

*Signé,* PEQUOT.

*Arrest du Conseil du 25 Avril 1698.*

VU au Conseil du Roi les Requestes respectivement présentées; l'une par Claude, François, & Joseph Lequieu, &c. & l'autre par Loüis-Auguste de Bourbon Comte d'Eu, &c. *Le Roy* en son Conseil, en conséquence *du désistement* desdits sieurs Lequieu, ordonne que *l'Arrest du 13 Février 1697 sera executé selon sa forme & teneur; condamne lesdits sieurs Lequieu aux dépens faits jusqu'au jour dudit désistement, lesquels néanmoins ils pourront employer comme frais extraordinaires de criées. Fait au Conseil d'Etat privé du Roi tenu à Paris le 25 jour d'Avril 1698.*

*Arrest du Conseil du 13 Juillet 1699.*

SUR la requête présentée au Roy en son Conseil par Loüis-Auguste de Bourbon, Prince Souverain de Dombes, Duc du Maine & d'Aumale Comte d'Eu, Premier Pair de France, proprietaire des Charges de Commissaires aux Saisies réelles, & de Receveur des Consignations dudit Comté d'Eu, contenant, &c. *Le Roy* en son Conseil, ayant égard à la Requête, a renvoyé & renvoye le Decret de la Terre *de S. Pierre en val devant les Juges du Comté d'Eu où elle est située; ordonne que la Saisie réelle de ladite Terre y sera registrée, & le Bail judiciaire poursuivi à la diligence du Commissaire aux Saisies réelles dudit Comté, & fait Sa Majesté défense à la Dame Tardieu, & à tous autres de poursuivre ledit Decret ailleurs que par devant lesdits Juges du Comté d'Eu à peine de nullité.* Fait au Conseil d'Etat du Roy tenu à Paris le 13 jour de Juillet 1699. *Signé,* DES VIEUX.

# CHAPITRE XVII.

Si dans le Comté d'Eu les fruits qui font fur la terre après le jour de la Nativité de S. Jean-Baptifte, & qui tiennent encore par les racines font meubles, comme il eft d'ufage en Normandie.

### SOMMAIRE.

I. *Dans quel tems les fruits, grains, foins, pommes, raifins, & bois font réputés meubles en Normandie.*
II. *Quelle eft la difpofition de la Coûtume de Paris à cet égard.*
III. *Ufage du Comté d'Eu.*
IV. *Explication d'un Arreft du 14 Juillet 1701.*

NOus tenons pour maxime en Normandie que les fruits, grains, & foins qui font fur la terre après la Nativité de S. Jean-Baptifte font *meubles* encore bien qu'ils tiennent par les racines, & qu'ils ne foient coupés ni fciés. Nous exceptons néanmoins de cette regle generale les pommes & les raifins qui font reputés *immeubles* jufques au premier jour de Septembre; & à l'égard du bois il n'eft réputé *meuble* que quand il eft coupé. C'eft la difpofition de l'art. 505 de la Coûtume. *Les fruits, grains, & foins étans fur la terre après le jour de la Nativité de S. Jean-Baptifte, encore qu'ils tiennent par les racines, & ne foient coupés ne fciés, font néanmoins cenfés & reputés meubles, fors & réfervé les pommes & les raifins qui font reputés immeubles jufques premier jour de Septembre. Et quant au bois il n'eft reputé meuble s'il n'eft coupé.*

Ee ij

I I.     La Coûtume de Paris renferme une difpofition toute contraire en l'art. 92. *Bois coupé* , dit cet article , *bled, foin , ou grain fcié ou fauché , fuppofé qu'il foit encore fur le champ & non tranfporté , eft reputé meuble : mais quand il eft fur le pied , & pendant par racine , eft reputé immeuble.*

I I I.     On prétend qu'il s'eft introduit dans le Comté d'Eu un ufage tout-à-fait oppofé à la difpofition de l'art. 505 de nôtre Coûtume, & que les fruits pendans par les racines y confervent toûjours la nature d'*immeubles*. Cet Ufage eft rappellé dans l'acte de notorieté du 25 de Février 1673 que nous avons rapporté fur le Chap. IX. pag. 84 , & dans lequel eft fait mention de plufieurs autres.

IV.     J'ai vû même des perfonnes du Comté d'Eu qui prétendoient que la Cour avoit jugé la Queftion en conformité de cet Ufage par Arreft rendu en la Grand'-Chambre le 14 Juillet 1701 au rapport de M. l'Abbé Robert. Mais je puis bien affurer le contraire par la connoiffance très-particuliere que j'ai de la chofe. Voici quelle étoit l'efpece.

    Jacques de Pardieu Chevalier , Seigneur de S. Agnan proprietaire de la Terre de Saint-Agnan fituée dans le Comté d'Eu , vendit à Jean Bonnet , Sieur de l'Epine les levées qui étoient deffus après le jour de la Nativité de S. Jean Baptifte ; mais cette vente n'empêcha pas que les Dames Religieufes Urfulines de la Ville d'Eu qui étoient fes créancieres pour arrerages de plufieurs rentes conftituées qu'il leur devoit n'en fiffent faire la faifie. Bonnet s'y oppofa prétendant que la vente qui lui avoit été faite étoit bonne & valable , & fur fon oppofition les parties ayant plaidé , Sentence intervint en la Pairie d'Eu le 18 Août 1698 , par laquelle les Dames Religieufes Urfulines obtinrent leurs fins & con-

clufions. Bonnet en appella, & fur l'appel le fieur de
Saint-Agnan fe joignit à lui; mais le fuccès ne fut pas
plus avantageux qu'en premiere inftance; la Cour confirma ce dont étoit appel; & par fon Arrêt du 14 Juillet 1701 condamna les appellans en l'amende & aux
dépens.

On veut que la Cour ait jugé par cet Arreft qu'encore bien que les fruits euffent été vendus après la S.
Jean, ils n'étoient point néanmoins amobiliés fuivant
*l'article 505* de la Coûtume generale de Normandie, &
qu'étant encore pendans par les racines on les a réputés *immeubles* fuivant l'ufage du Comté d'Eu.

Mais j'ai voulu être pleinement inftruit de quelle
maniere les chofes s'étoient paffées, & du motif de
l'Arreft; & pour cet effet j'en ai conferé quelques jours
après qu'il a été rendu avec le Procureur des parties
qui avoient gagné leur procès, avec le Secretaire de
M. le Rapporteur, & avec lui-même, & tous m'ont
affuré que la Queftion n'avoit été nullement agitée.

Il y a même une obfervation importante à faire fur
ce qui m'a été dit par le Procureur qui m'a affuré qu'il
ne s'étoit fervi du miniftere d'aucun Avocat pour tra-
vailler aux écritures; que c'étoit fon Clerc qui les avoit
faites; que fi l'on avoit traité cette Queftion, la matiere en ce cas devenant au-deffus de fes forces il eut
eu recours à un Avocat; & que *la Cour s'étoit determinée
à juger comme elle avoit fait par la raifon qu'elle avoit trouvé que la vente que le fieur de Saint-Agnan avoit faite à
Bonnet, étoit faite en fraude de concert & d'intelligence avec
l'achepteur, & dans la feule vuë de mettre fes effets à couvert
des pourfuites de fes legitimes creanciers.*

Tout cela nous fait dire que cet Arreft ne doit point
Ee iij

tirer à confequence, & ce d'autant plus qu'autrement il feroit formellement contraire à la Coûtume qui doit regir les Habitans du Comté d'Eu.

Il eft vrai que le procès verbal de la réformation de la Coûtume ne fait point mention du titre *des chofes qui font cenfées meubles ou immeubles*, dans lequel eft couché *ledit article* 505, en forte qu'on ne voit point s'il eft d'ancienne difpofition ; mais le fait eft indifferent. Nous avons montré dans les Chapitres précedens que le Comté d'Eu étoit indiftinctement fujet à l'une & à l'autre Coûtume.

*Arreft du 14 Juillet 1701.*

LOUIS, &c. Sçavoir faifons que le jour & date des Prefentes comparant en nôtredite Cour Jean Bonnet, Sieur de Lefpine, appellant d'une Sentence renduë en la Pairie d'Eu le dix huit Août 1698, d'une part ; & les Dames Religieufes de Sainte Urfule de la Ville d'Eu intimées, d'autre ; & entre Jacques de Pardieu Ecuyer, Sieur de Saint-Agnan, demandeur en Requête d'intervention du 11 Août 1700, &c. & appellant de deux Sentences du Bailliage d'Eu des 27 Octobre & 22 Decembre 1692, &c. *Vû* par nôtredite Cour la Sentence renduë le 18 Août 1698 en la Pairie d'Eu entre lefdites demanderefles en faifie & arrêt par elles fait faire fur les levécs appartenantes audit Jacques de Pardieu contre ledit Bonnet oppofant, par laquelle ledit Bonnet auroit été débouté de fon oppofition, & condamné aux dépens, *fauf fon oppofition* fur le prix de la vente à laquelle il avoit été ordonné qu'il feroit procedé, & acte de l'oppofition de Loüis le Roy Maréchal pour *les fournitures de fon métier montant à* 100 *liv. & des Domeftiques dudit de Pardieu pour leurs gages ; enfemble de l'oppofition de Maître François Garnier pour être payé par privilege des arrerages de rentes feigneuriale dües à la Baronnie de Cuverville, enfuite de l'adjudication des bleds à Jacques Caftel Manouvrier demeurant à Bailly aux charges & pour les fommes y portées, &c.* les Sentences du Bailliage d'Eu dont eft appel par ledit Jacques de Pardieu ; la premiere du 27 Octobre par laquelle il auroit été condamné de paffer *titre nouvel* & reconnoiffance au profit defdites Urfulines de 150 livres de rente d'une part, 100 liv. & encore 400 liv. d'autre ; & payer cinq années d'arrerages, & aux dépens ; & la feconde du 22 Decembre audit an par laquelle il auroit été *débouté* de l'oppofition par lui formée à l'execution de la precedente Sentence, *& ordonné qu'il feroit procedé à la vente des chofes faifies, &c.* Nôtredite Cour, &c. a mis & met les appellations au neant ; ordonne que ce dont eft appel fortira effet, condamne lefdits Bonnet & Jacques de Pardieu en chacun une amende de 12 liv. & en tous les dépens, &c. Donné à Paris en Parlement le 14 Juillet l'an de grace 1701, &c. *Signé* DU TILLET.

# CHAPITRE XVIII.

Si dans le Comté d'Eu celle qui se marie peut donner à son futur époux pour *son don mobil* le tiers de ses immeubles , & si ce don peur subsister étant porté par un contrat de mariage fait sous signature privée, & n'ayant point été insinué.

### SOMMAIRE.

I. *Ce que c'est que don mobil.*
II. *Difference entre celui qui est fait par pere & mere , & celui qui est fait par la future épouse.*
III. *Il peut être fait par un contrat de mariage sous signature privée.*
IV. *Il n'est point sujet à insinuation.*
V. *Il saisit de plein droit, & la femme y peut avoir doüaire comme sur les autres biens de son mary, s'il n'y a clause au contraire.*
VI. *Il peut avoir lieu dans le Comté d'Eu.*
VII. *Arrest qui a jugé les Questions du present Chapitre.*

CE que nous appellons en Normandie *don mobil*, est le present que la future épouse fait à son futur époux par son contrat de mariage pour lui aider à supporter les charges du mariage, & les frais de nôces, laquelle dénomination je conviens n'être pas tout à-fait reguliere, parce que très-souvent les effets qui le composent ne sont pas des effets *mobiliers.*   I.

Comme suivant l'*art.* 250 de nôtre Coûtume *le pere*   II.

*& la mere peuvent marier leur fille de meuble sans heritage,*
*ou d'heritage sans meuble, & que si rien ne lui fut promis lors de*
*son mariage, rien n'aura,* il est sans difficulté que l'un &
l'autre ont la liberté de convertir en *don mobil* tout ce
qu'ils ont dessein de lui donner en la mariant, sans lui
assigner aucunedot.

Je dis plus; il y avoit autrefois bien des personnes
en cette Province qui prétendoient que quand le pere
n'avoit point stipulé par le contrat de mariage de sa
fille que les deniers qu'il lui donnoit lui tiendroient
nature de dot, il devoient appartenir entierement au
mari. C'est l'observation que M^e. Josias Berault & M.
Henry Basnage ont faite sur ledit *article* 250.

Il est vrai que suivant les mêmes Commentateurs on
a préferé l'avis de ceux qui estimoient qu'en ce cas il
falloit appliquer les deux tiers des deniers promis pour
la dot de la femme, & de donner l'autre tiers au mari
pour son *don mobil*; & telle est aujourd'hui la Jurisprudence du Parlement de Roüen.

Par Arrest donné en la Chambre de l'Edit le 5 de
Février 1653 entre Seguoin & le Marchand, plaidans
M^e. Pilastre & M^e. Loüis Greard mon oncle, il fut jugé dans une pareille espece que les deux tiers des
deniers promis par le pere tiendroient nature de dot à
la femme; & à l'égard de l'autre tiers il fut ajugé au
mari pour son *don mobil.* M^e. Henri Basnage rapporte
sur ledit art. 250 cet Arrest; & il ajoûte qu'il eut pour
fondement l'usage dans lequel on vivoit dans la Province; qu'on en allégue un autre du premier Février
1657 par lequel on dit qu'il fut jugé au contraire au
rapport de M. Brice; que quand le contrat de mariage ne contenoit point de *don mobil,* tout étoit réputé

pour

pour la dot; mais qu'il ne se trouve point sur le registre; qu'il estime la décision du premier plus juste, l'u-
sage du Pays étant de donner le tiers au mari, *commu-
nis forma contrahendi*; & que cet usage a depuis été confirmé par un Arrest donné au rapport de M. de Fer-
manel le 31 Mai 1671, entre Blanchard & la Demoiselle
de Thury ; & par un autre du 7 Juillet 1684.

Selon le même Commentateur on ne regarde pas
dans la Province ce droit du mari comme un droit
extraordinaire; il est au contraire traité si favorablement qu'on tient pour autre maxime que ce qui reste
à payer des promesses de mariage s'applique sur la dot,
& que tout ce qui a été payé s'impute sur le *don mobil*,
ainsi qu'il fut jugé au rapport de M. Salet le 9 Janvier
1659 entre Fremont & Cauvigny.

Si c'est la fille qui se marie, elle peut étant majeure donner à son futur époux pour son don mobil *tous
ses meubles & le tiers de ses immeubles* ; & la mineure même a le même pouvoir, pourvû qu'elle soit autorisée
par ses parens; c'est la disposition précise de l'art. 74
du Reglement general fait au Parlement de Roüen au
mois d'Avril 1666.

Nous ne distinguons point si le contract de mariage   III.
a été passé devant Notaires, ou s'il est sous signature privée. Les Arrests ont jugé que le *don mobil* n'appartenoit
pas moins au mary quand son contrat de mariage n'a-
voit point été passé devant l'Officier public. Me. Henry
Basnage sur l'art. 410. de son Commentaire, dit en termes formels que *la donation que la femme fait à son mary
de ce que la Coûtume lui permet de lui donner n'est pas nulle, sous
prétexte que le contrat de mariage n'a été reconnu que depuis la celebration, & qu'il n'a été signé par aucun de ses parens*, & il

Ff

rapporte trois Arrests qui l'ont ainsi jugé.

IV.     Outre ces avantages que tous les Juges de la Province accordent au *don mobil*, on lui donne encore celui de n'estre point sujet à *l'insinuation*; c'est le sentiment des Commentateurs anciens & modernes; c'est la Jurisprudence des Arrests; c'est la décision précise de l'art. 74. du Reglement de 1666. dont nous parlions il n'y a qu'un moment. *La femme majeure, ainsi que la mineure duëment autorisée par ses parens, peut donner au mary tous ses meubles, & le tiers de ses immeubles, sinon au cas de l'article 405. de la Coûtume; & n'est ladite donation sujette à insinuation.*

V.      C'est une autre maxime encore au Parlement de Roüen que *le don mobil* saisit de plein droit, & appartient tellement au mary, que s'il se trouve encore en nature au tems de son decès, sa veuve y peut avoir doüaire en consequence de l'art. 367. de la Coûtume qui le donne à la femme sur *tous les immeubles* dont son mary étoit saisi lors de leurs épousailles; ce qui peut toutesfois avoir son exception, quand dans le contrat de mariage on a pris soin d'employer des clauses par le moyen desquelles le mary ne se trouve point proprietaire incommutable de ce qui a été stipulé pour *don mobil*.

VI.     Cela présupposé je ne vois pas par quelle raison l'on n'admetteroit point dans le Comté d'Eu *le don mobil*, & sous quel prétexte on pourroit contester celui qui se trouveroit porté par un contrat de mariage fait sous *signature privée*, & n'avoir point été *insinué*

Il est vrai que la Coûtume ne parle point formellement de ces Questions; mais le Comté d'Eu faisant partie du Duché de Normandie, pour quoi ceux qui l'habitent, voudroient-ils se soustraire d'une Jurisprudence fixe, certaine, observée de tout tems dans la Provin-

ce , & qui a été confirmée par une infinité d'Arrefts qui
ont été rendus au Parlement de Roüen, & qu'il a trés
fouvent donnez en interpretation des articles de la Coûtume?

Auffi nos Queftions s'étant préfentées en la deuxiéme     VII.
Chambre des Enqueftes du Parlement de Paris au rapport de M`r`. Faure, la Cour les jugea-t-elle en conformité de ce que nous foutenons par Arreft du 6 Avril 1698.
Voicy quelle en fut l'efpece.

En 1686 Louis Paon Efcuyer époufa Damoifelle Marie-
Catherine de Manneville fille puînée de M`re`. François de
Manneville Chevalier Seigneur de Baromenil. Le contrat
de mariage fut fait en la Ville d'Eu le 4 May de la même
année ; figné de plufieurs perfonnes de diftinction &
qualifiées, parens du futur époux & de la future époufe ;
& fous fignature privée, comme la plûpart de ceux qui
fe font en Normandie.

Mais il fut reconnu pardevant Notaires le 5. du même mois par la Dame de Roüen mere du fieur Paon ,
& le 8. qui fut le jour de la celebration du mariage ,
il fut auffi reconnu par la Dame fon époufe & par lui.
Par ce contrat on lui accorda pour fon *don mobil*, le tiers
des immeubles qui appartenoient ou pouvoient appartenir dans le Comté d'Eu à la future époufe.

Peu de tems aprés elle deceda fans enfans. Le fieur
Paon demanda lors le partage des biens qu'elle avoit
laiffez pour en avoir *le tiers* conformément à fon contrat de mariage ; & l'action qu'il en fit fut intentée
contre M`re`. Henry-Jacques de Crequy Chevalier Seigneur d'Hefmont qui avoit époufé la fœur aînée de la
feuë Dame fon époufe, dont il étoit par fon decès devenu feul & préfomptif heritier.

F f ij

Le sieur de Crequy contesta le don prétendant qu'il étoit nul ; & il eut l'avantage de faire débouter le sieur Paon de sa demande par Sentence du Bailly d'Eu du 26 Juin 1688.

Le sieur Paon s'en rendit appellant en la Cour où le sieur de Crequy prenant de nouveaux erremens, attaqua *l'insinuation* qui parroissoit avoir été faite du contrat de mariage, & fit dire par un premier Arrest qu'on n'y devoit avoir aucun égard pour des raisons dont il seroit inutile de faire ici le détail.

Il fallut proceder ensuite au fond, c'est-à-dire sur l'appel dont la Cour étoit saisie, & sur lequel je fis voir que le *Comté d'Eu*, quoique du ressort du Parlement de Paris à cause de son érection en Pairie faisoit partie du Duché de Normandie ; qu'il en devoit suivre la Coûtume & les Usages ; que la Cour l'avoit jugé de la sorte par quantité d'Arrests ; & que par consequent le Bailly d'Eu avoit statué contre les regles, en n'ordonnant pas l'execution du don mobil en question.

De la part du sieur de Crequy l'on fit differentes objections, & entr'autres que l'*art.* 410. *de la Coûtume* faisoit défenses aux maris & aux femmes de se faire aucun avantage ; que le contrat de mariage du sieur Paon étoit sous signature privée ; qu'on n'y devoit point ajouter foy ; que des contrats de cette nature étoient suspects ; & qu'il ne falloit leur donner datte que du jour qu'ils étoient reconnus ; que d'ailleurs celui dont il s'agissoit n'avoit point été insinué ; que les Ordonnances du Royaume assujettissoient à cette formalité toutes sortes de donations ; qu'il n'y avoit point dans toute la Coûtume de Normandie d'article qui en exemptât le *don mobil* ; que le sieur Paon n'alleguoit qu'un usage &

des Arrefts ; & que quand le Comté d'Eu feroit tenu
de fuivre la Coûtume generale de la Province, on ne devoit pas dire la même chofe des Ufages particuliers qui
s'introduifoient, & des Loix qu'il plaifoit au Parlement
de Roüen d'établir.

En vain, ajoutoit le fieur de Crequy, diroit-on que
le don mobil n'eft point à proprement parler une vè-
ritable donation, & qu'il fait partie des conventions portées par le contrat de mariage.

Ce n'eft point là un moyen legitime pour l'affranchir
de l'infinuation ; le Don mutuel eft une paction de la
même nature ; & cependant dans les Coûtumes où il a
lieu, il n'eft pas exempt de cette formalité.

L'article qui peut autorifer la femme à donner le
tiers de fes immeubles à fon mary, pour fon *don mobil,* eft
l'article 431. de la Coûtume, qui porte que *perfonne âgée
de vingt ans accomplis, peut donner la tierce partie de fon heritage
& biens immeubles, foient acquefts, conquefts, ou propres à qui
bon lui femble par donation entrevifs,* &c. Cet article eft couché dans le titre des *Donations* ; & d'ailleurs l'article 74.
du Reglement de 1666, dont on veut fe prevaloir qualifie expreffement *Donation* ce prefent que les femmes en
Normandie ont accoûtumé de faire à leurs maris.

Pour quelle raifon donc l'exempter de l'infinuation ?
l'Ordonnance de Moulins y affujettit toutes les Donations faites en faveur de mariage ; & cette Ordonnance qui eft de 1566 eft generale ; on la fuit en Normandie comme ailleurs ; la Coûtume qui a été reformée depuis en 1583, n'y a point derogé ; elle ne pouvoit
pas même le faire ; & dans *l'article* 244. qui parle de la
promeffe que les peres & meres, ou autres afcendans
font à leurs enfans de leur garder leurs fucceffions, en
a nommement ordonné l'execution.          Ff iij

Qu'on parcoure tant qu'on voudra les articles qui la composent, on n'en trouvera point qui dispense le *don mobil* de l'insinuation. C'est dans le Reglement de 1666. & dans la Jurisprudence des Arrests que le sieur Paon met toutes ses esperances; mais ces Arrests & ce Reglement sont de beaucoup posterieurs à la reformation de la Coûtume; & outre qu'ils sont l'ouvrage d'une Cour qui n'a plus de Jurisdiction sur les Habitans de cette contrée, ils sont contraires aux Ordonnances generales du Royaume qu'il n'est pas permis aux Cours superieures d'enfraindre; que le Roy seul peut abroger par ses Declarations; & qui doivent estre d'une si grande autorité dans ses Etats, qu'elles l'emportent sur les Coûtumes qui ont des dispositions contraires.

Pour répondre à ces objections de la part du sieur Paon, je dis en replique qu'il n'y en avoit pas une seule qui dût être raisonnablement proposée, & que toutes ensemble étoient fondées sur de faux principes.

Le sieur de Crequi n'y pense pas lorsqu'il objecte que ce Contrat de mariage du sieur Paon est sous signature privée; c'est une circonstance qu'il releve mal à propos; les Actes de cette nature ne sont point prohibés ni extraordinaires en Normandie; la preuve en est écrite dans les articles 527. & 528. de la Coûtume.

La plûpart des Contrats de mariage qu'on fait en cette Province sont sous signature privée; c'est un usage établi de tout temps immemorial en ce pays-là; & c'est en ignorer les principes & les maximes lors qu'on veut insinuer le contraire.

Le sieur Paon rapporte cent extraits de mariage qu'il a compulsez chez plusieurs Notaires; tous sont sous signature privée, & reconnus dans la suite comme a été le sien; & chaque Contrat renferme une Donation de la femme à fon mari; s'il étoit befoin d'en rapporter vingt fois autant il y fatisferoit aifement.

Il rapporte auffi un Acte de notorieté figné des douze plus anciens & plus fameux Avocats de Normandie, de Meffieurs les Avocats Generaux, & de M. le Procureur General, qui tous atteftent que tel eft l'ufage de la Province.

Enfin il a l'avantage d'avoir pour lui le fentiment de tous Commentateurs de la Coûtume, & il rapporte trois Arrefts qui l'ont ainfi Jugé, & que Mᵉ Henry Bafnage a dattés fur *l'article* 410. des 18 May 1648, 12 Janvier 1651 & 27 Juillet 1658.

Par le premier, on ordonna l'éxecution d'un contrat de mariage qui contenoit un don fait par une femme à fon mari, encore bien qu'il n'eût été reconnu que quatre mois aprés la celebration.

Par le fecond, on ordonna pareillement que le don mobil que la nommée Turgis, avoit fait à Saquépée fon mari par Contrat de mariage auroit fon effet, quoique le Contrat n'eût été reconnu que long-temps aprés la célebration, & qu'il eût été fait en abfence des parens de la femme qui même ne fçavoit faire qu'une marque, & qui par ce moyen avoit efté facile à furprendre.

Et par le dernier, on jugea la même chofe pour un don fait par une femme à fon mari par fon Contrat de mariage fait fous fignature privée en l'abfence de tous leurs parens & amis, où l'on n'avoit appellé pour témoins que deux paifans, dont un ne fçavoit figner, & reconnu plus d'un mois aprés la celebration.

On peut confirmer encore cette maxime non feulement par l'art. 70 du Reglement de 1666 fait au Parlement de Roüen les Chambres affemblées; mais en-

core par un ancien Reglement du 16 Mars 1600 , lû &
publié en l'Audience de la Cour , & fait fur le requifi-
toire de M. le Procureur General , par lequel il paroît
que la plûpart des contrats de mariage étoient lors fous
fignature privée , & qu'on leur donnoit même hypoté-
que du jour de la celebration , encore bien qu'ils n'euffent point été reconnus.

Le Sieur Paon a produit le fecond de ces Arrefts ; &
pour montrer que le Parlement de Paris même n'a pas
défaprouvé cet ufage pour la Normandie , il a produit
auffi un dernier Arreft fort folemnel rendu en la quatriéme Chambre des Enquêtes le 21 Août 1692 , entre
Dame Heleine de Clere époufe du fieur Marquis de
Sourdeac , les créanciers de la maifon de fon mari , &
autres , par lequel on ordonna l'execution *d'un don
mobil* porté par fon contrat de mariage fous fignature
privée ; & afin qu'on ne revoquât point ces faits en doute il a produit encore le contrat de mariage qui eft du 12
Février 1643 , & la reconnoiffance qui eft du 3 Mars fuivant.

On comprend affés l'embarras où fe trouve le fieur
de Crequi , quand forcé de convenir de la verité du contrat de mariage & de fa date , il fe rétranche à dire que
le don qu'il renferme eft nul par le défaut d'infinuation.

On n'affujettit point le don mobil à cette formalité;
il en eft comme de la dot que les peres donnent à leurs
filles , & des ameubliffemens qui fe font à Paris. Ces
fortes de dons ne font point regardés comme des donations , mais comme des pactions & des conventions de
mariage ; & cela paffe en Normandie pour un principe
inconteftable.

M<sup>e</sup>. Jean - Marie Ricard en fon Traité des Donations
agite cette Queftion *part. 1. chap. 4. fect. 3. pag. 252 & 253,*

&

& prouvé par plusieurs dispositions, par des raisonnemens solides, & par differens Arrests, qu'à Paris même
comme dans les autres Cours Souveraines, on n'assujettit point ces pactions à l'insinuation.

L'article 74 du Reglement de 1666 fait au Parlement
de Roüen en renferme une disposition expresse. Après
avoir marqué la portion dont la femme peut disposer
de ses biens en faveur de son mari pour don mobil, il
ajoûte ces mots, *& n'est ledit don sujet à l'insinuation.*

Il ne faut pas regarder ce Reglement comme une loi
qui n'a plus d'autorité. Premierement il étoit en sa pleine vigueur en 1686. Ce n'a été qu'en 1688 qu'il a commencé à s'affoiblir ; & en second lieu, ceux qui l'ap-
prouvent le moins conviennent qu'il doit être suivi dans
les choses où il est conforme aux anciens Arrests.

Le sieur Paon en a cité deux qui ont disertement jugé que cette formalité n'étoit point requise pour la va-
lidité du don que la femme faisoit à son mari par son
contrat de mariage, & qui sont datés par Berault sur
l'art. 448. des 20 Octobre 1597, & 4 Août 1612.

Il en cite plusieurs autres encore qui ont décidé la
même chose, & que Me. Henri Basnage sur le même
art. a datés des 8 Juin 1636, 4 Juillet 1645, 29 Juillet
1650, 21 Juin 1653, 24 Juillet suivant, & 8 Juillet 1663.

Enfin il en a produit un au procès du 8 Juin de la
même année 1663 rendu entre Marc Hodierne & les heritiers de Jeanne Baudin qui est conforme à tous les
autres. En sorte qu'on peut dire avec confiance que cet
art. 74 du Reglement de 1666 n'est pas une loi nouvelle, mais une confirmation de la maxime introduite par
tous les Arrests qui avoient été rendus sur cette matiere.

Gg

C'eſt un faux-fuyant de la part du ſieur de Crequi quand pour derniere objection il dit qu'il n'y a point d'article dans la Coûtume de Normandie qui diſpenſe le don mobil de l'inſinuation, & que le ſieur Paon n'allegue qu'un Uſage & des Arreſts qu'on n'eſt point obligé de ſuivre dans le Comté d'Eu, qui s'attache exactement à l'Ordonnance qui aſſujettit à cette formalité toutes ſortes de donations.

On retorque l'argument contre lui : la Coûtume ne requiert point l'inſinuation dans les articles où elle permet à la femme de diſpoſer au profit de ſon mari d'une partie de ſes biens : il eſt donc à préſumer qu'elle n'a point jugé cette formalité neceſſaire. Et qu'on ne diſe pas qu'en ſe taiſant ſur ce point, elle a laiſſé les choſes dans leur cours ordinaire, c'eſt-à-dire dans la ſoûmiſſion aux Ordonnances qui ont introduit la neceſſité de l'inſinuation, & qui ſont anterieures au tems qu'elle été reformée. Le Parlement de Roüen auquel il appartient de l'interpreter a toûjours décidé ſans avoir varié jamais un ſeul moment que la rigueur des Ordonnances ne pouvoit s'étendre au *don mobil*, & que tel étoit l'eſprit de la Coûtume, & de ceux qui l'ont réformée.

C'eſt une pure ſubtilité, quand on dit que ſi les habitans de ce canton ſont ſujets à nôtre Coûtume generale, il n'en eſt pas de même des uſages établis par des Reglemens particuliers ; ſe devant regir par les diſpoſitions de la Coûtume generale, il eſt ſans difficulté qu'ils doivent auſſi garder les Arreſts & les Reglemens de la Province ; ces Arreſts & ces Reglemens ne ſont pas des Loix nouvelles, mais des Loix interpretatives de la Coûtume, & qui en dénoüent les difficultés ; ainſi l'obéïſſance qu'on doit à l'une, emporte neceſſairement la ſoumiſſion aux autres.

Si les Habitans du Comté d'Eu font fujets à la Coûtume generale de nôtre Province, c'eft par la raifon que
leur Pays fait partie du Duché de Normandie. Cette confideration, ce me femble, doit au même tems les affuje-
tir aux ufages que tout le Duché garde; ils fuivent bien
l'ufage du don mobil qui ne paroît porté précifément
par aucun article de la Coûtume, fi ce n'eft par l'art.
405, qui difant que *la femme qui convole en fecondes nôces*
*ne peut donner de fes biens à fon mary en plus avant que ce qui*
*en peut écheoir à celui de fes enfans qui en aura le moins* prouve que la Loi ne fait pas deffenfe à la future époufe de
donner une partie de fon bien à celui qu'elle eft fur le
point d'époufer, pourquoi ne fuivroient ils pas les Loix
qui ont été faites à fon occafion?

Il feroit contre les regles que ces peuples qui ne font
que des membres du Duché fe gouvernaffent par des
des loix contraires à celles qui regiffent tout le Corps;
& il y auroit de l'abfurdité qu'ils fuiviffent le droit
general du Duché, & qu'ils n'obfervaffent pas les dé-
cifions que fon Tribunal fouverain établit en interpre-
tant ce droit municipal & general, dont l'interpretation lui appartient; ils font tout-à-fait Normans, ou ils
ne le font pas : s'ils le font tout-à-fait, il faut abfolument
qu'ils fuivent tout ce qui s'obferve en la Province.

Auffi quand les Habitans des Baronnies d'Ourville &
de Roumare, & ceux de Rouville, de Gremonville,
Gerponville, le Valbourdet, la Salle, S. Jean, & plufieurs
autres dépendans du Comté fe prefenterent à l'Affemblée generale qui fut faite pour la redaction de la Coûtume, ils demanderent acte non feulement de ce qu'ils
entendoient vivre comme ils avoient toûjours fait fous la
Coûtume generale, mais ils declarerent encore qu'ils

vouloient demeurer assujettis *au stile formulaire & aux usa-ges reçûs au Bailliage de Caux* où est la situation du Comté.

Ajoûtons à ces remarques que quand en 1532 les Habitans de la Ville d'Eu supplierent le Roi François Premier de leur donner des Magistrats du Parlement de Roüen pour juger leurs causes en attendant que la contestation qui étoit entre ce Parlement & celui de Paris eût été terminée, ce Prince leur fit expedier des Lettres Patentes où il fur expressément employé que ledit *Comté, Terres, & Seigneuries en dependantes estoient du territoire, pourpris, & enclaves de Normandie, regi, & gouverné selon les droits, usages & stiles notoirement gardez en icelui sous le ressort, autorité & jurisdiction de la Cour Souveraine dudit Pays de Normandie :* toutes lesquelles observations montrent évidemment que ces Peuples doivent également suivre les Arrests & les Reglemens du Parlement de Roüen, & les Usages de la Province, comme le texte même de la Coûtume.

Le Parlement de Paris a jugé qu'on ne devoit point admettre dans le Comté d'Eu la demande *en declaration d'hypoteque*, & qu'il y falloit garder l'*art.* 220 du Reglement de 1666 qui veut que le tiers acquereur ne puisse être dépossedé que par la voye de la Saisie réelle; qu'on y étoit *majeur* à 20 ans accomplis suivant l'*art.* 38 du même Reglement; que les Contrats & Jugemens qui étoient *executoires* contre le défunt, l'étoient aussi contre l'heritier suivant l'*art.* 128, sans qu'il fût besoin d'agir contre lui pour les faire déclarer tels; & que conformément à l'*art.* 129 les heritiers étoient obligés *solidairement & personnellement* aux dettes du défunt sauf leur recours contre leurs coheritiers. Pourquoi n'y gardera-t'on pas l'*art.* 74 qui permet à la femme de donner à son mari *le tiers de ses immeubles*, & qui ne demande point que ce *don soit insinué* ?

La Cour par son Arrest du 29 Avril 1698 ordonna l'execution du Contrat de Mariage du sieur Paon ; qu'il seroit procedé au partage des biens de la dame son épouse ; qu'il en seroit fait par lui trois lots dont deux appartiendroient au sieur de Crequi ; & que l'autre lui resteroit pour son don mobil dont on lui ajugea la restitution des fruits avec dépens.

Cet Arrest est d'autant plus conforme aux regles que j'ai remarqué depuis que dans le Cahier d'articles que quelques Officiers & praticiens de la Ville d'Eu avoient redigé en 1674 pour les présenter aux Commissaires que Mademoiselle d'Orleans devoit faire nommer par les Lettres qu'elle se proposoit d'obtenir pour la rédaction des Usages locaux du Comté, on avoit emploié cet article 74 du Reglement de 1666.

LOUIS, &c. Vû, &c. la Cour, &c. sur l'appel interjetté par ledit Paon, &c. a mis l'appellation & ce au néant ; *Emendant*, &c. en consequence ordonne *qu'il sera procedé au partage des biens de ladite défunte Catherine de Manneville dont trois lots seront faits par ledit Paon pour en estre choisi deux par ledit de Crequi, & l'autre demeurer audit Paon pour son don mobil conformément à son contrat de mariage ; condamne ledit de Crequi à la restitution des fruits provenans des biens qui se trouveront compris dans le lot qui demeurera audit Paon, du jour du decès de ladite de Manneville, &c. Donné à Paris en nôtre Cour de Parlement le 29 Avril l'an de grace* 1698, &c. *Signé,* DU JARDIN.

*Arrest du 29 Avril 1698.*

## CHAPITRE XIX.

Si l'Edit du mois d'Août 1606 qui a abrogé le Senatus-Confulte *Velleïen*, & l'Authentique, *Si qua mulier*, & qui a été regiſtré au Parlement de Paris , doit être ſuivi dans le Comté d'Eu lequel eſt dans le Reſſort de ce Parlement.

### SOMMAIRE.

I. *L'interceſſion pour autrui défenduë aux femmes par le Senatus-Confulte* Velleïen, *& l'Authentique,* Si qua mulier.

II. *Ces diſpoſitions du droit Romain ont eſté ſuivies long-tems en France.*

III. *L'Edit du mois d'Août 1606 les a abrogées dans la plus grande partie du Royaume.*

IV. *Cet Edit n'a point été regiſtré au Parlement de Roüen.*

V. *Le* Velleïen *eſt encore exactement obſervé dans la Province de Normandie.*

VI. *Si la femme domiciliée dans le Comté d'Eu qui eſt du reſſort du Parlement de Paris où l'Edit de 1606 a eſté regiſtré, peut profiter de ſa diſpoſition.*

JE ne m'arrêterai point à faire un long diſcours au ſujet de l'interceſſion des femmes, parce que c'eſt une matiere que j'ai amplement diſcutée dans les *Memoires* que j'ai donnés concernant l'obſervation du Senatus-Confulte Velleïen dans le Duché de Normandie.

Je dirai ſeulement en general que chés les Romains

il n'étoit point permis à la femme d'interceder pour autrui. *Fœmina ab omnibus officiis civilibus vel publicis remotæ sunt ; & ideò nec Judices esse possunt ; nec Magistratum gerere ; nec postulare ; nec Procuratores existere ; nec pro alio intervenire. l. 2. ff. de div. Reg. Jur. D.*

Par les deux titres que nous avons sur cette matiere au Digeste & dans le Code, nous apprenons que sous le Regne de Cesar-Auguste, & celui de l'Empereur Claude, il fut publié plusieurs Edits, qui selon toutes les apparences n'étoient que des renouvellemens de plus anciennes loix, par lesquels il fut fait défenses aux femmes d'interceder pour leurs maris. *Et primò quidem temporibus Divi Augusti, mox deinde Claudij, Edictis eorum erat interdictum ne fœminæ pro viris suis intercederent. l. 2. ff. ad Senat. Consul. Vellei. D.* & que peu de tems aprés la publication de ces Edits il fut fait sous le Consulat de *Marcus Silanus, & de Velleius Tutor* un Senatus-Consulte qui réitera la prohibition, & qui la conçut dans des termes plus generaux, puisqu'il y comprit expressément toutes les femmes. *Posteà factum est Senatuf Consultum quo plenissimè fœminis omnibus subventum est. l. eâd.*

Ce Senatus Consulte fut observé sans relâche depuis sa publication jusques au tems de l'Empereur Justinien qui néanmoins y apporta quelques exceptions.

Un des cas excepté c'étoit lors qu'aprés deux ans d'intervalle & de déliberation, la femme avoit ratifié & confirmé son cautionnement. *Sin autem post biennium hæc fecerit, sibi imputet, si quod sæpius cogitare poterat & evitare, non fecit; sed ultrò firmavit. Videtur etenim ex hujusmodi temporis prolixate, non pro aliena obligatione se illigare, sed pro sua causa aliquid agere. l. Si mulier. ff. ad Senat. Consult. Vellei. C.*

Mais il ne fut pas long-temps fans retracter cette exception comme on l'apprend du chapitre VIII. de fa Novelle 174. dont on a tiré l'authentique *Si qua mulier,* que nous avons dans le Code au même titre, par laquelle Novelle il veut que l'interceſſion dans laquelle la femme eſt entrée pour fon mari, foit de nul effet, & ne puiſe jamais obtenir de nouvelles forces, quelque raſication qu'elle en ait pû faire, *Si qua mulier crediti inſtrumento conſentiat proprio viro, aut ſcribat, & propriam ſubſtantiam, aut ſe ipſam obligatam faciat, jubemus hoc nullatenus valere, ſive ſemel, ſive multoties hujuſmodi aliquid pro eâdem re fiat, ſive privatum, ſive publicum ſit debitum; ſed ita eſſe ac ſi neque factum quicquam, neque ſcriptum eſſet, ni manifeſtè probetur quod pecunia in propriam ipſius mulieris utilitatem expenſa ſit Auth. Si qua mulier ff. eod.*

II.   Quand les Romains ſubjuguerent les Gaules, tout ce Pay conquis ſe trouva aſſervi aux anciennes loix Romaines, qui avoient prohibé l'interceſſion aux femmes, & lors de la decadence de l'Empire il faut convenir encore que ces loix ne reçûrent point d'atteinte; qu'elles furent adoptées par les Francs aprés leur conquête; & que ſous la premiere & la ſeconde race de nos Roys, on a ſuivi le Code Theodoſien, où l'interceſſion des femmes étoit diſertement prohibée.

Il eſt vrai que l'uſage de faire renoncer les femmes au Benefice du Senatus-Conſute Velleïen, & à l'authentique, *Si qua mulier* s'étoit inſenſiblement introduit dans le Royaume, & que par le moyen d'une ſemblable rénonciation dont les Notaires étoient obligés de leur marquer la ſuite & les effets, les obligations qu'elles avoient contractées devenoient bonnes & valables.

Mais cet uſage condamné par une infinité de Docteurs

teurs n'avoit point été reçû dans la Province de Normandie, où le cautionnement avoit toûjours été regardé comme un acte nul de plein droit, & pour lequel il n'étoit pas besoin d'obtenir de Lettres, & où l'on avoit perpetuellement rejetté les ratifications qui pouvoient en avoir été faites.

Ce fut en 1606 que sur les avis qui furent donnés au Roi Henri IV. Sa Majesté fit un Edit par lequel on abrogea *le Velleien & l'Authentique* dans la meilleure partie du Royaume. Cèt Edit qui est du mois d'Août fut registré au Parlement de Paris le 22 Mai 1607 ; mais il ne le fut point dans les Parlemens du Pays de Droit écrit ; ni dans celui de Bretagne où l'intercession des femmes continua d'être rejettée jusques en 1683 que M. de Pontchartrain lors Premier President au Parlement de Rennes obtint pour la Province un Edit pareil à celui de 1606.  III.

Pour ce qui est du Parlement de Roüen, il n'enregistra point aussi l'Edit ; & ce qu'il y a de bien certain est que la Province n'a point depuis sollicité d'Edit semblable à celui qui a été donné pour la Bretagne.  IV.

De-là vient qu'en Normandie le Velleien est encore en sa pleine vigueur, & qu'il n'y est pas observé moins religieusement qu'il l'a été par nos Peres dans les siecles passés. Disons plus, disons qu'il n'est aucun Pays dans tout le Royaume où ses dispositions soient gardées avec plus d'exactitude & de fermeté, puisqu'on n'y admet point les renonciations ; que les ratifications des contrats que les femmes ont faits conjointement avec leurs maris ne leur peuvent être opposées ; qu'elles n'ont point besoin de Lettres ; & même que leurs actes ne sçauroient être executés sur les biens qu'elles  V.

poſſedent ſous des Coûtumes libres, tant il eſt vrai que leurs obligations ſont nulles en ſoi.

.VI.　　Cela préſuppoſé, je demande ſi la femme domiciliée dans le Comté d'Eu, & qui s'eſt obligée pour ou avec ſon mari, peut exciper *du Velleïen*.

D'un côté, l'on peut dire que ce n'eſt point ici le cas où l'on ſoit lié par le vieil Coûtumier de la Province; par la Coûtume réformée en 1583; ou par le Reglement de 1666, puiſque dans la Coûtume & ce Reglement il n'eſt aucunement parlé de l'interceſſion des femmes, ni de loi qui la défende.

Le Comté d'Eu eſt du reſſort du Parlement de Paris où l'Edit de 1606 a été regiſtré; & ſelon toutes les apparences M. le Procureur General l'y a envoyé en conſé-quence des ordres de la Cour, comme dans tous les Bailliages, Senechauſſées, & Lieux du Reſſort du Parlement pour y être executé ſelon la forme & teneur.

Pour juger ſi les femmes domiciliées dans le Comté d'Eu peuvent s'obliger avec effet, il ne faut pas avoir abſolument recours à ce qui s'obſerve dans tout le reſ-te de la Province, parce que l'uſage qu'on ſuivoit an-ciennement dans le Comté d'Eu ſur cette matiere étoit different.

Dans les Cahiers qui furent redigés en 1580 en con-ſequence des Lettres Patentes obtenuës en 1579 par M. le Duc de Guiſe Comte d'Eu pour la rédaction de *ſes Coûtumes prétenduës locales*, on trouve deux articles *au titre des droits appartenans à gens mariés*, par leſquels il eſt dit que les obligations contractées par les femmes ſont bonnes & valables, *pourvû qu'elles ayent renoncé au benefice du Senatus Conſulte Velleïen*, ce qui ſe pratiquoit lors au Parlement de Paris, & ce qui n'a jamais été pratiqué dans les Jurifdictions du reffort du Parlement de Normandie.

Si tel étoit en ce tems-là l'ufage du Comté d'Eu nonobftant ce qui s'obfervoit dans tous les autres Cantons de la Province , la confequence eft jufte qu'il a été abrogé par l'Edit de 1606 , au même tems que celui du Parlement de Paris qui étoit tout femblable l'a été par cet Edit qui y a été regiftré , & qui a été envoyé au Bailliage d'Eu comme étant de fon reffort.

Mais à tout cela je répons comme j'ai déja fait bien des fois , que le Comté d'Eu fait partie du Duché de Normandie , & que par confequent il eft tenu de fuivre tout ce qui compofe le droit municipal de la Province.

Il eft vrai qu'il eft du reffort du Parlement de Paris ; mais c'eft uniquement à caufe de fon érection en Pairie ; cela ne regarde que la Jurifdiction , & non la maniere de fe gouverner qui demeure perpetuellement telle quelle étoit lorfque le changement de reffort eft arrivé.

Les Habitans du Comté d'Eu font forcés de convenir qu'ils font fujets à la Coûtume ancienne & nouvelle de Normandie ; & il faut demeurer d'accord que la difpofition *du Velleien* n'eft pas moins refpectable , & ne doit pas avoir moins d'autorité que ces Coûtumes. Si c'eft à l'ancienneté qu'il faut donner la préference , c'eft un privilege qu'on ne fçauroit lui refufer ; quand les Peuples *du Nord* vinrent s'établir dans la *Neuftrie* , ils y trouverent cette Loi Romaine en vigueur , parce que les Romains après avoir fubjugué les Gaules , l'y avoient introduite , & parce que les Francs l'avoient adoptée depuis leur conquête.

En vain l'on opposeroit qu'il n'en est point expressément parlé dans *le texte de la Coûtume*. Les Loix qui dans leur origine se sont établies du commun consentement des peuples , & qui ont été scrupuleusement gardées sans relâche, & sans altération pendant plusieurs siecles, ne doivent pas avoir moins d'autorité que celles qui sont écrites. *Inveterata consuetudo* , disoit le Jurisconsulte Julianus , *pro lege non immeritò custoditur ; & hoc est jus quod dicitur moribus constitutum. Nam cum ipsæ leges nullâ aliâ ex causâ nos teneant quam quòd judicio populi receptæ sunt , meritò & ea quæ sine ullo scripto populus probavit , tenebunt omnes ; nam quid interest, suffragio populus voluntatem suam declaret, an rebus ipsis & factis? Quare rectissimè etiam illud receptum est , ut leges non solum suffragio legislatoris, sed etiam tacito consensu omnium per consuetudinem abrogentur. l. 32. ff. de leg. Senatusque Consult. & long. Conf. D.*

Enfin c'est la résolution de deux autres fameux Jurisconsultes , Hermogenianus & Paul. Le premier fait marcher d'un pas égal le long usage observé dans tout Pays d'une maniere uniforme , & la loy écrite. *Sed & ea quæ longâ consuetudine comprobata sunt , ac per annos plurimos observata , velut tacita Civium conventio , non minùs quàm ea quæ scripta sunt jura , servantur. l. 35. ff. eod.* Et à l'égard de l'autre, il veut que cette longue Coûtume, qui pour se maintenir dans le cœur & l'esprit des peuples n'a pas eu besoin d'être écrite, ait encore plus de force & d'autorité. *Immò magnæ autoritatis hoc jus habetur , quod in tantum probatum est, ut non fuerit necesse scripto id comprehendere. l. 36.*

Avant l'Edit de 1606 qui a abrogé *le Velleien* , il est certain que sa disposition étoit suivie comme Loy au Parlement de Paris, & cependant la Coûtume de Paris

n'en difoit pas un feul mot. Par quelle raifon les Habitans du Comté d'Eu voudroient-ils pour s'en affranchir
fe prévaloir de ce que l'ancienne Coûtume de Normandie & la nouvelle n'en ont point fait mention.

Il n'y a point de confequence à tirer des deux articles
qu'on prétend avoir été inferés dans les Cahiers redigés
en 1580 par les foins de M. le Duc de Guife Comte d'Eu,
& par lefquels on dit qu'on déclara bonnes & valables
les obligations des femmes pourvû qu'elles euffent renoncé au benefice du *Velleien.* Outre que les Etats ne
mirent point la derniere main à ces Cahiers, & qu'ils
ne furent point examinés par les Commiffaires, ni par
confequent omologués par le Prince, il eft vrai qu'on
y avoit employé quantité de chofes qui n'avoient point
encore été fuivies dans le Comté d'Eu, & que l'intention étoit feulement d'introduire en ce Pays-là.

Il fe peut faire que M. le Procureur General du Parlement de Paris aura eu foin d'envoyer l'Edit de 1606
au Bailliage d'Eu; mais peut être auffi ne l'y a-t'il pas
envoyé; & quand d'ailleurs il l'auroit fait, quelle induction pouroit-on en tirer? ce n'eut été que pour fatisfaire aux ordres de la Cour qui avoit ordonné par fon
Arreft d'enregiftrement de l'Edit qu'il feroit envoyé
dans tous les Bailliages & Senechauffées de fon reffort,
& pour lui conferver toûjours ce droit de regard qu'elle a par rapport à la Jurifdiction fur le Comté d'Eu, &
non dans la vuë d'affujettir ceux qui l'habitent à l'execution de l'Edit, l'intention du Parlement de Paris
n'ayant jamais été d'impofer à ces peuples fes loix particulieres, & des ufages contraires à ceux qui doivent
naturellement les regir.

Au refte fi l'on prononçoit chés eux l'abrogation du
Hh iij

*Velleïen*, ce feroit au même tems anéantir & renverfer les difpofitions précifes de la Coûtume de Normandie *à laquelle ils reconnoiffent qu'ils font fujets*, & qui conferve le bien des femmes avec tant de vigilance & de foin qu'après avoir déclaré dans les articles 538 & 539 bonnes & valables les alienations qu'elles en auront pû faire, pourvû qu'elles trouvent la recompenfe du jufte prix fur ceux de leurs maris, ajoûte dans les articles 540 & 542 que fi elles ne trouvent point cette recompenfe, *elles pourront fubfidiairement s'addreffer contre ceux qui font les detempteurs de leur bien.*

J'ajoûte a ces moyens que fi dans le texte de la Coûtume il n'eft pas nommément parlé du *Velleïen*, il y eft du moins tacitement defigné par rapport aux femmes en puiffance de maris, parce que *ces articles* 538, 539, 540 & 542 font tirés de la Loy Julie *de fund. dot.* & de la Loy unique *ff. de re uxor. act. c.* qui faifoient défenfes aux femmes d'*hypotequer* leurs biens.

Il faut donc fuivre le *Velleïen* dans le Comté d'Eu. Auffi plufieurs perfonnes de ce Pays-là m'ont-elles affuré que fa difpofition y étoit fcrupuleufement gardée.

Quoiqu'il en foit, la Queftion en fut jugée le 16 Avril 1714 par Sentence contradictoirement renduë en la premiere Chambre des Requêtes du Palais, plaidans Mᵉ. Jaunay Avocat, & Mᵉ. Renault qui fit décharger la femme du fieur Oudin des obligations où elle étoit entrée conjointement avec fon mari.

Je ne dois pas néanmoins paffer fous filence que le 21 du même mois la Queftion fut agitée dans la conference tenuë au lieu où eft la Biblioteque qui nous a été donnée par M. de Riparfont, & qu'elle partagea les voix.

Si l'ufage de la Province doit s'étendre au Comté
d'Eu, concluons que ce n'eft pas feulement par rapport
à la femme, mais encore par rapport à la veuve & à la
fille ; que les unes & les autres ne fçauroient renoncer
au Velleïen ; que leurs obligations pour autrui font
nulles de plein droit ; qu'elles n'ont point befoin de Lettres pour les faire déclarer telles ; que les ratifications
qu'elles en font ne peuvent produire aucun effet ; & que
leur incapacité qui fe doit regler par la loi de leur domicile, eft de telle nature qu'elle n'influë pas feulement
fur les biens qu'elles ont dans le Comté d'Eu ; mais encore fur tous ceux qu'elles poffedent fous des Coûtumes libres, parce que le Velleïen eft *un Satut perfonnel*
fuivant la Jurifprudence des Arrefts du Parlement de
Roüen & du Parlement de Paris. Toutes ces Queftions
font amplement traitées dans les Memoires que j'ai donnés fur cette matiere au public.

L E S grands defordres arrivés par les renonciations ftipulées dans les
Contrats efquels les femmes interviennent au *Senatuf-Confulte Velleïen.*
*Authentique Si qua mulier, & autres droits introduits en faveur de leur*
*fexe,* fur lefquels infinis procès ont pris leur origine & naiffance, même
pour la diverfité du ftyle des Notaires & Tabellions dont les uns donnent
à entendre aufdites femmes que *leur obligation* eft de nul effet & valeur,
fans la renonciation aufdits droits ; les leur expriment fpécialement ; & les
inferent tant dans leurs minutes que groffes : les autres foit par ignorance
ou negligence, mauvais ufage, ufage particulier des lieux, ne les inferent
au long és minutes & groffes de tous les Contrats, ains feulement de ceux
qu'ils eftiment de grande confequence ; ou bien s'ils les inferent, ce n'eft
que par abbreviation, réfervant à eux ou aux Tabellions, en dreffant les
groffes, d'en faire l'extenfion : & encore d'ailleurs il y en a qui omettent
les mots qui fpécialement *concernent les interceffions & obligations d'icelles*
*femmes pour leurs maris.* Toutes ces défectuofités ont porté nos fujets à Nous
faire plufieurs grandes plaintes & doleances : aufquelles voulans remedier,
& pourvoir à leur foulagement, ordonnons que dorefnavent les Notaires
& Tabellions de nôtre Royaume generalement quelconques, ne pourront
és brevets, contrats, obligations, & autres actes paffés devant eux, infe-
rer les renonciations aufdits droits cy-deffus, ni en faire aucune mention ;

à peine de suspension de leurs charges, d'amende arbitraire, & des dépens,
dommages, & interêts des Parties ; *demeureront néanmoins lesdites femmes
bien & dûëment obligées sans lesdites renonciations* ; & pour couper racine
aux procès nés & à naître dans nos Cours de Parlement ou autres nos Jurisdictions sur les choses & matieres susdites non encore jugées & terminées entre nosdits sujets, *validons & autorisons par ces Presentes tous &
chacuns les contrats, brevets, actes, & obligations cy devant passés par les
femmes, soit pour & avec leurs maris autorisées d'eux, ou autrement, en quelque sorte & maniere que ce soit, bien que lesdits droits n'ayent été exprimés,
inserés & étendus au long, ou que la renonciation d'iceux droits ait été entierement obmise,* pour estre lesdits contrats de tel effet, force, & vertu, comme si toutes ces formes y eussent été bien gardées & observées : sans toutesfois préjudicier aux Arrests cy devant intervenus en telle matiere, que
nous entendons demeurer en force & vertu. Donné à Paris au mois d'Août
l'an 1606 ; & de nôtre Regne le 18, L. P. R. en Parlement le 22 Mai
1607, & ordonné que copies collationnées seront envoyées aux Bailliages & Senechaussées pour y estre luës, publiées, registrées, gardées, &
observées.

CHAPITRE

# CHAPITRE XX.

Si les Habitans du Comté d'Eu doivent être sujets aux Reglemens generaux & particuliers du Parlement de Roüen ; à la Jurisprudence établie par ses Arrests ; & aux Ordonnances, Edits, & Declarations du Roi ; Lettres Patentes, & Arrests du Conseil concernans la Province.

## SOMMAIRE.

I. *La Question proposée dans ce Chapitre est difficile ; resolution de la conference du 21 Avril 1714.*

II. *Distinction à faire entre les articles du Reglement general de 1666.*

III. *Le Comté d'Eu doit observer ceux qui ont été redigés en interprétation de la Coûtume, ou pour la confirmation de quelques anciens Usages de la Province.*

IV. *Ceux qui regardent la majorité, le don mobil, & la demande en declaration d'hypoteque.*

V. *Ceux qui concernent le droit de Viduité du mari, & le tiers coûtumier des enfans.*

VI. *Et la plus grande partie des autres articles.*

VII. *Réflexions à faire sur les articles 134 & 135 qui concernent le Contrôle des actes.*

VIII. *Et sur l'article 152 qui explique un des Usages locaux des 24 Paroisses des conquêts de Huë de Gournay.*

IX. *Les Habitans du Comté d'Eu doivent également suivre le Reglement general de 1673 concernant les Tutelles.*

X. XI. XII. XIII. XIV. *Les Reglemens particuliers du Parle-*

*ment de Normandie de 1555, 1600, & 1620 pour les for-*
*malités des séparations de biens; le pouvoir des femmes sepa-*
*rées; la reconnoissance des contrats de mariage; & la majo-*
*rité.*

**XV. XVI. XVII. XVIII. XIX.** *Et les Ordonnances, Edits,*
*Declarations, Lettres Patentes, & Arrests du Conseil con-*
*cernans la Province de Normandie.*

I.  J'Avouërai de bonne foi que cette matiere est très
épineuse, & qu'elle peut être parfaitement bien traitée de part & d'autre, c'est-à-dire, pour l'affirmative &
la negative.

Elle parut telle dans la conference qui fut faite à nôtre Bibliotheque le 21 Avril 1714, & qui fut redigée
par Mᵉ. Mathieu Augeard; elle partagea même les
avis; & je trouve que la plûpart des opinans se détermi-
nerent à dire que le Reglement general fait au Parlement de Roüen au mois d'Avril 1666, & que nous appellons communément *les articles placités*, ne devoit être
d'aucune autorité sur les Habitans du Comté d'Eu.

Ceux qui étoient d'un sentiment contraire, disoient
qu'anciennement ce Comté avoit été sujet à l'Echiquier
de Normandie; que cet Echiquier & le Parlement ensuite avoient fait differens efforts pour le soûmettre à
leur Jurisdiction; que pour cet effet ils avoient obtenu
des Lettres en divers tems; & que si le succès n'avoit
pas été parfait, la Question du moins étoit restée in-
décise entre le Parlement de Paris & celui de Roüen.

Il ne faut pas, disoit on encore, dans ces circonftances regarder le Parlement de Paris comme le Juge
naturel du Comté d'Eu, mais seulement comme
un Juge d'attribution, qui dans les contestations

qui en viennent, & qui se présentent à juger devant lui, doit necessairement suivre les Loix & les Ordonnances qui s'observent au Parlement de Normandie. Comme il n'est devenu Juge du Comté d'Eu que par son érection en Pairie, il est vrai de dire que si la Pairie venoit à s'éteindre, le Comté retourneroit sous l'ancienne Jurisdiction du Parlement de Roüen. Celui de Paris n'a donc qu'une Jurisdiction passagere ; il n'en est à proprement parler que l'usufruitier, & comme tel il ne doit point changer les Loix & les Usages qui s'observoient dans le Comté d'Eu, & que l'Echiquier de Normandie y avoit imprimés avant que son érection en Pairie l'eût soûmis à la Jurisdiction du Parlement de Paris. Aussi voit on que ce Parlement s'est peu écarté de cette regle, & que par differens Arrests il a ordonné l'execution de plusieurs articles du Reglement de ladite année 1666 par rapport à la demande en declaration d'hypoteque ; à la majorité de 20 ans ; au don mobil ; & à la maniere d'executer les Contrats & Jugemens contre les heritiers d'un débiteur.

A l'égard des autres qui soûtenoient la négative, ils disoient qu'il ne falloit point tirer avantage de ce que le Comté d'Eu avoit autrefois été sujet à l'Echiquier de Normandie ; que par l'érection de cette Terre en Pairie, l'Echiquier avoit été dépoüillé de tout son droit ; & que par consequent il falloit s'en tenir à l'état present des choses.

On n'a point dû relever que les Habitans du Comté d'Eu reconnoissoient pour *Diocesain* l'Archevêque de Roüen ; pour *Intendant* le Commissaire départi qui reside en cette Ville ; & pour *Commmendant* le Lieutenant pour le Roi dans la haute Province, parce que les Gouvernemens Ecclefiaftiques & Militaires ne regloient pas celui de la Juftice.

Plus inutilement encore on fe prévaut de ce que le Comté d'Eu eft fujet aux impôts de la Province, & joüit au même tems de fes privileges; cette contribution aux charges, & cette communication des prérogatives font fondées fur ce qu'il eft fitué en Normandie; mais encore une fois, tout cela n'a point de relation à la Juftice qui fe rend entre fes habitans. Chaque Pays du reffort du Parlement de Paris fupporte fa part des impots de la Province où il eft fitué, & profite de fes privileges, fans être pource la exemt d'obferver les Reglemens qui fe font dans ce Parlement.

Enfin, celui de Normandie n'a plus d'autorité fur le Comté d'Eu. Comment donc pourroit-il l'affujettir à fes Reglemens tant generaux que particuliers, & à la Jurifprudence de fes Arrefts? cela impliqueroit contradiction; & ça été fur ce fondement que le Parlement de Paris a rejetté bien des fois des articles du Reglement de 1666.

Dans cette diverfité d'avis je ne hazarderai point à donner le mien affirmativement comme font les Jurifconfultes, & me contenterai de fournir des Memoires inftructifs, afin qu'un chacun fe détermine en connoiffance de caufe felon les lumieres & l'étenduë de fon efprit.

I I.     Mon premier coup d'œil tombe fur le Reglement general de 1666 dont il me femble qu'il fera bon d'expliquer la qualité des articles, parce que tous ceux qui ont été inferés dans le Cahier de la redaction, ne font pas de la même nature, *les uns* ayant été faits pour l'interprétation de quelques articles de la Coûtume genera-

le dont les difpofitions paroiſſoient équivoques, ou n'é-
toient pas affés intelligibles ; *les autres* pour confirmer
des Uſages anciens qui n'étoient point écrits, mais qui
de tout tems s'étoient introduits dans la Province du
commun conſentement des Peuples ; *les autres* pour fixer
la Juriſprudence ſur certaines matieres qui avoient déja été décidées pluſieurs fois d'une maniere uniforme ;
*les autres* pour la fixer ſur differentes Queſtions qui n'a-
voient point encore été parfaitement jugées, ou qui
avoient partagé les avis ; *les autres* en execution d'E-
dits expreſſément faits pour la Normandie ; & *les autres*
enfin pour l'explication de quelques Uſages locaux de
la Province du nombre de ceux qui avoient été redigés
& arrêtés en 1587.

Quant à ceux qui ont eu pour objet l'interprétation III.
de la Coûtume, ou la confirmation de quelques Uſages anciens, il me ſemble, ſans toutesfois vouloir être
garand de mon opinion, qu'ils doivent être ſuivis dans
*le Comté d'Eu.* Les premiers ſont de la même qualité
que la Coûtume dont ils n'ont fait qu'interpréter les
difpofitions ; & à l'égard des autres ils méritent la même faveur que les Uſages qu'ils ont confirmés, & qui
de leur part ne doivent pas avoir moins d'autorité que
la Coûtume même.

Tels ſont l'articles 38 qui fixe *la majorité* parfaite de IV.
l'homme à 20 *ans accomplis* ; qui eſt l'interprétation *des
Chapitres* XXXIII. & XLIII. du viel Coûtumier, & d'u-
ne infinité d'articles de la Coûtume reformée en 1583 ;
& que le Parlement de Paris a confirmé par rapport au
Comté d'Eu par deux Arreſts des 28 Juillet 1699, & 5
Avril 1721, dont j'ai fait mention au Chap. XIV.

L'article 74 qui permet à la future épouſe de donner

à son futur époux en *don mobil* le tiers de ses immeubles sans que ce don soit sujet à *Insinuation* ; qui a été employé dans le Reglement en interprétation des articles 244, 405, 431, & 448 de la Coûtume ; de l'ancien Usage de la Province ; des anciens Arrests du Parlement de Roüen ; & dont celui de Paris a pareillement ordonné l'execution dans le Comté d'Eu par Arrest du 29 Avril 1698, rapporté au Chapitre XVIII.

Et l'article 120 qui excluant l'action en declaration d'hypoteque , dit que *le tiers acquereur ne peut être obligé de déguerpir , ni de laisser son heritage aux créanciers hypotecaires, & ne peut être dépossedé que par la saisie réelle* ; qui a interpreté les articles 532 & 552 de la Coûtume ; qui a confimé l'Usage établi ; & les Arrests qui avoient été rendus avant qu'elle eût été reformée ; & en conformité duquel la Cour a rendu ses Arrest des 17 Juillet 1666 , 1 Juillet 1669 ; 13 Août 1672 & 3 Mars 1674 que j'ai cités au Chapitre XI.

V.  Il y a quantité d'autres articles dans ce même Reglement dont il ne me paroît pas que les Habitans du Comté d'Eu soient en droit de rejetter les dispositions ; & de ce nombre sont l'article 77 qui parle du *droit de Viduité* du mari sur les biens de sa femme, & qui porte qu'il peut le ceder à ses enfans *au préjudice de ses créanciers* ; & *les articles* 85 , 86 , 88 , 89 & 90 qui font mention du *tiers coûtumier* qui appartient aux enfans qui renoncent à la succession de leurs peres ou meres , parce que ces articles sont tirés des articles 382 , 399 , 400 , 401 , 402 , 403 , 404 de la Coûtume qui admettent le droit de Viduité, & donnent aux enfans le tiers coûtumier quand ils renoncent , & parce que le Parlement de Paris a jugé que ces deux droits devoient avoir lieu dans le Comté d'Eu par les Arrefts que j'ai rapportés aux Chapitres X. & XII.

A l'égard de tous les autres articles du Reglement autres que ceux qui ont été faits en interprétation de la Coûtume, ne pourroit on pas dire encore qu'ils lient les Habitans & Vaffaux du Comté? Rien n'y pourroit faire obftacle que les Ufages particuliers qu'ils pourroient avoir, ou la Coûtume & les Ufages du Parlement de Paris dans le reffort duquel ils font tombés; mais de ces deux côtés nous n'avons rien à craindre, parce que les Commiffaires nommés pour la redaction des Ufages locaux de la Province, leur ont fait défenfe d'en alleguer à l'avenir aucuns de ceux qu'ils prétendoient avoir, *lefquels furent déclarés réduits à la Coûtume generale*; & parce que le Parlement de Paris n'a fur eux aucune autorité que par rapport à la Jurifdiction fuivant les Lettres d'érection en Pairie du Comté d'Eu qu'il ne faut point étendre, & ce d'autant plus qu'en les confiderant avec un peu d'attention, on n'y trouve pas de quoi affeoir un parfait changement de reffort, c'eft-à-dire tant pour les Vaffaux du Comté que pour ceux qui en font les Proprietaires.

VI.

Il y a pourtant deux articles qui me font quelque forte de peine. Ce font les articles 134 & 135 où il eft parlé du Contrôle qui donne en Normandie l'hypoteque aux Contrats, & qui n'eft pas une loy écrite, ni qui fe foit établie par l'ufage, mais une loy fondée fur un Edit devenu particulier pour la Province.

VII.

Le premier de ces articles dit qu'*il fuffit de controler les contrats au Contrôle du lieu où ils font paffés, ou du lieu du domicile de l'obligé*; & le fecond porte, que *les contrats paffés, hors de Normandie, ont hypoteque fur les immeubles fitués en*

*Normandie*, *encore qu'ils ne soient pas controlés*, d'où il resulte que tout contrat fait & passé dans la Province a besoin du controle pour produire hypoteque, à la reserve
toutefois de ceux qui en ont été déclarés exemts, soit
par les Edits, ou par les Arrests de verification.

On prétend que cette formalité n'a point été observée dans le Comté d'Eu ; mais ce Comté faisant partie
du Duché de Normandie, par quelle raison n'y a-t'il pas
été sujet comme tout le reste de la Province ?

Pour décider cette Question avec quelque connois-
noissance, il faut remarquer que la forme du nantisse-
ment & de l'ensaisinement n'étant connuë que dans
quelques Coûtumes du Royaume, le Roy Henry III.
crut qu'il étoit utile d'établir un droit pareil dans toute
la France en 1581, & de faire un Edit par lequel il ordonna que tous contrats fussent controlés & enregistrés,
& qu'autrement on n'acqueroit point de droit de proprieté ny d'hypoteque sur les heritages.

Cet Edit qui fut regiftré au Parlement de Paris le Roi
y féant le 4 Juillet de la même année 1581, & au Parlement de Roüen le 19 Juin 1584 avec les modifications &
limitations portées par l'Arrest du 16 du même mois,
& avec differentes Lettres de Juffion, fut revoqué par
un autre Edit donné à Chartres au mois de Mai 1588.

Mais je trouve qu'il y eut en Juin 1606 des Lettres
Patentes en forme d'Edit qui me paroissent generales
pour tout le Royaume ; & qui furent regiftrées au Parlement de Normandie l'onziéme jour d'Août suivant
avec les modifications contenuës dans l'Arrest donné
les Chambres assemblées le 17 de Juillet precedent, par
lesquelles on rétablit la formalité du Controle avec
création des Offices de Controleurs des titres ; & ce fut
en

en interprétation de cet Arreſt du 17 Juillet qui portoit
que le contrôle & l'enregiſtrement des contrats & des
obligations ſe feroient és lieux où les contrats auroient
été paſſés, & au domicile des obligés, que le Parlement
de Roüen rendit ſon Arreſt le 4 Juin 1612, lû & publié
le 7, & qui a donné lieu à l'*article* 134 du Reglement general de 1666 par lequel ayant égard aux Remontrances
du Procureur General du Roy, il ordonna qu'*on ne pourroit prétendre aucune nullité contre l'hypoteque des contrats qui
auroient été, & qui ſeroient à l'avenir contrôlés & enregiſtrés
aux lieux où ils auroient été paſſés, ou au lieu du domicile des obligés, ſans qu'il fût beſoin de les faire contrôler dans l'un & l'autre endroit; & que l'Arreſt ſeroit lû & publié en l'Audience de
la Cour, & envoyé par les Bailliages & Vicomtés du reſſort pour
être lû, publié, & enregiſtré en chacun Siege de Juriſdiction
tant Royale que Subalterne, afin qu'aucun n'en prétendît cauſe
d'ignorance.*

Il y a tout lieu de croire que cet Edit general de 1606
n'a point eu de ſuite ailleurs qu'en Normandie où il a
toûjours eu ſon execution, à la reſerve du Comté d'Eu
où l'on prétend que les contrats pour pouvoir produire hypoteque n'ont point été ſujets au contrôle, comme ils peuvent être à preſent en conſequence des Edits
qui ont été faits ſur cette matiere depuis quelques années; lequel uſage donne lieu à la difficulté que je me
fais pour ſçavoir à qui de deux contrats paſſés dans le
Comté d'Eu auparavant ces derniers Edits, & dont le
dernier en date auroit été contrôlé, il faudroit donner
la preference.

D'un côté, l'on peut dire que le contrôle ayant été
établi dans la Province, il doit avoir également ſon effet
dans le Comté d'Eu qui en fait partie; que les Edits qui

font faits pour elle regardent d'une maniere uniforme tous les Cantons qui la compofent ; & que ç'a été fur ce fondement que M. le Duc du Maine s'eft prévalu de l'Edit du mois de Juillet 1677 portant création des Offices de Commiffaires des Saifies réelles pour la Province de Normandie , pour établir de femblables Offices dans le Comté d'Eu, & des Lettres Patentes accordées aux Etats en 1604 & 1614, pour obtenir les Arrefts qu'il a fait rendre au Confeil és années 1697, 1698 & 1699, par lefquels on a renvoyé au Bailliage d'Eu les Saifies réelles qn'on pourfuivoit à Paris de plufieurs Terres fituées dans le Comté d'Eu.

Mais on peut répondre que les verifications d'Edits faites au Parlement de Roüen ne doivent avoir effet que dans les lieux de fon territoire fuivant les propres termes des Arrefts de verification , & que le Comté d'Eu n'eft pas de fon reffort ; que par cette raifon le Procureur General de ce Parlement n'envoye pas aux Officiers du Bailliage d'Eu les Edits qu'on adreffe à la Cour ; qu'il n'y a que la Cour des Aydes de Roüen qui leur envoye ceux qui lui font adreffés, & qui regardent les matieres de fa competence , parce que le Comté d'Eu eft dans l'étenduë de fon reffort ; & que c'eft le Procureur General du Parlement de Paris qui a foin de leur envoyer les Edits & les Declarations que ce Parlement a verifiés ; qu'il y a beaucoup d'exemples comme on fuit dans le Comté d'Eu des Ordonnances & des Edits dont les difpofitions font contraires à ce qui s'obferve en Normandie ; qu'on y donne comme à Paris l'interest des fommes mobiliaires à compter du jour que la demande en a été faite ; que la conftitution des rentes s'y fait au denier 20, & que fi faute de contrôle on ôtoit l'hypoteque aux contrats qui y ont été faits depuis près d'un siecle, ce seroit un moyen sûr pour mettre le désordre & la désolation dans une infinité de familles.

Cette circonstance me paroît considérable, & j'ai même appris d'un Procureur de la Cour que dans une instance d'ordre qui étoit en la seconde Chambre des Requêtes du Palais au rapport de M. de Morillon, ayant été opposée pour un créancier qui vouloit être payé sur le prix de la Terre de Lignemare située dans le Comté d'Eu, par préference à un autre dont le contrat n'avoit point été contrôlé, & qu'on prétendoit sujet au contrôle, comme ayant été fait dans le Comté d'Eu. Il fut jugé par la Sentence qui est du 16 Mai 1702 que son objection n'étoit pas valable. Mais je n'assûrerai pas que la matiere eût été bien traitée, parce que le fait n'est pas de ma connoissance.

J'avoüerai de bonne foi que la Question qui resulte de l'Edit de 1606 me paroît difficile, & particulierement à cause des suites & du trouble que la necessité du contrôle pour donner hypoteque aux anciens contrats passées dans le Comté d'Eu apporteroit dans une infinité de familles.

Mais sans cette considération je me porterois volontiers à croire que cet Edit a dû y avoir lieu, parce qu'il est constant qu'il a été fait pour la Province; parce que les habitans de ce Canton là sont membres du Duché; & parce qu'ils ne doivent pas avoir un sort different de celui des autres citoyens, le Parlement de Paris n'ayant sur eux, comme j'ai déja dit bien des fois, aucun pouvoir que pour le ressort, qui est une chose tout-à-fait distincte & séparée du Gouvernement, & de ce qui a trait à la Justice.

Pour ce qui est des articles qui auroient pû interpréter quelqu'uns des Usages locaux & particuliers de la Province, il est sans difficulté que s'il y en avoit, le Com- VIII.

té d'Eu n'y devroit point être sujet, parce que ces articles n'interesseroient que le Bailliage, la Vicomté, la Châtellenie, où les Usages interpretés auroient lieu.

Ce n'est pas qu'il y en ait beaucoup de cette nature. Je n'en connois qu'un qui est le 152 & dernier qui dit que *les enfans des neveux & nieces succedent par representation, ainsi que leur pere & mere, en ligne collaterale aux immeubles situés dans les 24 Paroisses des Conquêts de Huë de Gournay*; & qui est interpretatif de l'article premier des Coûtumes locales desdites Paroisses, Hameaux & Villages qui sont au ressort de Gournay, & assis au-de-là de la riviere d'Epte.

IX. Une bonne partie des raisons qui m'ont porté à croire que le Reglement de 1666 devoit être suivi dans le Comté d'Eu, me détermine à dire aussi qu'on y doit suivre le Reglement general de 1673 concernant l'élection de tuteur aux enfans mineurs; l'administration & alienation de leurs biens; comptes, & transactions sur iceux. Mais il ne faut point les repeter; la prudence ne permet pas d'en faire un nouveau détail.

X. Que dirons-nous des Reglemens particuliers que le Parlement de Roüen fait pour l'interprétation ou la confirmation de ses anciens Usages? Pour moi je suis persuadé que dans les bons principes ceux qui demeurent au Comté d'Eu ne sçauroient se dispenser de les suivre.

XI. De cette qualité sont l'Arrest donné en forme de Reglement les Chambres assemblées le 30 Août 1555 qui est rapporté par Berault sur l'article 391, & par lequel on a reglé les *solemnités qu'il faut garder* pour donner effet à une séparation de biens entre mari & femme.

XII. L'Arrest du 21 Janvier 1600 qui fait défense *aux fem-*

mes *separées quant aux biens d'aliener leurs immeubles* pendant leur Mariage, finon pour les cas exceptés par l'Arreſt.

Celui du 16 Mars de la même année 1600 qui ordonna que les contrats de mariage faits ſous ſignature privée *n'auroient hypoteque que du jour de leur reconnoiſſance* ; ce qui a été en quelque façon repeté dans l'article 70 du Reglement general de 1666 qui porte que *l'hypoteque du dot doit être preferée à celle du doüaire, pourvû que le contrat de mariage ſoit reconnu avant la celebration.* **XIII.**

Et celui que quelques-uns datent du 4 Mars 1619, & d'autres du 7 Février 1620 par lequel le Parlement de Roüen faiſant droit ſur la remontrance du Procureur General, declara que par la Coûtume, Stile, & Uſage du Pays de Normandie de tout tems gardé & obſervé, & par les Arreſts & Reglemens de la Cour, *toutes perſonnes tant mâles que femelles âgées de 20 ans revolus & accomplis étoient reputées majeures, habiles, & capables d'eſter en jugement, joüir de leurs droits, & contraĉter legitimement de leurs meubles & immeubles* ; & ordonné que ledit Arreſt feroit lû, publié, & enregiſtré en tous les Sieges de Juriſdiĉtion tant Royale que Subalterne, & inſeré à la fin de la Coûtume de cedit Pays & Duché de Normandie *comme declaratif du droit municipal & uſage dudit Pays de tout tems obſervé, & pour ſervir tant pour les choſes paſſées que pour l'avenir.* **XIV.**

Je ſuppoſe qu'il ſoit fait une Ordonnance contenant quelque diſpoſition contraire à un article de la Coûtume de Normandie ; qu'elle ſoit regiſtrée au Parlement de Paris, & non au Parlement de Roüen ; & qu'elle ſoit envoyée au Bailliage du Comté d'Eu comme étant du reſſort du Parlement de Paris, pourra t'elle affranchir de cet article ceux qui l'habitent ? C'eſt ce que je **XV.**

ne penſe pas qu'elle ait l'autorité de faire , quelque generale qu'elle puiſſe être , à moins qu'elle ne renfermât
une dérogation préciſe , ſans laquelle les Coûtumes
écrites demeurent perpetuellement en leur entier , &
ne ceſſent jamais d'abſtraindre les peuples qu'elles ont
une fois liés.

Je n'eſtime pas même qu'une Ordonnance de cette
qualité pût donner atteinte à certains uſages de la Province ſi generaux & ſi bien établis qu'ils ne ſont pas
moins inviolables que le propre texte de la Coûtume;
& j'ajoûte que les Habitans du Comté d'Eu ont grand
intereſt que cela ſoit ainſi , parce qu'autrement leurs
Coûtumes prétenduës locales ſeroient expoſées à bien
des changemens , & à des ſuppreſſions très - frequentes.

Je conviendrai pourtant qu'on a ſuivi chés eux l'art.
60 de l'Ordonnance d'Orleans publiée ſous Charles
IX. en 1560 , & qui prononce en faveur du créancier
*la condamnation d'interêt* d'une ſomme à lui duë à compter
du jour qu'il en a formé la demande , & que par ce
moyen on a banni de leur Pays l'uſage obſervé dans la
Province de refuſer l'interêt de deniers quelque demande qui en ait été faite , ſinon dans les cas exceptés
par la Juriſprudence des Arreſts rendus au Parlement de
Roüen.

Mais outre que cela pourroit faire quelque difficulté ſi l'on vouloit en former la Queſtion , on peut dire
qu'il eſt juſte qu'une Ordonnance comme celle d'Orleans , qui veritablement , ſi l'on s'en rapporte à l'auteur
du Journal du Palais *tom.* 1. *de la premiere édition in fol. pag.*
292 , n'a point été regiſtrée au Parlement de Roüen ,
mais qui eſt une Ordonnance generale , faite ſur les

plaintes & remontrances des députés des trois Etats affemblés par l'ordre du Prince, très ancienne, & faite il
y a plus de 160 ans, l'emporte fur un fimple ufage qui
peut-être n'étoit pas encore bien établi dans ce tems-là,
& pour la confirmation duquel on ne trouve rien dans
le vieil Coûtumier de Normandie; dans les deux anciens
ftiles de proceder; dans le texte de la nouvelle Coûtume reformée; dans les Arrefts donnés en forme de Reglement; dans les articles placités de 1666; ni dans les
anciens Arrefts, qui au contraire ont decidé qu'il n'é-
toit pas fi general ni fi abfolu qu'un debiteur opiniâtre
ne pût être condamné aux interefts, puifque l'article
150 du Reglement de 1666 porte que *ceux qui font ajugés
pour le retardement d'une dette font dûs & prennent hypoteque du
jour de la demande.*

Je fuppofe encore que par un Edit pofterieur au Reglement general de l'année 1666 on ait donné atteinte
à l'un de fes articles qui étoit interprétatif d'un autre
article de Coûtume fondé feulement fur la difpofition
d'un premier Edit qui étoit une loi fujette à changement, ou explicatif d'un ufage de la Province qui ait
pareillement eu pour principe un Edit, & qu'on ait obfervé dans le Comté d'Eu des Edits tout-à-fait differens
verifiés au Parlement de Paris dans le reffort duquel il
eft; les Habitans & Vaffaux de ce Comté feront-ils
obligés de fuivre cet article, & l'Edit dans les chefs où
il y a mis du changement, ou faudra-t'il qu'ils s'en tiennent à leurs Edits? Un exemple rendra la chofe plus in-
telligible.

Dans le tems de la réformation de la Coûtume
de Normandie qui eft de 1583, la conftitution des
rentes fe faifoit *au denier dix.* C'eft la remarque de

XVI.

tous les Commentateurs , & cela se voit encore dans le texte aux articles 480 , & 574.

Mais par un Edit du mois de Juillet 1601 regiftré au Parlement de Roüen le 29 Novembre 1602 , ce denier fut changé au *denier quatorze* ; & c'eft ce qui a donné lieu à l'article 100 du Reglement de 1666 qui porte que *l'intereſt au denier dix porté par l'article 480 de la Coûtume doit être payé au denier quatorze depuis l'Edit du Roi de l'an 1602 ſur la reduction des rentes.*

Depuis ce Reglement de 1666 les chofes ont encore une fois changé de face. Par des Lettres Patentes en forme d'Edit du mois de Novembre 1667 verifiées au Parlement de Roüen le 12 Janvier 1668 , lûës & publiées le 13 l'Audience féante , il fut ordonné que les conftitutions de rentes feroient faite à l'avenir dans la Province *au denier dix huit* ; & de-là vient qu'aujourd'hui le denier dix dont eft parlé dans l'article 480 de la Coûtume , & le denier quatorze porté par l'article 100 du Reglement de 1666 ne font plus en ufage , ainfi qu'il a été obfervé par Bafnage fur ledit article 480 , par Pefnelle , & par l'Auteur de l'efprit de la Coûtume de Normandie.

A l'égard de ce qui s'eft obfervé fous le Parlement de Paris il n'y a perfonne qui ne fçache qu'il eft tout different ; qu'avant 1601 l'intereft fe payoit *au denier quatorze* ; que par Edit de cette année-là fait par Henri IV. il fut reduit *au denier feize* ; que par autre Edit de 1634 fous le Roi Loüis XIII. il fut réduit *au denier dix-huit* ; & que par un dernier du mois de Decembre 1665 regiftré au Parlement de Paris le 22 du même mois il fut réduit encore au *denier vingt.*

Je fuis perfuadé que ces Edits de 1601 & 1634 ont été fuivis dans le Comté d'Eu , & ce qui me détermine à le
croire

croire, eſt qu'en conformité du dernier qui eſt de 1665, on y a toûjours conſtitué *au denier vingt* juſqu'au tems que les conſtitutions ont été fixées au denier cinquante, il y a deux ans ou environ ; ce qui s'obſervoit ſi exactement que ſuivant ce que j'ai appris de quelques perſonnes de ce Canton là, quand on vouloit faire une conſtitution *au denier dix huit* on étoit forcé d'aller paſſer ſon contrat au Neufchâtel ou dans quelqu'autre lieu voiſin qui étoit du reſſort du Parlement de Roüen.

Dans cette ſituation les habitans du Comté d'Eu peuvent ils prétendre qu'ils ne ſont point ſujets aux articles 480 & 574 de la Coûtume, ni à l'article 100 du Reglement de 1666.

Pour moï j'aurois de la peine à croire en jugeant ſainement des choſes qu'ils puſſent s'en défendre, & qu'étant membres du Duché de Normandie ils ne duſſent pas ſuivre les Edits qui ont été faits pour fixer l'interêt dans la Province ; mais peut-être le mal eſt il trop inveteré ; difficilement les vieilles maladies ſe gueriſſent.

Quoiqu'il en ſoit, ſi ces habitans ne ſont tenus de déferer à cet égard qu'aux Edits qui ont été regiſtrés au Parlement de Paris, il ſera toûjours vrai de dire qu'ils ne pourront ſe ſouſtraire deſdits articles 480 & 574 par rapport aux condamnations qu'ils renferment, mais ſeulement par rapport à la maniere de s'en acquitter, & de payer l'interêt.

Pour montrer que les Edits verifiés en ce Parlement ne doivent pas toûjours être regardés chés eux comme une loi ſouveraine, je ne repeterai point ici que l'Edit du mois d'Août 1606 qui a abrogé *le Senatus Conſulte Velleien*, & l'Autentique, *Si qua mulier* dans la plus grande partie du Royaume ; qui a été regiſtré au Parlement

de Paris ; & qui ne l'a point été au Parlement de Roüen
n'a point eu son effet dans leurs Pays. C'est une matiere que j'ai suffisamment expliquée au Chap. XIX.

Enfin l'Edit du mois de Juillet 1677 par lequel on a
cré les Offices de Commissaire aux Saisies réelles de
Normandie ; qui n'a été registré qu'au Parlement de
Roüen ; qui n'a point été registré au Parlement de Paris ; qui n'a point été envoyé au Bailliage d'Eu ; & qui
porte que *les decrets d'immeubles situés en Normandie ne peu-*
*vent suivant les Privileges de la Province , & suivant l'article*
*594 de la Coûtume être faits ni poursuivis ailleurs que pardevant*
*les Juges ordinaires des lieux , a eu sa parfaite execution dans*
*ledit Comté* , & ç'a été sur le fondement de cet Edit en
partie que M. le Duc du Maine Comte d'Eu a obtenu
les trois Arrests du Conseil des années 1697 , 1698 &
1699 dont j'ai fait mention au Chapitre XVI , & par
lesquels il a fait renvoyer au Bailliage d'Eu les decrets
de plusieurs Terres situées dans l'étenduë de son Comté.

XVII.      Enfin supposons, tandis qu'il s'agit d'examiner le Reglement de 1666 , que par une Declaration du Roi particuliere pour la Normandie l'on ait altéré un article de
ce Reglement faisant l'interprétation d'un autre article
de la Coûtume redigé par les Etats , ou explicatif d'un
usage ancien établi du commun consentement des peuples , soit en augmentant à sa disposition , soit en la di-
minuant , les habitans du Comté d'Eu pourront-ils se
dispenser de suivre cette Declaration sur le fondement
que la verification n'en aura pas été faite au Parlement
de Paris , & que le Procureur General de ce Parlement
ne l'aura pas envoyée aux Officiers du Bailliage d'Eu pour
en être la lecture & la publication faite en leur siege ?

Mettons pour exemple l'article 26 du Réglement de ladite année 1666 qui porte qu'*il n'eſt dû aucun treiziéme*, c'eſt-à-dire, aucuns droits Seigneuriaux, *du rachapt d'une rente fonciere quand il eſt fait aprés l'an & jour de la fieffe*, que nous appellons à Paris bail à rente, *ſinon en cas de fraude ou de convention, dans l'an & jour d'en faire le rachapt.*

Cet article eſt la ſuite & l'interpretation des articles 171, 172, 173, 461, 464, 465, 466, 500 & 501 de la Coûtume, dont les uns parlent des cas où les droits Seigneuriaux ſont dûs ; & les autres des privileges attachés aux rentes foncieres, perpetuelles, & non rachetables ; des contraventions faites à la loi ; & des peines que la Coûtume impoſe à ceux qui cherchent à frauder contre ſa diſpoſition & de mauvaiſe foi les droits des lignagers & des Seigneurs féodaux, & depuis 1666 il a perpetuellement été executé.

Mais le 14 Janvier 1698 il y eut une Declaration du Roi regiſtrée le 6 Février au Parlement de Roüen, par laquelle Sa Majeſté dérogeant à cet article, ordonna que ſans y avoir égard, les droits Seigneuriaux établis par la Coûtume pour les ventes ſimples d'heritages, & autres biens, ſeroient à l'avenir payés dans la Province pour *les fieffes ou baux à rente, lorſque le rachapt en ſeroit fait avant 30 années à compter du jour & date des contrats.*

Cette Declaration ne fut enregiſtrée qu'au Parlement de Roüen ; & comme le Comté d'Eu n'eſt plus de ſon reſſort, l'on doit paſſer pour conſtant que le Procureur General de ce Parlement ne l'y envoya point. En cet état je demande ſi l'on peut ſe diſpenſer de l'y ſuivre.

Pour moi je ſuis perſuadé qu'on ne peut pas le faire, & que les habitans du Comté d'Eu voulans, pour ſe mettre à couvert des droits Seigneuriaux, tant envers

le Roi, qu'envers les Seigneurs particuliers, se prévaloir de la disposition de cet article qui est interprétatif
de la Coûtume generale à laquelle ils ont été déclarés
sujets par l'Ordonnance des Commissaires qui l'ont rédigée, & depuis par les Arrests même du Parlement de
Paris, seront forcés de suivre les limitations qu'il a plû
au Roi d'y faire, & qu'il a été au pouvoir de Sa Majesté de prescrire à ses sujets.

Voici une autre Declaration qui, à mon avis, doit
avoir le même sort, parce qu'elle a été faite à l'occasion d'un article de la Coûtume à laquelle je ne me las-
serai point de dire que les Habitans & Vassaux du Comté d'Eu ont été déclarés sujets.

L'article 451 de cette Coûtume porte que *la lecture des
contrats de vente se doit faire publiquement & à haute voix, &
à jour de Dimanche, issuë de la Messe Paroissiale du lieu où les
heritages sont assis, en la presence de quatre temoins pour le moins
qui seront à ce appellés, & signeront l'acte de la publication sur
le dos du contrat dont le Curé, Vicaire, Sergent, ou Tabellion
du lieu qui aura fait ladite lecture est tenu faire registre, &c.*

Neanmoins au préjudice de cet article qui donnoit
aux *Curés, Vicaires, Sergents, & Tabellions* le pouvoir de
faire ces lectures, il fut fait un Edit au mois d'Avril
1694 regiftré au Parlement de Roüen le 21 Mai suivant,
portant confirmation d'heredité aux Receveurs des Consignations, aux Commissaires aux Saisies réelles, & aux
Notaires Gardenotes de la Province de Normandie, par
lequel il fut dit que *lesdits Notaires joüiroient à l'avenir du
droit de faire la lecture à l'issuë des Messes Paroissiales, des
contrats de vente & de tous autres qui étoient sujets à retrait,
suivant la Coûtume de ladite Province, à l'exclusion des Curés,
Vicaires, & Sergens, des Tabellions des Seigneurs Hauts-Jus-*

*ticiers, & de tous autres chacun dans l'etenduë de son Notariat de laquelle lecture lesdits Notaires tiendroient registre, & feroient signer le nombre de temoins prescrit par ladite Coûtume. Faisant à cet effet défenses ausdits Curés, Vicaires & Sergens, ausdits Tabellions, & à tous autres de faire à l'avenir ladite lecture; aux parties de les en requerir; & de s'en servir à peine de nullité & de cent livres d'amende; & aux Juges d'avoir égard à celles qui seront faites à l'avenir par autres que par lesdits Notaires, à peine de nullité de leurs Jugemens; dérogeant quant à ce à l'article 455 de ladite Coûtume.*

Il est vrai que cet Edit quoique registré au Parlement de Roüen ne fut pas exactement gardé dans la Province. La plûpart des acquereurs continuerent d'y suivre la disposition de l'*article 455* de la Coûtume, & de faire faire leurs lectures ou publications par les Curés, Vicaires, Sergens, & Tabellions, ce qui donna lieu en 1719 & 1720 à une infinité de demandes en retrait lignager qui furent portées en differens Tribunaux sur le fondement de la nullité des lectures des contrats qui n'avoient point été faites par les Notaires conformément à l'Edit.

Ces demandes allarmerent une infinité de personnes, & comme elles tendoient à dépoüiller des possesseurs de bonne foi des fonds dont ils joüissoient depuis plusieurs années, & qui pouvoient avoir passé en differentes mains, soit par voye de succession, soit par des ventes, des partages, ou autres actes translatifs de proprieté; à multiplier les procès par des recours en garantie; & à jetter le trouble & la division dans un grand nombre de familles, le Roi Loüis XV. à present regnant préferant en cette occasion les regles de l'équité à une Justice rigoureuse, jugea à propos de faire *une Declaration le*

24 Septembre 1720 regiſtrée au Parlement de Roüen l'onze Octobre ſuivant, par laquelle il ordonna que *tous ceux qui avoient acquis des biens ſujets à retrait dans la Province de Normandie depuis l'Edit du mois d'Avril 1694 juſqu'au jour de la publication de ladite Declaration, ne pourroient être troublés ni inquietés dans leur poſſeſſion par des demandes en retrait lignager, faute par eux ou par leurs auteurs d'avoir fait faire la lecture de leurs contrats d'acquiſition par les Notaires conformément à l'Edit, lequel défaut ne pourroit leur être imputé ni être tiré à conſequence contre eux par les Demandeurs en retrait, ſans préjudice à ceux-ci de leurs autres moyens & pretentions tirées des Coûtumes & Uſages des lieux, & non dudit Edit, auquel Sa Majeſté declara deroger en ce qui concernoit la lecture des contrats par les Notaires; & ce pour le paſſé ſeulement, voulant au ſurplus que l'Edit fût executé à l'avenir ſelon ſa forme & teneur, & qu'en ce faiſant les lectures ou publications des contats & actes tranſlatifs de la proprieté des biens ſujets à retrait ſuivant la Coûtume de Normandie, ne puſſent eſtre faites que par leſdits Notaires, & en la maniere preſcrite par ledit Edit aux peines y portées.*

Les Habitans du Comté d'Eu ſeront-ils recevables à rejetter *cette Declaration?* C'eſt ce que je ne ſçaurois m'imaginer, parce que d'un côté elle eſt la confirmation de l'article 455 de la Coûtume generale qui les regit; & parce que d'un autre, elle y déroge, & en abolit la diſpoſition pour l'avenir par rapport à la maniere de faire la lecture ou publication des contrats de vente.

XVIII.   Il ne faut pas dire auſſi que toutes *les Lettres Patentes* accordées à la Province de Normandie ne regardent point le Comté d'Eu ſous prétexte qu'elles n'ont été enregiſtrées qu'au Parlement de Roüen; que l'enregiſtrement n'en a point été fait au Parlement de Paris; &

qu'elles n'ont point été envoyées au Bailliage d'Eu.
Celles du 22 Octobre 1604, & du 24 Avril 1614 dont
j'ai parlé au Chapitre XVI ; qui furent données en
conséquence de l'article 594 de la Coûtume ; & par lefquelles il fut fait défenses de faire & pourfuivre les decrets d'immeubles fitués en Normandie ailleurs que
pardevant les Juges ordinaires des lieux , font une preuve inconteftable du contraire , puifque M. le Duc du
Maine Comte d'Eu , s'en eft prévalu lui-même pour
obtenir les Arrefts qu'il a fait rendre au Confeil en
1697, 1698 & 1699 par lefquels il a fait renvoyer au Bailliage d'Eu les decrets de plufieurs Terres fituées dans
l'étenduë de fon Comté.

Et à l'égard *des Arrefts du Confeil* qui ont été donnés
en interprétation , ou pour la confirmation , ou l'aboli-
tion de quelque article de la Coûtume ou du Reglement de 1666 , j'eftime encore qu'il en faut faire le même jugement ; c'eft à dire , qu'ils doivent avoir lieu dans
le Comté d'Eu.

XIX.

Sur ce fondement il y faudra fuivre *ceux qui ont ordonné* , comme nous difions il n'y a qu'un moment, que
conformément à l'article 594 de la Coûtume , & aux
Lettres Patentes accordées aux Etats de la Province en
1604 & 1614 les decrets d'immeubles y fitués ne pourroient être pourfuivis que devant les Juges ordinaires
des lieux.

Celui du 30 Août 1687 regiftré au Parlement de Roüen
le 21 Janvier 1688 fuivant l'efprit duquel les petits enfans qui renoncent prennent *un tiers Coûtumier* fur les
biens que leur ayeul poffedoit dans le tems qu'il confentit au mariage de fon fils ; lequel Arreft eft donné
en interprétation de l'article 369 & 370 de la Coûtume,

& confirme les articles 399 , 404 & autres qui donnent le tiers Coûtumier aux enfans qui renoncent.

Et celui du 20 Août 1718 qui fans s'arrêter à l'article 40 du Reglement general de 1666 qui porte que *les filles mineures ne peuvent obtenir Lettres de benefice d'âge* , ni à un Arrest du Parlement de Roüen du 15 Juillet 1717 , dont les damoiselles Guenet de Franqueville pourfuivoient la caffation , a ordonné que *les Lettres d'émancipation feront deformais fcellées en la Chancellerie près ledit Parlement, tant au profit des filles que des mâles fans aucune diftinction , avec l'adreffe pour l'enterinement aux Juges qui en doivent connoître , fans qu'à l'avenir on puiffe oppofer ledit article ; à l'effet de quoi ledit Arreft fera lû & publié en la Chancellerie , & dans les Bailliages du reffort dudit Parlement à la diligence des Officiers de ladite Chancellerie , & des Procureurs de Sa Majefté dans lefdits Bailliages qui feront tenus d'en certifier M. le Garde des Sceaux dans le mois.*

J'ai de la peine à finir ce Chapitre fans parler de deux obfervations que M<sup>e</sup>. Henry Bafnage a faites dans fon Commentaire , & qu'on pourroit peut-être oppofer pour juftifier qu'il a reconnu lui-même qu'il y avoit dans le Comté d'Eu *d'anciennes Coûtumes locales & particulieres* , & qu'on ne laiffoit pas de les y fuivre quoique oppofées à quelques-unes des difpofitions de la Coûtume generale.

La premiere obfervation de ce Commentateur eft fur l'article 164 qui porte que *tous fiefs qui doivent relief, doivent aide de relief, avenant la mort du Seigneur immediat, & que cet aide eft dû aux hoirs des Seigneurs par les Vaffaux, pour leur aider à relever leurs fiefs vers les Chefs-Seigneurs.* Voici en quoi elle confifte.

Après avoir expliqué l'efprit de l'article ; l'avoir divisé

visé en deux parties ; & les avoir discutées l'une & l'autre, il ajoûte que la Coûtume n'a point déclaré ce qu'on
doit payer pour cet aide de relief, & si c'est le tiers ou
la moitié du relief; que *la Coûtume locale du Comté d'Eu*
non imprimée, ch. 2. art. 1. donne pour relief de Baronnie cent livres, & pour le droit d'aide de relief cinquante livres ; & qu'au procès verbal de l'évaluation faite en l'année 1508 du revenu du Comté d'Eu de l'Ordonnance de la Chambre des Comptes à Paris, pour la
minorité de Messieurs Charles, Loüis, & François de
Cleves, enfans de Messire Engilbert de Cleves Comte
d'Eu, il est porté, *Si doit au Roi nôtredit Seigneur le Comte*
*service d'ost, suivant la Coûtume du Pays, au moyen de quoi*
*doit chacune Baronnie tenuë de ladite Comté pour relief & mu-*
*tation d'hommes cent livres, & cinquante livres tournois d'aide;*
que la difference entre la Coûtume de Normandie &
l'usage du Comté d'Eu, est qu'*en Normandie* l'aide de
relief n'est dû qu'en cas de decès, & qu'*au Comté d'Eu*
il est dû à toutes mutations ; & qu'en cette Province
l'usage est de payer pour l'aide de relief la moitié du
relief.

Et à l'égard de la seconde observation, elle a été faite
sur l'article 578 où le même Commentateur, aprés avoir
établi que c'est une maxime en Normandie que les Ecclesiastiques ou Gens de main-morte ne peuvent exercer la retenuë féodale ; que telle est la Jurisprudence
des Arrests du Parlement de Roüen ; & que c'est aussi
la décision de l'art. 96 du Reglement de 1666 qui porte
que *les Gens de main morte ne peuvent retirer à droit féodal les*
*heritages relevans de leurs fiefs*, ajoûte que depuis que les
les Normans avoient conquis la Province jusques en
1610 nul Ecclesiastique n'avoit prétendu ce droit en ver-

tu des fiefs poſſedés par l'Egliſe ; *que toutesfois* on trou-
voit dans les Egliſes de Roüen une Sentence du Bailliage de l'année 1583 qui paroiſſoit avoir jugé le contraire, & qui étoit d'autant plus conſiderable qu'elle avoit été donnée peu de tems après la réformation de la Coûtume par un Juge qui y avoit aſſiſté ; mais qu'on prétendoit que *le retrait feodal dont il s'agiſſoit avoit eſté formé pour des Terres ſituées à Roumare qui eſtoit une Paroiſſe dependante du Comté d'Eu dont les appellations reſſortiſſoient au Parlement de Paris ; & que par cette raiſon le Bailli de Roüen avoit eſté obligé de ſe conformer à l'uſage de Paris.*

Malgré l'extrême conſideration que j'ai pour la me-
moire de M⁰. Henry Baſnage, je prendrai la liberté de dire qu'il étoit plus convenable de ſoûtenir que la Sentence avoit été renduë ſur quelque circonſtance parti-
culiere, ou qu'elle avoit été mal donnée. Le fait qu'il allegue n'eſt point à preſumer ; ceux qui avoient aſſiſté à la réformation de la Coûtume en 1583 ſçavoient bien ce qui s'étoit paſſé à l'égard du Comte & de la Comteſſe d'Eu, de leurs Officiers , & de leurs Habitans & Vaſſaux ; on ſoûtenoit qu'ils étoient ſujets à la Coûtume & aux Uſages de la Province ; qu'il n'y avoit point d'autre loy qui les dût regir ; & que le Parlement de Paris n'a-
voit aucun empire à exercer ſur eux ſinon pour le reſſort. Dans cette ſituation eſt il croyable qu'un de ceux qui avoient procedé à la rédaction, eût voulu ſe départir de ce qui avoit été propoſé, ſoûtenu, déliberé dans l'Aſſemblée, pour juger en conformité de l'uſage d'un autre parlement à qui même celui de Roüen diſputoit le reſſort?

Au reſte on conviendra ſi l'on veut qu'il y a eu des loix contraires à la Coûtume qui ſe ſont gliſſées dans le

Comté d'Eu, mais posterieurement à la Sentence de
1583 dont nous parlons; elles ont été condamnées & ré-
duites à la Coûtume generale par l'Ordonnance des
Commissaires qui procedoient à la rédaction des Usages locaux de la Province; & d'ailleurs M<sup>e</sup>. Henry Basnage a lui-même été tellement convaincu qu'on n'y devoit avoir aucun égard, que sur les articles 383, 399 &
546, il a fait mention des Arrests qui les avoient re-
jettées, & qui sans s'y arrêter avoient ordonné que le
*droit de Viduité* du mari sur les biens de sa femme, & *le
tiers Coûtumier* des enfans qui renonçoient aux successions de leur pere ou mere, auroient lieu dans le Comté
d'Eu; que *la demande en declaration d'hypoteque* n'y devoit
point être admise; & que le tiers acquereur n'y pouvoit
être dépossedé comme il étoit d'usage dans tout le reste
de la Province, que *par la voye de la saisie réelle.*

LA Cour, les Chambres assemblées, après avoir oüi le Procureur General du Roy, sur certaines remontrances par lui verbalement faites,
des fraudes & abus qui se commettent, & inconveniens qui adviennent jour-
nellement à raison des impétrations des Lettres Royaux pour séparer (quant
aux biens) femmes d'avec leurs maris, & tout ce que ledit Procureur General a sur ce voulu dire & requerir pour le bien de la chose publique &
de la Justice, a ordonné & ordonne, &c. que doresnavant les Lettres qui
seront obtenues afin de séparation quant aux biens de femmes avec leurs
maris, seront présentées au Bailli du lieu, ou son Lieutenant les assises
séantes, en la presence du Substitut dudit Procureur General : desquelles
Lettres sera judiciairement & publiquement faite lecture esdites assises.
Et néanmoins seront après publiés à son de trompe & cri public par les car-
refours & autres lieux accoûtumés à faire criées & proclamations publiques
en la Ville & Lieux où sera séante ladite Jurisdiction, en laquelle les impé-
trans en voudront poursuivre l'enterinement, afin qu'elles soient notoires
aux crediteurs & autres personnes qui pourront y avoir interêt, &c. Et
au surplus ordonne la Cour que les noms & surnoms des maris & femmes
séparées quant aux biens (comme dessus) seront écrits en tableaux contenant les causes de leur séparation, qui seront affichés aux Tabellionages
des Villes de ce ressort, chacun en son distrit, afin que toutes personnes en
puissent avoir connoissance, &c. Prononcé à Roüen en Parlement le 30
Août 1555.

Arrest du<br>Reglement du<br>30 Aoust<br>1555.

Mm ij

*Autre Arrêt du 21 Janvier 1600.*

SUR la remontrance du Procureur General du Roi, &c. ladite Cour, les Chambres affemblées, a fait, & fait inhibitions & défenfes aux femmes mariées ayant obtenu Lettres de divorce & féparation quant aux biens, de vendre, aliener, ou engager pendant & conftant leur mariage leurs biens immeubles, fur peine de nullité, fi ce n'eft pour redimer leur mari de prifon, pour caufe non civile, ou pour la nourriture d'elles, de leurs maris, peres, meres, ou leurs enfans, auquel cas après l'affemblée & déliberation des parens, & Ordonnances des Juges, les alienations auront lieu, & feront valables, fans pouvoir avoir par les femmes aucun recours à l'encontre des acquereurs : & pour le regard des alienations faites par femmes mariées elles demeureront felon la difpofition de la Coûtume, &c. lû & publié en l'Audience de ladite Cour, le Vendredy 21 jour de Janvier 1600.

*Autre Arrêt du 16 Mars 1600.*

SUR la remontrance du Procureur General, &c. la Cour, les Chambres affemblées, a ordonné & ordonne que les traités de mariages qui fe feront dorefnavant, n'auront droit d'hypoteque que du jour de la reconnoiffance qui en fera dûement faite devant les Juges, Tabellions. Et pour le regard de ceux qui ont été faits cy-devant pour avoir hypoteque du jour de la celebration du mariage, feront les parties tenues les faire reconnoître dans fix mois du jour de la publication du prefent Arreft : autrement à faute de ce faire, & ledit tems paffé, ils n'auront hypoteque que du jour de la reconnoiffance comme les autres cedules & obligations faites fous feing privé, fans toutesfois y comprendre les traités de mariage cy-devant faits, réalifés, & executés par contrats & actes autentiques, l'hypoteque defquels demeurera entier comme auparavant, &c. lû & publié en l'Audience de ladite Cour, le Jeudi feixiéme jour de Mars 1600.

# CHAPITRE XXI.

Diſſertation curieuſe touchant les Coûtumes prétenduës locales du Comté d'Eu.

### SOMMAIRE.

I. *Moyens pour ſoûtenir ces Coûtumes.*
II. *Moyens pour les faire rejetter.*
III. *Concluſion.*

J'AI promis au Chapitre XII. de faire part au lecteur,
en finiſſant mon ouvrage, d'une diſſertation ſingu-
liere touchant les Coûtumes prétenduës locales du Comté d'Eu. Il faut tenir ma parole ; & pour cet effet expliquer les moyens qui militent pour elles, & diſcuter
au même tems ceux qui les condamnent, afin que l'eſprit ſuſpendu par les raiſons alleguées de part & d'autre
puiſſe ſe déterminer ſur la matiere en connoiſſance de
cauſe.

Ceux qui défendent ces uſages oppoſent qu'il eſt vrai     I.
que le Comté d'Eu fait partie du Duché de Normandie ; & qu'autrefois il a été ſujet aux diſpoſitions de la
Coûtume generale ; mais qu'il s'y eſt introduit des Uſages locaux & particuliers, comme il s'en eſt établi dans
pluſieurs Bailliages, Vicomtés, & Châtellenies de la
Province ; & que les Réformateurs de la Coûtume qui
étoient Officiers du Parlement de Roüen n'ont pû toucher à ces Uſages, parce que dés long tems avant la réformation le Comté n'étoit plus du reſſort de ce Parle-

ment, mais du reffort de celui de Paris au moyen de
fon érection en Pairie qui eft de 1458.

Ces Coûtumes locales font énoncées dans l'Edit que
le Parlement de Roüen interdit en 1639 obtint pendant
la minorité du Roi Louis XIV. au mois de Janvier 1641,
& qui fut publié le premier jour de Mars enfuivant, le
fceau tenant en la Chancellerie, par lequel il fit ordonner fon rétabliffement, & qu'à l'avenir il connoîtroit
des affaires qui concerneroient les habitans du Comté
d'Eu ; ce qui fut bientôt revoqué par une Declaration
du 29 Avril fuivant qui maintint le Parlement de Paris
dans l'ancienne poffeffion où il étoit. Voici dans quels
termes étoit conçû l'Edit. *Voulans auffi pour la commodité
de nos Sujets du Comté d'Eu, la Haute-Juftice d'icelui reffortir
en nôtredite Cour de Parlement de Roüen, & que tous les procès
& differends qui feront mûs & devolus y foient jugés & terminés felon les Us & Coûtumes locales ainfi qu'elles ont efté établies ; defdits procès & differens d'entre les Habitans dudit Comté d'Eu, nous avons interdit & interdifons la connoiffance à nôtredite Cour de Parlement de Paris, fans prejudice des droits de
Pairie.*

Il ne faut pas s'étonner fi en 1577 le Parlement de
Normandie fuppliant Henri III. de nommer des Commiffaires pour proceder à la réformation de l'ancien
Coûtumier, fit employer le Comté d'Eu dans les Lettres qui furent expediées à cette fin. Deux confidérations l'obligerent à prendre cette précaution. La premiere, pour tâcher peu à peu de faire rentrer dans fon
reffort ce Comté qui en avoit été diftrait, & dont la
perte lui avoit toûjours été fort fenfible. Et la feconde,
pour du moins le tenir affujetti aux loix de la Province,
& s'y conferver toûjours par ce moyen quelque empire

au cas qu'il ne réüffit pas dans fon premier objet.

Mais ce fut très-inutilement qu'il prit cette précaution, parce que les Commiffaires nommés, qui d'ailleurs avoient été choifis entre fes Officiers, ne pouvoient exercer aucune autorité fur des peuples qui étoient éclipfés de fon reffort il y avoit déja longt-tems.

Auffi reconnurent ils bien eux-mêmes le peu de fruit qu'ils pouvoient tirer des mouvemens qu'ils s'étoient donnés. Ils ne firent point affigner les habitans du Comté comme tous les autres Sujets de la Province en conféquence des Lettres Patentes de 1577 ; ils ne les fommerent point d'envoyer des Memoires, comme ils firent à l'égard de tous les autres Officiers du Pays ; & quoiqu'ils euffent encore affecté de faire comprendre le Comté d'Eu dans les Lettres du 5 Août 1582 qu'ils avoient obtenues pour l'omologation de la Coûtume à la rédaction de laquelle ils avoient procedé en execution des premieres , cependant on ne voit point dans le procès verbal qu'ils ayent fait affigner le Comte d'Eu ni fes Vaffaux pour affifter à cette omologation ; ils demeurerent dans l'inaction à cet égard ; ils ne firent donner aucun exploit au Comte ni à fes Sujets ; & de-là vint que ceux-ci ne fe préfenterent point , & ne firent trouver perfonne pour eux qui pût propofer leur défenfe.

Qu'on life les Lettres Patentes du 22 Mars 1577 , & l'on verra qu'après l'ordre donné aux Commiffaires de fe tranfporter dans tous les Bailliages de la Province, on ajoûte ces mots , *y compris les Bailliages de S. Sauveur Landelin & S. Sauveur le Vicomte, Mortaing , & Comté d'Eu , & les principaux Sieges & Vicomtés d'iceux.* Qu'on jette encore les yeux fur celles du 5 Août 1582, on trouvera qu'après avoir fait mention de ceux qui avoient été commis pour la rédaction & réformation de la Coûrume, on dit en ces termes, *y compris le Comté d'Eu, Baïlliages de S. Sauveur Landelin, S. Sauveur le Vicomte, Mortaing, & tous autres anciens ressorts dudit Pays regis & gouvernés par la Coûtume Generale de Normandie, ainsi qu'il est plus amplement contenu en nos Lettres Patentes données à Blois le 22 Mars 1577.* Et après tout cela, qu'on continuë la lecture du procès verbal, on verra que le 13 Octobre de ladite année 1582 après qu'il eut été fait en la grande Salle du Manoir Archiepiscopal de Roüen lecture & publication de tous les articles & chapitres contenus dans le Cahier arrêté par les Etats, il fut dit que le Cahier feroit mis entre les mains du Procureur Sindic de la Province pour en envoyer copies approuvées à chacune des Vicomtés des Bailliages de Roüen, Caux, Evreux, Caën, Costentin, Gifors, Alençon, S. Sauveur Landelin, S. Sauveur le Vicomte, & Mortaing, *fans parler en la moindre façon du Comté d'Eu* comme il avoit été fait dans les Lettres.

On reconnoît par ce même procès verbal que le Cahier fut envoyé dans tous les Bailliages ; qu'on les fit assigner pour assister à la lecture & à l'omologation qui fut fixée au 15 Avril de l'année 1583 ; que le 13 Mai suivant comparurent les Députés des Bailliages de S. Sauveur Landelin, S. Sauveur le Vicomte, & Mortaing, & que *les Officiers du Comté d'Eu* n'ayant point eu copie du Cahier, ni été assignées, il ne comparut aucun pour eux: enforte que tout fut fait en leur absence & fans les y avoir appellés ; d'où il résulte que l'Ordonnance des Commissaires portant que *les ajournés qui n'étoient comparus étoient par vertu des défauts contr'eux donnés censes & reputés*

*reputés sujets ausdites Coûtumes qui seroient regiftrées ès regis-*
*tres de la Cour pour être à l'avenir, & du 1 jour de Juillet 1583,*
*tant par les comparans que défaillans gardées & obfervées de*
*point en point avec défenfes à toutes perfonnes d'en citer d'autres,*
ne les regarde point, les défauts n'ayans point été donnés contr'eux ; & qu'on ne peut leur oppofer l'Arreft
du Confeil du 7 Octobre 1585 qui omologue la Coûtume, les Lettres Patentes expediées le 14, pour en être
fait la lecture & publication ; ni l'Arreft d'enregiftrement du 26.

Cette Ordonnance des Commiffaires contient une
reftriction dont la remarque eft très importante. Après
avoir dit qu'aux extraits de la Coûtume pris fur le Livre
coûtumier par eux arrêté, figné, & enregiftré aux Greffes, il fera ajoûté foi fans qu'il s'en faffe autre preuve,
fans néanmoins préjudicier aux Arrefts ci-devant rendus, elle ajoûte que *c'eft auffi fans déroger aux Ufages lo-*
*caux fur lefquels, & autres particulieres réfervations fera ci aprés*
*pourvû.* Or les habitans du Comté d'Eu ne difconvien-
nent pas que la Coûtume de Normandie n'ait regi leur
Canton ; ils prétendent qu'il s'eft introduit chés eux certains *Ufages locaux* comme il s'en eft gliffé dans tous les
Bailliages de la Province ; d'où il s'enfuit que quand on
tiendroit à la rigueur des Lettres Patentes, de l'Ordonnance des Commiffaires, & de l'Arreft du Confeil, tout
cela ne pourroit donner atteinte à ces ufages, puifque
par une réferve expreffe il a été dit qu'*on n'entendoit point*
*déroger à ceux qui fe trouveroient dans toute l'étendue de la Pro-*
*vince.*

Les Lettres Patentes du 14 Octobre 1585 dont on
vient de parler, & qui furent accordées tant pour la lecture & publication de la Coûtume, que pour la rédac-

tion des Ufages locaux de la Province, font encore un titre qui, quand on réduiroit les chofes à la derniere extremité, mettroit les habitans du Comté d'Eu à couvert de la fin de non recevoir qu'on tire de l'Ordonnance des Commiffaires.

On ne voit point qu'il foit parlé dans ces Lettres *du Comté d'Eu*, ce qui fut apparemment fait ainfi, parce qu'on reconnut qu'on l'avoit compris inutilement dans les premieres, & que n'étant plus du reffort du Parlement de Roüen, les Commiffaires nommés pour la rédaction des loix de la Province ne pouvoient connoître des fiennes.

Il ne faut pas s'étonner fi *le Comte d'Eu* ni fes Vaffaux ne furent point affignés pour affifter à l'omologation de la Coûtume en execution de ces Lettres, & s'ils n'y comparurent point. On fçavoit que dés le 24 Octobre 1579 M. de Guife fans la participation & l'aveu duquel les Lettres de 1577 avoient été pourfuivies, en avoit obtenu par lefquelles le Roi avoit nommé des Commiffaires pour proceder à la rédaction des ufages de fon Comté ; que les Commiffaires qui étoient M. de Thou Premier Prefident du Parlement de Paris, & M<sup>rs</sup> de Vignoles & Larcher Confeillers avoient adreffé commiffion au Senechal de Ponthieu, ou fes Lieutenans General & Particulier au Siege d'Abbeville pour faire affembler en la Ville d'Eu tous les Habitans du Comté afin d'arrêter leurs Coûtumes ; que M<sup>e</sup> François le Duc Avocat & Procureur d'office du Comté avoit prefenté les Lettres & la Commiffion à M<sup>e</sup> Tillette ; que cet Officier avoit fait donner les affignations neceffaires en pareil cas ; que les Etats s'étoient affemblés ; qu'on avoit dreffé des articles ; que la lecture en avoit été faite en pleine assemblée ; qu'on avoit donné des défauts contre ceux qui n'avoient point comparu ; que les habitans de la Baronnie d'Ourville avoient été les seuls qui eussent déclaré vouloir êrre regis par la Coûtume de Normandie dont ils avoient toûjours suivi les dispositions quoique la Baronnie fût du ressort du Comté d'Eu, attendu qu'ils n'étoient éloignés que de trois ou quatre lieues de la Ville de Roüen ; qu'à la verité ces Lettres de 1579 n'avoient pas eu une plus ample execution ; mais que ce défaut étoit provenu de ce que M. de Guise qui avoit eu des occupations beaucoup plus importantes marquées dans l'histoire, en avoit été détourné ; & que toutes ces considérations avoient empêché qu'on ne l'appellât & ses Vassaux à l'omologation de la Coûtume.

Quand le 28 Mars 1586 les Commissaires nommés par les Lettres du 14 Octobre 1585 pour la rédaction des Usages locaux de la Province, mirent és mains du Procureur des Etats les *Vidimus* imprimés du Cahier des Coûtumes generales nouvellement redigées, pour les envoyer dans chacune des Vicomtés des Bailliages de Roüen, Caux, Evreux, Caën, Costentin, Gisors, Alençon, qui sont les six Bailliages de Normandie, on ajoûta S. Sauveur Landelin, S. Sauveur le Vicomte, & Mortaing ; mais on ne parla point du *Comté d'Eu*, encore bien que dans les Lettres de 1577 & 1582 après avoir fait mention de ces Bailliages, on eut perpetuellement ajoûté ces mots, *y compris* les Bailliages de S. Sauveur Landelin, S. Sauveur le Vicomte, Mortaing, *& Comté d'Eu.*

Néanmoins comme on se flatta que les habitans du Comté d'Eu ne voudroient pas reconnoître la Jurisdiction des Commissaires, on ne laissa pas de leur faire donner affignation, ainfi qu'à M. & à Madame de Guife Comte & Comteffe d'Eu, ce qui n'avoit point encore été fait jufques alors, *& ce dans l'efperance* que ne comparoiffans point ni les uns ni les autres, on pourroit fe prévaloir de tout ce qui auroit été fait dans le cours de la rédaction & réformation de la Coûtume generale, *& des défauts* qu'on fe propofoit de donner contr'eux.

Mais on fe trompa dans l'idée qu'on avoit conçûe. Le 24 Avril de la même année 1586 Mᵉ François le Duc Procureur Fifcal du Comté d'Eu, porteur de procuration de M. & de Madame de Guife, comparut en la Jurifdiction d'Arques devant Mᵉ Adrien Sohier Lieutenant General ; & après avoir remontré que le Comté d'Eu étoit anciennement Pairie de France ; que les Comtes & leurs Sujets ne reconnoiffoient point d'autre Cour & Jurifdiction que celle du Parlement de Paris ; *qu'ils avoient leurs Coûtumes locales & particulieres par lefquelles ils avoient toujours été regis & gouvernés ; qu'ils avoient été mal affignés, & qu'il n'entendoient point proceder aux fins de l'affignation,* il protefta de nullité de tout ce qui pourroit être fait au préjudice de fa rémontrance.

Cinq mois après, ou environ, c'eft-à-dire, le 10 Septembre les Commiffaires étans au Bourg & Prétoire d'Arques, on affecta de demander la lecture de la rémontrance, & pour lors M. l'Avocat General Thomas qui étoit fort inftruit qu'il ne trouveroit perfonne à fon chemin, & qui s'étoit préparé de longue-main, fe prévalut de l'occafion, & combattant contre fon ombre fit un long difcours dans lequel il infera quantité de chofes inutiles par rapport à l'objet préfent.

Il s'attacha à prouver que le Comté d'Eu faifoit partie du Duché de Normandie, & ce n'étoit pas là un point qui fût en contestation. Il fit aussi bien des efforts pour établir qu'on y suivoit beaucoup de dispositions de la Coûtume generale de Normandie , & cela n'étoit pas en question ; puisqu'il avoit tant résolu d'attaquer des gens qui ne comparoissoient point, deux choses lui tomboient en charge de montrer, & devoient faire son unique application. La premiere, qu'il n'y avoit point d'Usages locaux dans le Comté d'Eu ; & la seconde, que s'il y en avoit, c'étoit aux Commissaires députés pour la rédaction de ceux de la Province, à les rédiger. Mais c'étoient-là deux points dont il ne fût pas venu facilement à bout.

Ce long plaidoié produisit l'effet qu'on s'étoit proposé. Les Commissaires donnerent défaut contre le Comte & la Comtesse d'Eu, contre les Officiers, les Praticiens, & les Habitans du Comté, & contre les autres défaillans de la Vicomté d'Arques, & pour le profit ordonnerent l'onze dudit mois que *les trois articles qu'ils avoient arrêtés seroient enregistrés au Greffe de la Vicomté*, pour y être gardés & suivis les Usages locaux contenus dans ces articles, *avec défenses* à toutes personnes du Comté d'Eu d'en alleguer d'autres, qui, si aucuns y avoit, *demeuroient réduits à la Coûtume generale.*

Mais peut-on se prévaloir d'un Jugement de cette qualité rendu par des *Juges incompetens* ; qui ne paroît point avoir *esté signifié* aux Comtes d'Eu, ni à leurs Vassaux ; & qu'on ne voit point avoir été suiui *d'un Arrest d'omologation* du Conseil, comme le premier ouvrage des Commissaires, ni même *d'aucun Arrest* du Parlement de Roüen qui ait ordonné que les articles contenans les Usages locaux arrêtés par les Etats, seroient *enregistrés au Greffe de la Cour*, paroissant seulement qu'ils y furent apportes & mis par les Commissaires?

Ajoûtons que dans cette Sentence rendue par défaut il se trouve une nullité tout à-fait essentielle. Outre les Lettres Patentes obtenues le 14 Octobre 1585 pour la rédaction des Coûtumes locales de la Province, il en avoit été expedié de secondes du 8 Août 1586 par lesquelles il étoit expressément mandé aux Commissaires qu'après avoir oüi les Deputés des trois Etats en chacun des Bailliages, Vicomtés, & Châtellenies, *ils eußent à rediger par écrit de leur consentement ces Usages locaux*; les mettre par articles; les réformer; les changer; & les abroger ainsi qu'il seroit arrêté dans les assemblées; *& que si sur la ré*formation & changement les Députés ne demeuroient pas d'accord, *ils fißent mettre* par écrit les difficultés de part & d'autre, pour icelles apportées pardevers la Cour, *être ordonné ce que de raison*. C'étoit là une regle qu'il falloit observer inviolablement, quand bien même ils auroient eu qualité pour faire la rédaction des Usages locaux du Comté d'Eu. L'ont-ils suivie? l'ont-ils executée? Les habitans de ce Pays là prétendoient avoir des Coûtumes particulieres, & s'y faire maintenir : M. l'Avocat General Thomas soûtenoit le contraire : il falloit pour faire une procedure reguliere, & en conformité des Lettres renvoyer *la Question* à la Cour, & néanmoins c'est ce qui n'a point été fait : *ils jugerent eux mêmes* le point de la difficulté, ne croyans pas avoir besoin de lumieres étrangeres, & ne faisans pas réflexion que leur autorité étoit bornée. Ce Jugement est un abus, & une contravention à la loi qui leur avoit été prescrite par le Prince qui leur avoir décerné leur commission.

Aussi s'étant présenté au mois de Mars 1611 une cause en l'Audience de la Grand'Chambre du Parlement de

Paris dans laquelle il s'agiſſoit de ſçavoir ſi le droit de Viduité du mari ſur les biens de ſa femme avoit lieu dans le Comté d'Eu, comme dans tout le reſte de la Province, M. le Duc de Guiſe qui en étoit lors Proprietaire, qui ſoûtenoit la négative, & à qui M. le Prince de Condé ſa partie oppoſoit le Jugement des Commiſſaires des 10 & 11 Septembre 1586, déclara-t'il qu'il en appelloit à l'Audience, ſur lequel appel les parties furent appointées au Conſeil.

Il eſt vrai qu'on ne voit pas qu'il ait été jugé depuis. Mais il y a pluſieurs obſervations à faire à ſon ſujet. *La premiere*, qu'il ſe peut faire que l'Arreſt n'ait pas été ſignifié à M. le Duc de Guiſe : *la ſeconde*, qu'il n'avoit pas interêt de faire juger ſon appel, parce qu'il joüiſſoit actuellement des Baronnies du revenu deſquelles étoit queſtion en vertu d'un Arreſt de la Cour du 3 Septembre 1577, confirmé par un ſecond du 30 Octobre ſuivant, au moyen de quoi c'étoit M. le Prince de Condé ſeul qui avoit intereſt de faire juger l'appel : *la troiſiéme*, que le ſilence & l'inaction de M. de Guiſe ne pourroient pas operer de fin de non recevoir contre les habitans du Comté d'Eu qui n'étoient point parties dans la cauſe, & à qui l'Ordonnance des Commiſſaires n'a jamais été ſignifiée ; *& la quatriéme*, que depuis ce tems là la Cour a rendu grand nombre d'Arreſts par leſquels elle a confirmé *pluſieurs Uſages locaux du Comte contraires à la diſpoſition de la Coûtume generale de la Province de Normandie.*

On demeure d'accord que ceux qui défendent l'opinion contraire rapportent pluſieurs Arreſts qu'ils diſent avoir été rendus en leur faveur ; mais outre que ces Arreſts peuvent avoir été rendus ſur des circonſtances par-

riculieres, ou de concert & d'intelligence entre les parties, ou par un défaut d'inftruction, il eft facile d'attaquer fes adverfaires avec des armes pareilles, & de rapporter une infinité de titres pour établir l'exiftence des
Ufages locaux du Comté d'Eu, & que la Cour ne les a
pas toûjours rejettés comme on cherche à l'infinuer. Ces
pieces font en trés grand nombre; en voici le détail,
leur teneur, & leur qualité.

Un Arreft de la Cour du 15 *Avril* 1570 rapporté dans
un livre intitulé, *les Gardes de Normandie*, qui eft le
Plaidoié que fit M<sup>e</sup> Arnauld en 1611 pour M. le Duc de
Guife contre M. le Prince de Condé, par lequel il fut ordonné dans une caufe où il s'agiffoit d'un droit de Viduité prétendu par un pere fur des biens qui étoient fitués dans le Comté d'Eu, qu'il feroit informé de l'ufage
des lieux, quoique pourtant la Coûtume ancienne de
Normandie s'expliquât pofitivement fur cette matiere.
*Nôtredite Cour par fon Jugement & Arreft a ordonné & ordon-*
*ne avant que proceder au Jugement dudit procès pour le regard du*
*premier chef d'icelle Sentence concernant l'ufufruit prétendu par*
*ledit Turpin durant fa Viduité, qu'il fera informé d'office, &*
*fait deux turbes en ladite Ville d'Eu fur certains articles extraits*
*dudit procès de la commune obfervance & ufage dudit Comté*
*d'Eu.* Cet Arreft a precedé la réformation de la Coûtume generale de Normandie qui eft de 1583, ce qui prouve qu'il s'étoit auparavant introduit dans le Comté d'Eu
des Ufages locaux & particuliers.

Un acte de notorieté expedié le 5 *Octobre* 1646 au Bailliage d'Eu contre le fieur Baron de la Bretonniere qui
prétendoit *joüir* d'une Terre y fituée, & qui avoit appartenu à la dame fon époufe.

Un autre acte de notorieté du 25 *Fevrier* 1673 fur le

fondement

fondement duquel il fut dit par Arreſt du 3 Mars 1674 que Mademoiſelle de Monpenſier ſe retireroit parde-vers le Roi pour en obtenir *Lettres*, & par lequel il fut expreſſément atteſté par tous les Officiers, Avocats, Procureurs, & Praticiens du Bailliage que ce *droit de Viduité* n'avoit jamais eu lieu dans le Comté d'Eu.

Un troiſiéme acte de pareille nature que damoiſelle Françoiſe de la Barre, veuve de Mᵉ Charles le Roux Bailli d'Ault, s'étoit fait expedier le 14 *Juin* 1701 pour s'en ſervir dans le procès qu'elle avoit en la cinquiéme Chambre des Enquêtes contre Nicolas de Fontaine Ecuyer, Sieur de Mauconduit, appellant d'une Sentence rendue par le Bailli d'Eu qui l'avoit débouté de *ſon droit de Viduité* ſur les biens de dame Claude du Vivier ſon épouſe.

Un Arreſt du 22 *Decembre* 1682 rendu entre Jean le Vaſſeur d'une part, & Jean le Vaſſeur ſon fils d'autre, par lequel il fut ordonné qu'*avant de proceder* au Jugement deffinitif du chef qui concernoit le droit de Viduité prétendu par le pere, *les parties rapporteroient* dans deux mois des actes de notorieté des Juges, & autres Officiers du Comté d'Eu, autres que celui dont étoit appel, *ſur la commune obſervance dans le Pays de l'article 382 de la Coûtume qui accorde au mari le droit de Viduité ſur les biens de ſa femme dont il a eu enfant né vif*; & même que ledit Vaſſeur pere pourroit rapporter des tranſactions, & autres actes qui juſtifieroient que pareil droit avoit été accordé à des maris, pour ce fait & rapporté être ordonné ce que de raiſon.

Un Arreſt du 7 *Septembre* 1701 qui eſt l'Arreſt rendu entre la damoiſelle de la Barre & le ſieur de Fontaine en la cinquiéme Chambre des Enquêtes, par lequel

Oo

il fut dit que *fur la Queſtion du droit de Viduité les parties conteſteroient plus amplement.*

Les Concluſions que M. le Procureur General d'Agueſſeau a données depuis dans la même affaire contenant que *les parties rapporteroient des actes, contrats & tranſactions* pour juſtifier de quelle maniere on s'étoit comporté dans le Pays lorſque cette Queſtion s'étoit préſentée.

L'intervention de M. le Duc du Maine Comte d'Eu dans ce procès pour y conſerver ſes interêts, & afin qu'il ne s'y paſſât rien qui portât préjudice *aux Coûtumes locales de ſon Comté.*

Un Arreſt du 14 Mars 1704 rendu en la Grand'Chambre au rapport de M. l'Abbé Robert, par lequel il fut dit qu'*avant faire droit*, les parties feroient diligence dans trois mois de rapporter des comptes, des partages, & autres actes & Jugemens entre perſonnes domiciliées, ou ayans leurs biens dans l'étendue du Comté d'Eu, *pour juſtifier ſi l'on y avoit donné, ou non, le droit de Viduité, & la maniere dont on pouvoit l'acquerir ou y renoncer.*

Trois Arreſts des 13 Mars 1571, 19 Septembre 1587, & 1 Juillet 1606 rapportés dans le livre dont a été parlé ci-devant, intitulé, *les Gardes de Normandie*, par leſquels la Cour a ordonné qu'*il ſeroit informé de certains articles de la Coûtume locale* du Comté d'Eu, tant auparavant que depuis la réformation *de la Coûtume generale.*

Les Lettres Patentes que M. le Duc de Guiſe obtint en 1579 pour *la rédaction de ſes Coûtumes particulieres* dans le tems même qu'on procedoit à la reformation de la Coûtume generale; ce qui fut fait en conſequence dans les Aſſemblées des trois Etats; & *celles* que Mademoiſelle de Monpenſier obtint à même fin *en 1675*, & dont elle fit faire l'enregiftrement au Parlement de Paris d'où l'on avoit tiré les Commiffaires nommés pour proceder à la rédaction.

L'Edit de 1641 portant rétabliffement du Parlement de Roüen dans fes fonctions dont on a rapporté ci-devant l'un des articles qui fait mention expreffe *des Ufages locaux* obfervés dans le Comté d'Eu.

Un Arreft du 10 Juillet 1655 par lequel il fut ordonné qu'à la requête de M. le Procureur General du Roi *il feroit informé* en deux turbes qui feroient faites en la Ville d'Eu, de l'Ufage qu'on y prétendoit être obfervé de ne donner à l'aîné *qu'un feul préciput* dans les fucceffions de pere & de mere contre l'article 348 de la Coûtume generale qui en donne deux.

Un autre Arreft de 1656 qui a confirmé l'ufage où l'on vivoit en ce Pays-là de donner à l'aîné *les deux tiers des maifons & heritages fitués dans la Ville d'Eu*, & l'autre tiers aux cadets, encore bien que l'article 270 de la Coûtume generale porte que les freres & fœurs partageront également les heritages fitués en Bourgage.

Un Arreft du premier Août 1657 par lequel la Cour a ordonné l'execution d'un partage qui avoit été fait de cette maniere; & tous ceux qui ont été faits depuis dans lefquels on a gardé la même regle.

Un Arreft du 7 Juin 1658 qui a débouté des enfans qui demandoient *leur tiers Coûtumier* fur des biens fitués dans le Comté d'Eu, & qui faifoient partie de la fucceffion de leur pere à laquelle ils avoient renoncé, quoique l'article 399 de la Coûtume generale attribue ce droit aux enfans qui renoncent.

Un Arreft du 13 Mai 1670 qui *l'a jugé de la forte* entre Charles Merlier Lieutenant Particulier du Bailli d'Eu au

Siege de Foucarmont, & Jean Merlier ſon frere appellans d'une Sentence rendue par le Bailli d'Eu le 8 Février 1667 d'une part, & Marguerite Preſſeau intimée,
d'autre.

Un Arreſt même du Parlement de Roüen du 23 Decembre 1666 qui a encore *jugé la même choſe* contre le ſieur
de Meſnival fils qui prétendoit un tiers Coûtumier ſur
des heritages ſitués en Normandie, acquis par ſon pere,
& ce par forme de remplacement des propres qui
avoient été décretés au Comté d'Eu.

Un Arreſt du premier de Février 1700 qui a pareillement débouté les ſieurs de Bouges de la demande qu'ils
avoient formée pour la délivrance d'un tiers Coûtumier
ſur des biens aſſis dans le Comté, lequel Arreſt a été rendu en la Grand'Chambre du Parlement de Paris au rapport de M. Portail.

Et l'Arreſt du 20 ou 23 Mai 1721 rendu pareillement
en la Grand'Chambre au rapport de M. de Vienne qui
a décidé la Queſtion en conformité des précedens au
profit de Jean le Gryel contre Pierre Bezard & Marie-
Anne le Gryel ſa femme.

Un Arreſt du 24 Janvier 1632 qui ordonna qu'il ſeroit
*informé par turbes* de l'uſage obſervé dans la Ville d'Eu de
faire valoir la poſſeſſion de dix ans de lecture & publication des contrats contre l'article 453 de la Coûtume qui
porte que ſi lecture n'en a point été faite, l'heritage eſt
ſujet à retrait dans les 30 ans ; & l'Arreſt du 21 Août de
la même année par lequel le demandeur en retrait fut
débouté de ſa demande, l'uſage étant demeuré pour
certain tel qu'il avoit été ſoûtenu par le défendeur.

L'Arreſt du 3 Mars 1674 rendu en la quatriéme Chambre des Enquêtes ſur le fondement de toutes ces pieces

qui à l'exception de l'Arrest du 1 Février 1700 avoient
été produites au procès, ou du moins en partie, par lequel la Cour pénetrée qu'il y avoit dans le Comté d'Eu
des Coûtumes locales, ordonna, ayant égard à l'intervention de Mademoiselle d'Orleans, *qu'il seroit surcis
pendant un an à la publication de son Arrest du 12 Août 1672*
qu'elle avoit rendu contre les Religieuses de Gomerfontaines au profit du sieur d'Hautcourt, & dont elle avoit
ordonné la lecture au Bailliage du Comté & Pairie d'Eu,
l'Audience tenant, afin d'y abolir les actions en declaration d'hypoteque qui s'y étoient introduites contre la
disposition de la Coûtume generale, & la Jurisprudence
de la Province, *pendant lequel tems* d'un an Mademoiselle
d'Orleans pourroit se retirer pardevers le Roi pour être
pourvû *à la rédaction des Usages locaux de son Comté.*

Plusieurs Arrests qui ont admis dans le Comté d'Eu
la demande en declaration d'hypoteque contre le tiers
acquereur nonobstant l'ancien usage de la Province
confirmé par des Arrests de 1539 & 1555 que M° Henri
Basnage a cités sur l'article 546 de son Commentaire;
& nonobstant la disposition de l'article 552 de la Coûtume generale, & celle de l'article 120 du Reglement general fait au Parlement de Roüen, les Chambres assemblées, suivant lequel celui qui a possedé par an & jour
ne peut être dépossedé que par la voye de la Saisie réelle. Le premier du 29 Mai 1646; le second du 14 Avril
1689 entre Marie Paine veuve de Loüis le Grand, &
M° Jacques de Pardieu; le troisiéme du 29 Mars 1697
entre Jacques Fleury Ecuyer, Sieur de Balcourt, les Religieuses de la Charité de Criel, & feu Monsieur Duc
d'Orleans Legataire universel de Mademoiselle de
Monpensier; le quatriéme du 14 Août 1698 entre Pier-

re Theroulde d'une part, & Charles de Pont d'autre;
le cinquiéme rendu au rapport de M. le Boindre en la
premiere Chambre des Enquêtes le 22 Août 1702 contre
Dame Catherine Beslin veuve d'Aymard Gallye Ecuyer,
Sieur de Brais, Jean François de Gaude Ecuyer, Sieur
de Martineville, & dame Marie Chevalier épouse séparée de biens du sieur de Brais; le sixiéme du 29 Juillet 1707 entre Nicolas Formentin, Catherine Formentin, & autres; le septiéme donné en la premiere Chambre des Enquêtes au rapport de M. Roujault le 20 Février 1713 entre Philippe Desenclos Commissaire au
Grenier à Sel de la Ville d'Eu, ayant épousé Françoise le
Coq, intimé; Richard Flament appellant d'une Sentence renduë par le Bailli d'Eu le 24 Janvier 1718, & Jean
Doisnel défendeur; & le huitiéme rendu en la deuxiéme Chambre des Enquêtes au rapport de M. Fontaine
le 31 Decembre 1718 entre François Avril Orphévre appellant d'une Sentence aussi renduë par le Bailly d'Eu le
15 Octobre 1717, & Henry Plard & Madeleine Raymond
son épouse, intimés.

Cinq Arrests de la Cour qui ont jugé qu'on n'acqueroit la majorité dans le Comté d'Eu qu'à l'âge de 25 ans
suivant l'Usage qui s'y étoit introduit de tems immémo-
rial, encore bien que dans toute la Province de Normandie l'on soit majeur à 20 ans. Le premier du 21 Mars
1682 entre les nommés Rocquelin & Guerard; le second
du 10 Mars 1683 rendu entre les nommés Assegond &
Viot, conformément aux Conclusions de M. de Harlay
Procureur General, & depuis Premier Président du Parlement, auquel on avoit communiqué le procès; le troisiéme du 1 de Juin 1696 rendu en la cinquiéme Chambre
des Enquêtes entre Marie Cantel & le sieur François.

Vildor ; le quatriéme rendu en la Grand'Chambre au profit dudit sieur Vildor ; & le cinquiéme donné pareillement en sa faveur l'onze Avril 1701 sur production respective des parties en la premiere Chambre des Enquêtes contre Marie & Madeleine Besnard filles majeures.

Un Arrest du 14 Juillet 1701 rendu en la Grand'Chambre au rapport de M. l'Abbé Robert entre les Religieuses Ursulines de la Ville d'Eu, le sieur de l'Epine, & le sieur de Saint-Agnan, par lequel on a jugé que les grains excrus dans un territoire dépendant du Comté d'Eu n'étoient pas meubles après le jour de S. Jean Baptiste jusqu'à ce qu'ils fussent sciés & coupés, ce qui avoit été décidé par la Sentence du Bailliage & Pairie d'Eu contre l'article 505 de la Coûtume generale de Normandie qui porte que les fruits, grains, & foins étant sur la terre après le jour de Nativité de S. Jean-Baptiste, encore qu'ils tiennent par les racines, & ne soient coupés, ni sciés, sont néanmoins censés & reputés meubles.

Et l'autorité de M<sup>e</sup>. Henry Bânage, qui sur l'article 164 de la Coutume de Normandie, s'est souvenu des Usages Locaux du Comté d'Eu en parlant du droit de Relief. La Coûtume Locale d'Eu non imprimée chap. 2. art. 1. donne, dit-il, pour relief de Baronie cent livres, & pour ce droit d'aide de relief cinquante livres ; & au Procès-Verbal de l'évaluation faite en l'année 1508. du revenu du Comté d'Eu de l'Ordonnance de la Chambre des Comptes à Paris, pour la minorité de Messieurs Charles, Loüis, & François de Cleves enfans de Messire Engilbert de Cleves Comte d'Eu, il est porté : *Si doit au Roy nôtredit Seigneur Comte service d'ost suivant la Coûtume du Pays ; au moyen de quoi doit cha-*

cune *Baronnie tenuë de ladite Comté pour relief & mutation d'homme cent livres , & cinquante livres tournois d'ayde.* La difference , ajoûte ce même Commentateur , entre la Coûtume de Normandie & l'Usage du Comté d'Eu , est qu'en *Normandie* l'aide de Relief n'est dû qu'en cas de décès , & *au Comté d'Eu* il est dû à toutes mutations.

Sur l'article 578. il s'est encore souvenu de ces Coûtumes. Il y parle d'une Sentence de 1583, rendue par le Bailly de Roüen , par laquelle on prétendoit qu'il avoit été jugé que les gens de Mainmorte pouvoient user du Retrait féodal , & il l'excuse , en disant qu'elle avoit été renduë dans une espece où le Retrait avoit été formé pour des terres situées *à Roumare* , qui est une Paroisse dépendante du *Comté d'Eu* , ce qui avoit obligé le Bailly de Roüen de se départir de l'Usage de la Province , pour se conformer à celui du Parlement de Paris.

Tous ces titres ne sont-ils pas formels & décisifs pour la Question , & ne l'emporteront-ils pas sur de foibles circonstances qui sont relevées par ceux qui tâchent d'abolir les Coûtumes Locales du Comté d'Eu , & sur un petit nombre d'Arrêts qu'ils citent en leur faveur ?

Il ne faut pas qu'ils fassent un grand fond sur l'Arrêt rendu en la Chambre de l'Edit le 17 Juillet 1666 , par lequel Philippe Chapelier fit debouter le sieur Savary de la demande en déclaration d'hypoteque qu'il avoit formée contre lui ; sur ceux que le sieur Marquis d'Hautcourt a fait rendre le premier jour de Juillet 1669 contre le sieur d'Auvilliers , & le 13 Août 1672 contre les Dames Abbesse & Religieuses de Gomerfontaines ; par lesquels il les a fait debouter de pareilles demandes ; ni sur celui du 3 Mars 1674 , qui déclara les Reli-

ligieuses

gieuſes non recevables dans les Lettres en forme de Requête civile qu'elles avoient obtenuës contre l'Arrêt de 1672.

Outre que les trois premiers ont été rendus dans un tems où la queſtion n'avoit pas encore été bien agitée, leur autorité doit ceder à celle des Arrêts qui ont été rendus depuis en 1689, 1697, 1698, 1702, 1707, 1713, & 1718, dont on a fait mention. Et à l'égard de celui de 1674, s'il déclara les Religieuſes de Gomerfontaines non recevables dans leurs Lettres, ce fut parce qu'il ne ſe trouva point de moyens d'ouverture de Requête civile du nombre de ceux qui ſont exprimez par l'Ordonnance de 1667 quand bien même il auroit été mal jugé par l'Arrêt, & parce que les impetrans n'avoient pas ſatisfait à l'article 13 du titre dernier de la même Ordonnance, ni à l'article 14, qui porte qu'*aux Lettres de Requête civile il ſera attaché une Conſultation ſignée de deux anciens Avocats, & de celui qui aura fait le rapport, & que leurs noms ſeront inſerez dans les Lettres à peine de nulité.* En ſorte qu'on peut dire que la queſtion n'a point été jugée par l'Arrêt. Au contraire on reconnut tellement qu'il y avoit dans le Comté d'Eu des Uſages, que le ſieur d'Hautcourt paſſa ſa déclaration qu'il n'entendoit point que l'Arrêt qui interviendroit ſur la Requête civile pût préjudicier aux droits de Mademoiſelle de Montpenſier qui étoit intervenuë dans le Procès, & à laquelle il fut accordé acte de cette déclaration par la Cour, qui au même tems lui marqua un délai, pendant lequel elle pourroit ſe retirer par devers le Roy afin d'obtenir de Sa Majeſté *des Lettres pour la redaction de ſes Uſages Locaux.*

Si les ennemis des Coûtumes locales du Comté d'Eu

Pp

oppofent les Arrêts des 9 Mars 1676 & 16 Fevrier 1692, par lefquels on dit que la Cour a jugé que l'article 339 de la Coûtume generale qui donne aux enfans un tiers coûtumier fur la fucceffion de leur pere à laquelle ils renoncent, y devoit être obfervé, on leur demande fi ces Arrêts ont été rendus dans des efpeces dégagées de toutes circonftances ; s'il n'y a point eu de concert entre les Parties ; fi les queftions avoient été bien foûtenues ; ou fi les biens fujets au tiers coûtumier n'étoient pas fituez dans la Baronnie d'Ourville ; ou autres endroits qui par la proximité de la ville de Roüen fe font affujettis aux difpofitions de la Coûtume generale.

Mais d'ailleurs ces deux Arrêts prévaudront-ils fur celui du 7 de Juin 1658, qui a jugé le contraire ; fur l'acte de notorieté du 10 Mars 1662 ; fur un autre du 25 Fevrier 1673, qui fut produit par Mademoifelle d'Orleans dans le Procès qui fut jugé le 3 Mars 1674 entre le fieur d'Hautcourt & les Religieufes de Gomerfontaines ; fur l'Arrêt du Parlement de Roüen rendu contre le fieur de Mefnival le 23 Decembre 1666 ; fur celui du 13 Mai 1670 donné contre les nommez Jean le Merlier ; fur celui du 1 Fevrier 1700 qui a debouté les fieurs de Bouges de leur demande ; & fur celui qui a été rendu en la Grand'Chambre le 21 ou 23 Mai 1721, au rapport de M. de Vienne, au profit de Jean le Griel contre Bezard & fa Femme ?

L'Arrêt du 31 Août 1683 qui eft rapporté par Me. Henry Bânage fur l'article 399 de la Coûtume, eft une piece qu'on ne doit point tirer à confequence. Ce même Commentateur convient fur l'article 164 qu'il y a des Ufages locaux dans le Comté d'Eu, & que ces Ufages font

contraires auux difpofitions de la Coûtume generale. Le
Parlement de Roüen a même jugé par fon Arreft du 23
Decembre 1666 le contraire de ce qu'il a decidé par celui ci de 1683 , & d'ailleurs il ne faudroit pas s'étonner
quand il ordonneroit dans le Comté d'Eu l'execution de
l'article 399 de la Coûtume, la perte qu'il a fait du droit
de Jurifdiction fur les habitans de ce Comté , lui tiendra
perpetuellement au cœur , & dans cette fituation du
moins tâchera-t'il toûjours de les affujettir à fes loix pour
y conferver quelque empire & quelque autorité qui dé-
note l'ancienne dépendance.

On oppoferoit encore inutilement les trois Arrefts
qu'on dit avoir été obtenus au Confeil par M. le Duc du
Maine Comte d'Eu en 1697 , 1698 , & 1699 , par lefquels
il a fait renvoyer au Bailliage d'Eu les Saifies réelles de
plufieurs Terres fituées dans fon Comté , & dont on
pourfuivoit la vente & adjudication par decret à Paris.
Outre qu'il pouvoit être avantageux aux pourfuivans ,
aux créanciers , & mêmes aux parties faifies , que ces
decrets fuffent pourfuivis au Bailliage d'Eu , parce qu'il
fe peut faire qu'ils demeuroient tous fur les lieux , au
moyen de quoi il ne faut pas être furpris fi M. le Duc du
Maine n'a pas trouvé grand obftacle à fa prétention qui
favorifoit tous fes Vaffaux , ces Arrefts ne prouvent autre chofe finon que fon Comté fait partie du Duché de
Normandie , & qu'en fupportant une partie des charges,
il eft jufte qu'il profite des privileges accordés à la Province qui a cette prérogative que les decrets d'immeubles fitués dans fon territoire ne peuvent être pourfuivis ailleurs fuivant des Lettres Patentes de 1604 & 1614,
& quantité d'Arrefts du Confeil.

L'Arreft du 29 Avril 1698 rendu en la deuxiéme Chambre des Enquêtes, par lequel le sieur Paon fit confirmer le don mobil qui lui avoit été fait par la dame son épouse du tiers de tous ses biens situés dans le Comté d'Eu, encore bien qu'il n'y en eût point eu d'insinuation, ne doit pas être ici d'un grand poids, pour établir que la Cour n'a point égard aux Coûtumes locales de ce Comté, puisque dans tout le Cahier de ces Coûtumes arrêté par les Etats en 1580 on ne voit point qu'il y ait aucun article qui prohibe à la femme de donner à son mari par son contrat de mariage une partie de ses biens, & d'où l'on puisse induire que ces sortes de dispositions doivent être insinuées. Au contraire on s'est tellement porté dans ce Pays là à suivre l'usage qu'on observe à cet égard dans toute la Province, que dans un Cahier d'articles que quelques Officiers & Praticiens de la Ville d'Eu avoient redigés en 1674 pour les presenter aux Commissaires qui seroient nommés par les Lettres que Mademoiselle d'Orleans avoit dessein d'obtenir pour la rédaction des Usages locaux de son Comté, l'on avoit employé l'article 74 du Reglement general fait au Parlement de Rouen les Chambres assemblées en 1666, portant que la femme peut donner tous ses meubles, & le tiers de ses immeubles à son mari, & que telle donation n'est point sujette *à l'insinuation.*

L'induction qu'on tire de l'Arrest rendu en la troisiéme Chambre des Enquêtes le 28 Juillet 1699 par lequel on prétend qu'il a été jugé qu'on étoit *majeur* à 20 ans dans le Comté d'Eu, comme dans tout le reste de la Province, contre l'usage qui s'y est introduit de fixer la majorité à 25 ans, n'est pas meilleure ni plus favorable. On s'appuie sur ce qu'on dit avoir appris du Rapporteur, & cela ne suffit pas pour établir une Jurisprudence,

lors particulierement qu'il s'en trouve une opposée dont
l'usage est attesté par l'acte de notorieté produit par
Mademoiselle d'Orleans dans le procès jugé le 3 Mars
1674 ; soûtenu par differens Jugemens rendus sur les
lieux ; & confirmé par plusieurs Arrests de la Cour des
21 Mars 1682 , 10 Mars 1683 , 1 Juin 1696 , & 11 Avril
1701.

Quant à celui du 23 Août 1701 par lequel on dit que
M<sup>e</sup> André de Beaumont a fait juger en la troisiéme Chm-
bre des Enquêtes , que la damoiselle sa femme qui
avant qu'il l'eût épousée étoit veuve du sieur de Chiffreville , auroit *la moitié en proprieté* dans les conquets
faits en la Ville d'Eu pendant son premier mariage conformement à l'article 329 de la Coûtume generale qui
donne à la femme la moitié en proprieté dans les conquêts faits *en Bourgage* , & ce nonobstant l'usage qu'on
observe en la Ville d'Eu de ne donner à la femme dans
les biens de cette nature que *la moitié par usufruit* seulement , il ne paroît pas qu'il doive faire grande impression. Si la Cour s'est déterminé a juger , comme elle a
fait , suivant les dispositions de la Coûtume generale ,
ç'a été selon toutes les apparences par la raison qu'elle
n'a pas été bien convaincuë de l'existence de la réalité
de l'Usage local qu'on disoit être gardé dans la Ville
d'Eu ; & ce qui le fait penser de la sorte , est que par le
même Arrest elle a confirmé un des Usages locaux qui
s'y sont introduits , en ce qu'elle a jugé que les sieurs
de Verton freres ne partageroient pas également l'Office de Grenetier au Grenier à Sel de ladite Ville , qui
avoit appartenu à leur pere qui y faisoit & devoit y faire
sa résidence , & que l'aîné en auroit les deux tiers , & le
puîné l'autre tiers , ce qui est disertement contraire à

l'article 270 de la Coûtume generale qui porte que les freres doivent partager également les biens *en Bourgage* par toute la Normandie , même au Bailliage de Caux, & conforme à l'ufage de la Ville d'Eu qui eft de donner à l'aîné les deux tiers *des Bourgages* , & l'autre tiers aux cadets.

Enfin les Arrefts des 22 Decembre 1682 , & 7 Septembre 1701 dont on fe prévaut pour établir dans le Comté d'Eu le droit de Viduité du mari fur les biens de fa femme , militent tout-à-fait contre ce qu'on veut prouver. Ils n'ont donné que la provifion aux peres ; il y a bien de la difference entre des Jugemens provifoires, & des Jugemens deffinitifs ; très-fouvent la Cour retracte par un fecond Arreft ce qu'elle a jugé par un premier ; fi elle avoit été perfuadée que ce droit dût abfolument appartenir aux peres dans le Comté d'Eu, elle n'en eût pas fait à deux fois , ni ordonné les interlocutoires qu'elle a prononcés , & qui joints aux Conclufions que M. le Procureur General donna dans le procès où fut rendu l'Arreft du 7 Septembre 1701 , & au difpofitif de celui du 14 Mars 1704, prouvent qu'elle a toûjours fait dépendre la décifion de ce qui feroit juftifié par les titres qu'elle ordonnoit qu'on rapportât.

Voilà ce me femble tout ce qu'on peut dire de plus confidérable pour appuyer & foûtenir les Coûtumes locales du Comté d'Eu; voyons prefentement qu'elles réponfes on peut faire legitimement à ces objections.

II.

Il ne faut point qu'on fe prévale de deux faits qui ne font point révoqués en doute. On convient que le Comté d'Eu eft du reffort du Parlement de Paris au moyen de fon érection en Pairie , & qu'il s'y eft introduit plufieurs Ufages contraires à la Coûtume generale de la Pro-

vince; mais on soûtient qu'on ne doit avoir aucun égard
à ces Usages.

C'est allegueur un fait sans preuve quand on dit que
le Parlement de Normandie affecta de faire comprendre le Comté d'Eu dans les Lettres Patentes de 1577 &
1582 expediées pour la réformation de la Coûtume generale de la Province. On ne surprend pas dans des occasions de cette importance les lumieres & la religion du
Conseil qui n'y fait rien qu'en pleine connoissance de
cause.

Mais enfin si le fait est veritable, présumera-t'on que
les Commissaires nommés par ces Lettres, qui étoient
des Officiers du Parlement de Roüen très distingués par
leur mérite & par leur science, se fussent oubliés jusqu'au point de ne faire point appeller les habitans du
Comté d'Eu à la réformation de la Coûtume? Leur conduite eût bien mal répondu aux soins que le Procureur
Sindic des Etats avoit pris par l'ordre de la Cour. C'est
faire injure à leur memoire que de les accuser d'une pareille omission, & ce d'autant plus qu'on voit par le procès verbal qu'il fut décerné des commissions pour tous
les Bailliages de la Province, du nombre desquels est le
Bailliage de Caux où le Comté d'Eu est assis, & que *les
habitans des Baronnies d'Ourville & de Roumare* qui en font
partie se presenterent.

Quand d'ailleurs on n'en auroit pas fait assigner les
habitans en vertu des Lettres de 1582, attendu celles de
1579 que M. le Duc de Guise avoit obtenuës pour la rédaction de ses Coûtumes locales, *il est toûjours vrai de dire*
qu'ils furent assignés en execution des Lettres de 1585 &
1586 concedées par le Roi pour la rédaction des Usages
locaux de la Province, ce qui est si veritable que M<sup>e</sup>.

François le Duc Procureur Fiscal de Monsieur & de Madame de Guise, se transporta au Prétoire d'Arques pour, tant en leur nom qu'en celui de leurs Vassaux, y faire ses protestations & rémontrances.

Et qu'on ne dise pas que le Comté d'Eu n'avoit point été compris dans ces dernieres Lettres. Comme elles n'étoient qu'*une suite des precedentes*, il n'étoit pas absolument necessaire de l'y comprendre. *Aussi* M^e François le Duc ne releva-t'il pas cette circonstance dans sa protestation, & se contenta de dire que Monsieur & Madame de Guise & leurs Vassaux avoient été *mal assignés*, parce qu'ils ne reconnoissoient plus la Jurisdiction du Parlement de Roüen, & parce qu'ils avoient des Coûtumes locales qui les avoient toûjours regis & gouvernés: s'il avoit été besoin de les y comprendre, on n'eût pas manqué de le faire, comme il fut pratiqué depuis dans *les Lettres du dernier Decembre* 1599 qui furent obtenuës par les Etats pour réformer quelques articles qui se trouvoient à corriger dans le titre des executions par decret qui fut effectivement réformé en 1600.

L'assignation qui leur fut donnée en consequence de ces Lettres de 1585 & 1586 est une preuve qu'on n'avoit pas omis de les faire assigner en execution des premieres dans lesquelles ils avoient été précisément compris, & cela se confirme encore par la remontrance de M^e François le Duc qui, comme on vient de dire, ne se plaignit aucunement de ce qu'ils n'avoient point été appellés pour assister à la réformation de la Coûtume generale.

Quoiqu'il en soit, on a pris soin de les faire assigner pour être presens *à la redaction des Usages locaux de la Province*; & c'étoit à cette rédaction que leur interest demandoit qu'ils assistassent pour proposer dans l'Assemblée

blée des Etats leurs Coûtumes locales & particulieres. Ils
ont à la verité comparu ; mais ç'a été uniquement pour
faire des remontrances & des protestations. Cette conduite opiniâtre & réfractaire aux ordres du Prince qui
les avoit employés dans les premieres Lettres de 1577 &
1582 dont celles de 1585 & 1586 étoient une suite, a fait
rendre des défauts contr'eux ; les Commissaires nommés
par Sa Majesté étoient en droit, conformément aux Lettres, de les prononcer ; donc le Jugement par eux rendu portant que *les Sujets du Comté d'Eu ne pourront à l'ave-*
*nir citer aucuns Usages locaux qui, si aucuns y a, demeurent ré-*
*duits à la Coûtume generale*, milite tout-à-fait contre ces
habitans. Et ce fut-là le raisonnement de M. l'Avocat
General Servin lorsqu'il porta la parole en 1611 dans la
cause d'entre M. le Duc de Guise, & M. le Prince de
Condé.

Inutilement on oppose les Lettres de 1579 obtenues
par M. de Guise pour la rédaction de ses Coûtumes locales ; celles de 1675 obtenues à même fin par Mademoiselle de Monpensier ; & l'Edit de 1641 portant le réta-
blissement du Parlement de Rouen dans ses fonctions
où *ces Coûtumes locales* sont énoncées. Tous ces titres servent seulement à prouver qu'il s'est introduit dans le
Comté d'Eu certains Usages qu'on ne connoît point
dans le reste de la Province, & ce n'est point encore une
fois là le point de la difficulté qui consiste uniquement
à sçavoir si ces Usages seront admis, ou s'ils seront rejettés comme chose qui ne peut pas servir de loy, n'ayans
point été deffinitivement arrêtés par les Etats en la maniere ordinaire, ni omologués par le Prince.

Si le Jugement des Commissaires nommés pour la
redaction des Usages Locaux de la Province pouvoit être

attaqué fous pretexte que leur ouvrage n'a point été
fuivi d'un Arreft d'omologation du Confeil, ni d'aucun Arreft du Parlement de Normandie qui en ait ordonné l'enregiftrement au Greffe de la Cour, ce défaut influeroit fur tous les ufages qui furent arreftés en
ce tems-là par les Etats, & cependant il n'y a perfonne
qui ñe fçache qu'ils font religieufement obfervés dans
toute la Province comme le texte même de la Coûtume.

L'Appel interjetté en 1611 par M. de Guife des défauts donnés par ces Commiffaires, & qui depuis eft demeuré fans décifion, n'eft pas d'un fi petit poids qu'on
fe l'imagine. Le long filence qu'il a gardé depuis, &
l'inaction perpetuelle à cet égard de fes fuccefleurs font
un témoignage de la mauvaife idée qu'ils avoient conçûe de l'Appel. Si ces Seigneurs dont l'ambition & l'intereft vouloient qu'ils fe donnaffent du mouvement
pour faire valoir leurs Coûtumes locales, n'ont ofé mettre la queftion fur le tapis, quel fuccés leurs Vaffaux
pourroient-ils attendre, & de quelle grace peuvent-ils
oppofer cet Appel abandonné pendant plus de cent
années ?

Il faut diftinguer les Arrefts *interlocutoires* qu'on oppofe; les uns ont précedé la reformation de la Coûtume generale qui eft de 1583 & la redaction des Ufages locaux de la Province ; & les autres ont été rendus depuis ; *les premiers* ne peuvent plus tirer à confequence, attendu les jugemens donnez par les Commiffaires qui ont aboli & condamné toutes Coûtumes locales autres que celles qui avoient été convenuës dans
l'affemblée des Etats ; & à l'égard *des feconds*, ils ne
doivent pas être d'une plus grande autorité, tant par la
même raifon, que parce que des Arrefts de cette nature

donnés très souvent de la sorte par un défaut d'instruction, ne font jamais loy dans les affaires, & parce que
d'ailleurs toute leur force, si aucune ils avoient, se trouveroit aneantie par ce grand nombre d'Arrests deffinitifs qui rejettans en pleine connoissance de cause les Coûtumes locales du Comté d'Eu, ont ordonné qu'on y suivroit la Coûtume generale.

Les Actes de Notorieté donnez par les Officiers &
les Praticiens de ce pays-là ne doivent pas être aussi
d'un grand relief dans ces matieres. C'est l'amour aveugle qu'ils ont pour leurs Coûtumes qui les fait agir,
& qui les rend opiniâtres jusqu'au point de n'avoir pas
toute la veneration & le respect qu'ils sont obligez d'a-
voir pour les Arrests de la Cour qui leur a si souvent
enjoint de garder dans leurs jugemens le droit municipal de la Province.

On altere le dispositif de l'Arrest du 22. Decembre
1682. & de celui du 7. Septembre 1701. qui ont été rendus sur la Question du droit de Viduité. Il est vrai qu'ils
portent un interlocutoire comme celui du 14. Mars 1704,
mais l'un & l'autre ont donné la provision aux marys;
& l'on ne voit point qu'ils ayent été retractés depuis. Il
n'y a pas même d'apparence que la Cour se détermine
jamais à priver les maris de ce droit qui est d'ancienne
disposition, comme on l'apprend de nôtre vieil Coûtumier; que les gens des trois Etats du Comté d'Eu jugerent à propos d'inserer dans le cahier par eux redigé
en consequence des Lettres de 1579. obtenues par M. le
Duc de Guise, ainsi que je l'ay déja plus particulierement observé; & qui parut encore si favorable en 1675,
que ceux qui redigerent en ce tems-là les articles que
Mademoiselle de Monpensier vouloit faire approuver

par les Commissaires nommez par les Lettres qu'elle
avoit obtenues, employerent dans le cahier *les art.* 382.
383. *& 384. de la Coûtume generale* qui en font mention, *&*
*l'art.* 77. du Reglement general fait au Parlement de
Roüen en 1666. où il en est pareillement parlé.

Comme je n'ai point vû l'Arrest de 1656, ni celui du
1 Août 1657 par lesquels on prétend que la Cour a confirmé l'Usage observé dans le Comté d'Eu de donner à
l'aîné *les deux tiers des maisons & des heritages situes dans la*
*Ville d'Eu, & l'autre tiers aux cadets,* ce qui est contraire à
l'article 270 de la Coûtume generale, je n'en rapporterai point l'espece ni les circonstances, & me contenterai de dire que la Cour a jugé le contraire par son Arrest
du 23 Août 1701, & par celui qui fut si solemnellement
rendu le 25 Juin 1716, & s'est déterminée par cet article
270 qui veut que les freres partagent également dans
tous les Cantons de la Province les heritages situés en
Bourgage. *Ces deux Arrests* sont rapportés au Chapitre
XV.

Je suis encore obligé de convenir que je n'ai point vû
l'Arrest du 7 Juin 1658 qui a débouté contre l'article 399
de la Coûtume generale, des enfans qui demandoient
*leurs tiers Coûtumier* sur des heritages situés dans le Comté
d'Eu faisans partie de la succession de leur pere à laquelle ils avoient renoncé; mais quand cet Arrest seroit
tel qu'on le dit, & rendu dans une espece dépouillée de
toutes circonstances, prévaudroit il sur ceux *des 9 Mai*
1676, 16 *Février* 1692, *& 1 Février* 1700 que j'ai cités?

On ne doit pas faire un plus grand fond sur l'Arrest
du 13 Mai 1670 rendu contre les nommés *le Merlier.*
C'est un Arrest rendu dans un tems que la matiere n'é-
toit pas encore éclaircie, comme elle est à present; dont

toute l'autorité tombe & s'évanoüit à l'aspect de tous
ceux qui ont été rendus depuis 35 années sur des Questions de tiers Coûtumier , de demandes en declaration
d'hypoteque, de droit de viduité , de majorité , de partage entre freres , & plusieurs autres ; & dont la décision
est d'autant moins considérable que suivant des memoires qui me sont tombés entre les mains , le contrat de
mariage des pere & mere des sieurs le Merlier portoit
précisement que le douaire seroit propre aux enfans, ce
qui étoit un préservatif contre l'usage du Comté d'Eu ;
une clause pleine de sagesse & d'équité ; une stipulation
dont les créanciers posterieurs au mariage n'avoient pas
lieu de se plaindre, & d'autant plus permise que cet usage du Comté d'Eu n'est pas une loi prohibitive, mais négative seulement ; au moyen de quoi je croirois aise-
ment que l'Arrest a été rendu de la sorte, ou parce que
les parties étoient d'accord , ou parce que la Question
n'avoit pas été bien défendue.

Quant à l'Arrest qu'on dit avoir été rendu au Parlement de Rouen le 23 Decembre 1666 contre *le sieur de
Menival* fils qui demandoit *un tiers coûtumier* sur des biens
acquis par son pere sous la Jurisdiction d'Aumale, &
qu'il vouloit faire servir de remplacement des propres
qui avoient été decretés dans le Comté d'Eu , il y a tout
lieu de croire qu'on n'en sçait pas l'espece, puisqu'on
s'en fait un moyen. En voici les circonstances.

François Quertems créancier de Pierre Bouchard
Ecuyer fit saisir réellement sur lui *la Terre de Mesnival*
située dans le Comté d'Eu en l'année 1665 ; Louis Bouchard Ecuyer fils de la partie saisie se présenta à l'ordre ;
mais voulant contribuer au payement des créanciers de
son pere, il declara qu'il renonçoit à toutes les hypote-

ques qu'il auroit pû prétendre fur la Terre de Mefnival à leur préjudice, & fur tous les autres heritages fitués dans le Comté d'Eu, fe refervant à les demander fur les immeubles que fon pere avoit acquis dans le Duché d'Aumale.

Au mois de Novembre de la même année 1665 François Quertems fit appurer au Bailliage d'Eu le decret, ordre, & diftribution du prix de la Terre de Mefnival; mais n'ayant point été utilement colloqué de fes créances, il fit faifir réellement les biens que fon debiteur poffedoit dans le Duché d'Aumale, & pourfuivit le decret jufqu'à l'interpofition.

En cet état Loüis Bouchard fils forma fon oppofition pour avoir diftraction du tiers integral des immeubles dont fon pere étoit faifi lors de fon mariage fuivant l'article 399 de la Coûtume, *prétendant* que les biens faifis étoient le remplacement du prix de la Terre de Mefnival álienée par fon pere. Mais il paroît par la Sentence qui donna lieu à l'Arreft dont on explique ici l'efpece, & qui fut rendue par le Vicomte d'Aumale le 16 Juin 1666, qu'on lui contefta fa demande, & qu'on lui oppofa que fon pere ne poffedoit pour tout bien dans le tems de fon mariage que la Terre de Mefnival fituée dans le Comté d'Eu où l'on ne donnoit point de tiers coûtumier aux enfans; que d'ailleurs les biens faifis n'étoient pas un remplacement, mais une pure acquifition, le contrat ne parlant en aucune maniere de remplacement; & que quand il auroit été recevable à prétendre un tiers, il devoit être renvoyé à l'ordre fur les deniers qui proviendroient des ajudications, faute par lui d'avoir fait fon oppofition en diftraction avant l'interpofition jugée.

On voit encore par cette Sentence que ce fut le dernier moyen qui détermina les Juges qui d'un commun avis débouterent le sieur de Mesnival fils de son opposition en distraction, attendu qu'elle n'avoit été par lui formée que posterieurement à l'interposition, à laquelle fin il fut dit qu'il seroit procedé à l'ajudication actuelle & finale des heritages, *sauf à lui à s'opposer à l'ordre pour y demander son tiers en argent*, & lui être ajugé si faire le devoit. Ce qui fut confirmé par l'Arrest que *les Avocats sur son appel arrêterent au Parquet de Messieurs les Gens du Roi, & qui après qu'il eut apparû de la procuration par lui passée devant les Tabellions de Foucarmont le 7 Octobre precedent* dont on n'explique point la teneur, *mit du consentement de M. le Procureur General & du sien son appel au néant* avec une amende moderée à 6 liv. & les dépens de la cause d'appel liquidés à 75 liv. à prendre en privilege comme de suite de decret.

On ne peut donc pas nous opposer cette Sentence qui a été rendue sur un défaut de formalité & qui d'ailleurs n'a pas absolument débouté le sieur de Mesnival fils de sa demande; ni l'Arrest qui doit être relatif au Jugement qu'il a confirmé; qui est un Arrest avisé au Parquet; qui a été rendu du consentement des parties; & dont la procuration passée par l'appellant dont on ne dit point le contenu a peut-être fait le fondement.

Ajoûtons un fait qui est de ma connoissance particuliere. J'ai travaillé en 1705 dans un procés pour la veuve & les heritiers de Messire David d'Escayeul Chevalier, Seigneur de S. Pierre-en-Val ajudicataire en 1665 de la Terre de Mesnival contre les enfans du sieur Bouchard partie saisie, qui les inquietoient dans leur joüissance & demandoient un tiers coûtumier sur cette Terre avec

restitution de fruits, où j'ai vû que les enfans disoient
que tout ce qui avoit été fait en 1665 & 1666 avoit été
fait de concert entre leur pere & ses créanciers, & que
si son fils aîné y avoit donné les mains, ç'avoit été par
autorité, & parce qu'il sçavoit bien qu'aux termes de
l'article 399 de la Coûtume il ne pouvoit rien faire qui
portât préjudice à son tiers coûtumier tant que son pere
seroit en vie. Le Parlement de Roüen qui a toûjours interêt de se conserver quelque empire dans le Comté
d'Eu n'a garde d'y condamner les loix de sa Province.
Aussi par un Arrest du 31 Août 1683 que j'ai dit être rapporté par M<sup>e</sup> Henry Basnage sur l'article 399 a-t'il jugé
qu'on y devoit admettre le tiers coûtumier.

On abuse du dispositif de l'Arrest du 1 Février 1700.
La Ferme de Bruneville appartenante à Claude de Bouges, & située dans le Comté d'Eu ayant été saisie réellement, l'ajudication en fut faite au Siege d'Abbeville
où l'affaire avoit été portée pour des raisons particulieres, au profit de M<sup>e</sup> André de Beaumont Lieutenant de
l'Amirauté, & Procureur fiscal du Comté d'Eu par Sentence du 9 Octobre 1676, *à la charge de l'opposition* formée
par Nicolas & François de Bouges enfans de la partie
saisie le 2 jour de Mars 1675 pour avoir distraction de
*leur tiers coutumier*, & de les en laisser jouir s'il échoit, &
s'il étoit ainsi dit & ordonné, au moyen de quoi diminution seroit faite à l'ajudicataire jusques à concurrence
sur le prix de son ajudication.

Ces deux particuliers à qui l'on avoit opposé en premiere instance l'Usage local du Comté d'Eu, interjetterent appel de l'ajudication, prétendans qu'il falloit
avant toutes choses prononcer sur leur opposition afin
de distraire, & de quelques autres Jugemens qui avoient
été

été rendus à l'ordre , & longues années après la Cour
étant faifie de ces appellations , ils demanderent *la déli-*
*vrance de leur tiers coûtumier en fond*, & aux charges de droit
contre le fieur de Beaumont ajudicataire qui mit en caufe les créanciers qui avoient touché le prix de fon ajudication , pour voir dire qu'ils feroient tenus de faire
valoir les payemens qui leur avoient été faits.

Outre les objections qui avoient été faites aux appellans devant les premiers Juges, on foûtint qu'indepen-
demment de l'Ufage local du Comté d'Eu , ils ne devoient avoir aucun tiers coûtumier , *parce que tout le prix*
*de l'ajudication fe trouvoit abforbé par les créances anterieures au*
*mariage de leur pere.* Ils méconnurent ce fait : & je conviens
que la Cour par fon Arreft les débouta de léurs oppofitions & demandes à fin de diftraire à l'égard du fieur
de Beaumont, & mit au néant l'appel qu'ils avoient interjetté de l'ajudication avec amende & depens.

Mais au même tems *elle convertit en oppofition* les appellations qu'ils avoient pareillement interjettées de l'ordre
provifoire du 2 Decembre 1676 , & pour y faire droit,
enfemble fur le furplus des demandes & conteftations
des parties , *& pour connoître fi les créanciers utilement colloqués*
*par l'ordre étoient anterieurs à la prétention du tiers coûtumier des*
*appellans* , elle renvoya les parties pardevant le Lieutenant General d'Abbeville ; enforte qu'on ne peut pas dire qu'elle ait rejetté l'Ufage du tiers coûtumier dans le
Comté d'Eu , *puifqu'elle a fait dépendre* la délivrance de celui de ces deux freres d'un calcul & de la qualité des
dettes que l'ajudicataire avoit payées.

L'Arreft qu'on dit avoir été rendu le 21 ou le 23 Mai
1721 en la Grand'Chambre au rapport de M. de Vienne
au profit de Jean le Griel contre Pierre Bezard & Marie-

Anne le Griel fa femme, n'eft point un titre qu'on puiffe raifonnablement oppofer.

Il eft vrai qu'on agita dans l'inftance la Queftion de fçavoir fi les *articles* 399 & 404 *de la Coûtume*, devoient avoir lieu dans le Comté d'Eu. Mais ce n'a point été par cette Queftion que la Cour s'eft déterminée à juger comme elle a fait.

Comme j'avois écrit dans le procès je puis bien certifier que le fort de la conteftation tomboit fur trois moyens principaux que l'ajudicataire troublé dans la poffeffion des biens dont il jouiffoit il y avoit plus de 30 années, prétendoit avoir établis. Le premier, que tout le prix de fon ajudication avoit été confommé par des dettes anterieures au mariage des pere & mere de la femme de Bezard, & de fes fœurs. Le fecond, que les enfans qui demandoient leur tiers coûtumier étoient heritiers, & jouiffoient d'une partie des biens de leur mere laquelle étoit heritiere de leur pere. *Et le troifiéme*, qu'ils étoient même en poffeffion de quelques immeubles qui avoient appartenu a leur pere; *qu'ils en étoient heritiers*; qu'ils avoient mis la main à la chofe; & que par confequent ils n'étoient plus en état de demander de tiers coûtumier. Et ç'a été fur ce dernier moyen que l'Arreft a été rendu.

Et comment Meffieurs de la Grand'Chambre auroient ils pû juger que les articles 399, & 404 de la Coûtume, ne devoient point être obfervés dans le Comté d'Eu, eux qui en ont formellement rejetté plufieurs fois les Ufages locaux, & notamment par les Arrefts qui ont été rendus au rapport de M. l'Abbé Robert le 14 Mars 1704, & le 25 Juin 1716? Ces deux Arrefts font rapportés *aux Chap.* X. & XV. & ils ont été rendus dans des inftances où il s'agiffoit de fçavoir fi l'on admettroit *le droit de Viduité* dans le Comté d'Eu, & fi contre la difpo-fition précife de l'article 270 de la Coûtume *le frere aîné y devoit avoir les deux tiers des biens fitués en Bourgage*, qui dans la Province fe partagent par portions égales entre freres.

Bien loin que l'Arreft du 3 Mars 1674 rendu dans le procès où Mademoifelle de Monpenfier avoit formé fa demande en intervention, foit favorable à la prétention de nos adverfaires, il lui eft tout-à-fait oppofé. *La Cour ayant dit* qu'il feroit furcis pendant un an à la publication qu'elle avoit ordonnée de fon Arreft du 13 Août 1672 rendu contre les Religieufes de Gomerfontaines, & qui avoit condamné un des Ufages prétendus locaux du Comté d'Eu, pour la rédaction defquels Mademoifelle pourroit fe retirer pardevers le Roi *afin d'obtenir de Sa Majefté les Lettres neceffaires à cet effet*, ç'a été ordonner que ces Coûtumes particulieres ne pourroient fubfifter fans Lettres du Prince ; fans l'Affemblée generale des Etats ; fans une rédaction en forme des articles arrêtés ; & fans une omologation du Confeil : *ce qui n'ayant point encore été fait jufqu'à prefent*, excepté l'obtention des Let-tres, emporte avec foi la confequence qu'on ne doit avoir aucun égard à ces Coûtumes, & ce d'autant plus que tous les Arrefts qu'on nous objecte furent produits, ou du moins oppofés lors de l'Arreft de 1674.

Rien n'eft plus autentique pour faire rejetter dans le Comté d'Eu la demande en declaration d'hypoteque que les Arrefts des 17 Juillet 1666, 1 Juillet 1669, 13 Août 1672, & 3 Mars 1674 que j'ai cités *au Chap.* XI., & je ne vois pas que ceux qu'on nous oppofe y puiffent donner atteinte.

J'avoüe que je n'ai point vû celui du 29 Mai 1646 ; mais à l'égard de celui du 19 Avril 1689 je puis bien aſſurer qu'on l'objecte mal à propos. Il eſt vrai qu'il maintient & garde ſur le fondement d'un tranſport de l'année 1655 Marie Paine veuve de Loüis le Grand en la poſſeſſion & joüiſſance des deux rentes qui faiſoient le ſujet de la conteſtation des Parties, ſauf à Meſſire Jacques de Pardieu Marquis de Maucomble, qui prétendoit les avoir comme créancier de la perſonne au profit de qui elles avoient été conſtituées à ſe pourvoir en déclaration d'hypotheque ; mais on ne voit point qu'on ait agité dans le Procès la queſtion ſi dans le Comté d'Eu cette action pouvoit être admiſe, ou non ; & d'ailleurs la Cour a par ce même Arrêt expreſſement reſervé la veuve du ſieur le Grand à propoſer ſes deffenſes au contraire, ce qui détruit totalement l'induction qu'on en voudroit tirer.

Celui du 29 Mars 1697 n'a rien auſſi qui merite attention : voici quelle en étoit l'eſpece. Par Contrat du 30 Avril 1685 Mademoiſelle de Monpenſier donna deux parties de rente dûes par Charles Reveil & par Gilles Fonard, l'une de 60 livres & l'autre de 66 livres aux Sœurs de la Charité du Bourg de Criel, qui en perçurent les arrérages pendant pluſieurs années. Jean Jacques Fleury Ecuyer, ſieur de Balcourt, qui prétendit que ces deux rentes avoient appartenu au ſieur Fleury ſon pere qui avoit été ſon Tuteur, & qui lui devoit une ſomme de 6000 livres, pour ce reliqua de ſon compte, forma contr'elles une demande en déclaration d'hypoteque, qu'elles eurent ſoin de denoncer à Monſieur Duc d'Orleans en ſa qualité de legataire univerſel de Mademoiſelle de Monpenſier, avec aſſignation en la

Cour où la demande avoit été portée , comme étant
une fuite d'une precedente affaire , pour fe voir condamner à la faire ceffer , & à les acquiter , garantir ,
& indemnifer de toutes les condamnations qui pourroient intervenir contr'elles : fur quoi intervint l'Arreft
par lequel il eft vrai que les deux rentes furent déclarées affectées & hypotequées au payement des 6000 l.
dûes au demandeur , & qu'en conféquence on les condamna à les déguerpir , difcution préalablement faite
des biens du fieur Fleury qui devoit cette fomme à fon
fils , & à rendre les groffes originales des Contrats de
conftitution qui leur avoient été mifes entre les mains
fauf leur recours contre Monfieur, qui fut condamné
par le même Arrêt à leur fournir ou faire fournir deux
rentes pareilles à celles en queftion franches & quittes
du droit d'amortiffement , fi mieux il n'aimoit les con-
tinuer lui - même , ce qu'il feroit tenu d'opter dans
deux mois.

Mais comme l'Arreft ne fut pas rendu à l'occafion
d'appel qui eût été interjetté de Sentence émanée des
premiers Juges , il n'éclaircit pas bien l'état des chofes
qu'il faudroit fçavoir pour connoître au vrai l'ufage
qu'on en peut faire. Il ne paroît point que les Sœurs
de la Charité de Criel ayent excipé de la Coûtume generale de Normandie , qui ne permet de dépoffeder
celui qui a joüi par an & jour que par la voie de la
faifie réelle ; que le fieur Fleury fe foit prévalu de l'u-
fage local du Comté d'Eu , & qu'on ait agité nôtre queftion. On ne voit point où les débiteurs des rentes
avoient leur domicile , où leurs biens étoient affis , s'ils
en avoient dans le Comté d'Eu , fi tous y étoient fituez ,
ou s'il y en avoit partie feulement ; ni le lieu de la de-

meure du fieur Fleury pere à qui les rentes avoient appartenu.

Tout cela feroit néceffaire à fçavoir , parce qu'en
Normandie tout ce qui concerne les rentes conftituées
fe regle par la Coûtume du lieu où les biens des débiteurs font affis , au lieu que dans les Coûtumes voifines
il fe regle par celle du domicile du créancier , & parce que les chofes fe pourroient trouver dans une telle
fituation , que la demande en déclaration d'hypoteque
étoit la véritable voie qu'il falloit prendre.

Il fe peut même faire que les deffendreffes qui étoient
perfuadées qu'elles ne pouvoient fe conferver la poffeffion des rentes au préjudice du demandeur ; qu'il leur
étoit plus avantageux d'avoir Monfieur pour débiteur
que ceux qui en étoient les redevables ; & qu'une faifie réelle les auroit plongées dans des frais immenfes
qui auroient rejailli fur elles , n'auroient pas voulu exciper des difpofitions de la Coûtume de Normandie
quand bien même elles en auroient eu le pouvoir , ce
qu'il auroit pourtant fallu qu'elles fiffent pour exciter
le demandeur à fe fervir de l'Ufage local du Comté d'Eu;
en forte qu'il n'y a pas moyen de faire une application jufte de cet Arrêt à nôtre efpece.

J'ai la copie de l'Arreft du 14 Aouft 1698 , mais on n'y
découvre pas une circonftance effentielle qui en rend
la citation inutile , & que j'ai apprife d'un de nos confreres qui connoiffoit toutes les Parties , & qui avoit
travaillé dans le Procès. La conteftation avoit commencé d'abord entre de Bouges & Theroude d'une
part , & le fieur de Pont d'autre. De Bouges fe deffendoit par la nullité de la demande en déclaration d'hypoteque , qui avoit été formée par de Pont : & à l'é-

gard de Theroude, il se défendoit par un autre moyen qu'il tiroit du fond. De Pont qui reconnut que de Bouges avoit pris la veritable voye qu'il falloit prendre pour s'assûrer du succès, parce qu'elle étoit conforme à la Jurisprudence des Arrests qui avoient été rendus sur cette matiere, s'accommoda avec lui, & fit ensuite juger le procès avec Theroude qui pour avoir perseveré dans son moyen qui ne fut pas trouvé legitime, & n'avoir pas objecté la nullité que de Bouges avoit opposée contre la demande en declaration d'hypoteque, succomba dans sa défense.

On void par l'Arrest du 22 Août 1702 que la dame Belin & le sieur de Martineville qui défendoient à la demande en declaration d'hypoteque de la dame Chevalier, ne faisoient pas consister leur défense à dire que cette action ne devoit point avoir lieu dans le Comté d'Eu, & qu'il falloit se pourvoir contre le sieur de Martineville par la voye de la saisie réelle de la Terre de Puysenval qu'on avoit dit par la Sentence qu'il déguerpiroit. Ils concluoient bien à ce que la dame Chevalier fût déboutée de sa demande à fin de déguerpissement ; mais ils tiroient leurs moyens du fond, & soûtenoient qu'elle devoit se pourvoir sur les biens aptenans, ou qui appartiendroient à son mari d'avec lequel elle étoit séparée quant aux biens, pour le payement de ses créances portées par sa Sentence de séparation.

J'avoue pourtant que le sieur de Martineville opposa dans le procès que la voye qu'on avoit prise pour le déposseder n'étoit pas reguliere, & que la dame Chevalier ayant répondu qu'elle étoit suivie dans le Comté d'Eu, il produisit plusieurs Arrests de la Cour qui en avoient condamné l'usage : mais ce fut dans le tems que l'affaire étoit ou alloit être mise sur le Bureau, & d'ailleurs le sieur Chevalier qui en poursuivoit le Jugement pour sa fille, & qui avoit interêt pour elle de faire confirmer l'usage qu'elle appelloit à son secours, m'a assûré que la Cour s'étoit déterminée par d'autres moyens, & par certaines raisons de faveur si remplies au même tems de Justice & d'équité qu'elles étoient capables de faire fléchir la séverité de la loi, quand elle se fût trouvée contraire par rapport à la forme aux interêts de sa fille.

Il ne faut point tirer avantage des autres qu'on dit avoir été rendus en 1707, 1713 & 1718, ils ont été donnez sur des circonstances particulieres de fait, ou par un deffaut d'instruction ; aussi par rapport à l'un puis-je bien certifier avoir vû le Procureur qui l'avoit obtenu, se glorifier dans le moment qu'il venoit d'être prononcé, d'avoir réussi contre son esperance, ce qu'il disoit être arrivé, parce que les écritures du Procès avoient été faites par un de ses confreres qui ne connoissoit pas la matiere ; & à l'égard du dernier, m'étant entretenu de sa décision avec M. le Rapporteur, & lui ayant dit qu'il étoit contraire à plusieurs autres qui en pareil cas avoient rejetté l'usage du Comté d'Eu, il est encore vrai qu'il me répondit que dans le procès on n'avoit rien dit de tous ces Arrests, ni de ce qui pouvoit servir à l'éclaircissement de cette matiere, ce qui arriva pareillement par la faute de celui qui avoit écrit pour la partie qui succomba.

Pour ce qui est des Arrests qu'on oppose pour fixer à 25 ans la majorité dans le Comté d'Eu, on a trés mauvaise grace de s'en vouloir servir.

Je demeure d'accord que par le premier qui est *du*

21 Mars 1682 rendu en la quatriéme Chambre des Enqueſtes au rapport de M. Ferrand, la Cour enterina des Lettres de Reſciſion obtenues contre un Contrat de vente d'une maiſon & braſſerie ſituées en la Ville d'Eu faite par une fille âgée de 22 ans ſeulement, & condamna Guillaume Rocquelin à délaiſſer ſon acqueſt. Mais il faut obſerver que cet acquereur *avoit declaré par écrit* dés le tems que les Parties étoient en premiere Inſtance *qu'il n'empechoit point l'enterinement des Lettres & que les parties ne fuſſent remiſes en tel & ſemblable état qu'elles étoient avant le Contrat*, pourvû qu'on lui rembourſât les deniers qu'il juſtifieroit avoir été par lui payez legitimement avec ſes frais, & les ameliorations qu'il prétendoit avoir faites; *qu'il perſevera dans ſes offres & conſentèmens* en cauſe d'appel; que la Cour ordonna qu'il lui ſeroit déduit pluſieurs ſommes, du nombre de celles dont il avoit demandé la déduction; qu'elle interloqua ſur les autres; & qu'elle prononça que l'Arreſt *ne pourroit tirer à conſequence, & qu'il ſeroit montré au Procureur du Roy ſur les nouveaux uſages introduits dans le Comté d'Eu contre la diſpoſition de la Coûtume de Normandie, les anciens uſages de la Province, & l'execution des Arreſts, pour ſur ce intervenant requerir ce qu'il appartiendroit.*

Et comment la Cour en la quatriéme Chambre des Enqueſtes, auroit-elle pû approuver un uſage contraire au texte du vieil Coûtumier de la Province, elle qui avoit rendu non ſeulement l'Arreſt du 13 Août 1672 dont elle avoit ordonné *la lecture & publication* l'audience du Baillage d'Eu tenante, & par lequel elle avoit rejetté la demande en declaration d'hypoteque comme contraire à la Juriſprudence du Parlement de Normandie & à l'art. 120. du Reglement general de 1666, mais

encore l'Arreſt du 3 Mars 1674, qui en ordonnant l'execution du precedent , n'accorda qu'une ſurſéance d'une
année pour la lecture , pendant laquelle Mademoiſelle
de Monpenſier , dont les Religieuſes de Gomerfon.
taines avoient imploré le ſecours , pourroit ſe retirer pardevers le Roy *pour obtenir les Lettres* neceſſaires pour la
redaction de ſes Coûtumes locales ?

Il y a dans l'Arreſt du 1 Avril 1683 , une reſtriction
pareille à celle qui ſe trouve employée dans le precedent. Nicolas Aſſegond qui l'obtint en la deuxiéme
Chambre des Enqueſtes , obtint des Lettres de Reſciſion en 1676 contre un Contrat qu'il avoit paſſé à l'âge
de 24 ans au mois de Juin 1673 , par lequel il s'étoit obligé au payement , cours , & continuation de 40 livres de
rente moyenant 800 livres qu'il avoit reconnu avoir
reçûes de François Viot tuteur des enfans mineurs de
Pierre Viot & de Marie Richebraque , & pour moyens
de reſciſion il alleguoit que ſuivant la Coûtume locale du
Comté d'Eu , *il étoit mineur* dans le tems de la paſſation du
Contrat ; que d'ailleurs c'étoit une ſurpriſe manifeſte
qui lui avoit été faite par Jacquemel ſon oncle & par
Viot qui étoient de concert pour le tromper ; qu'il étoit
à la verité porté par le Contrat qu'il avoit reçû les 800
en argent comptant ; mais qu'il n'y étoit point dit que
cette ſomme lui eût été baillée pour acquiter aucunes
dettes de la ſucceſſion de ſon pere ou de celle de ſa
mere ; qu'il n'y avoit point de ſtipulation d'employ ; &
qu'il n'en avoit pas reçû une obole ; que c'étoit Jacquemel qui d'intelligence avec Viot avoit abuſé de ſa facilité ; que cet oncle n'étoit point ſon curateur ; qu'il n'a-
voit ſigné le Contrat qu'en qualité de témoin ; que par
une Sentence du 20 Novembre 1670 rendue au Bail-

liage d'Eu Jacques Affegond fon frere & lui avoient été émancipez d'âge fous la curatelle de Nicolas Hallé fans l'avis duquel il avoit été dit qu'ils ne pourroient vendre ni aliener leurs biens qu'ils n'euffent atteint l'âge de 25 ans; enfin que Jacquemel qui l'avoit conduit en cette affaire étoit un homme de fi mauvaife foy, qu'abufant de la procuration qu'il lui avoit donnée pour recevoir fon revenu pendant qu'il étoit à Paris où il s'étoit retiré pour apprendre le commerce, il avoit vendu une partie de fon bien, & difpofé de fes titres & papiers pour une fomme de 1000 livres, ce qui l'avoit obligé de le pourfuivre & d'obtenir Sentence par laquelle il l'avoit fait condamner à lui en faire la reftitution avec dommages & interefts.

Par Sentence rendue au Baillage d'Eu le 6 Mars 1676, les Lettres furent enterinées, & fur l'appel qui en fut interjetté par Viot, la Cour mit l'appellation au néant avec amende & dépens. Mais ne fut-elle point déterminée par quelques unes de ces circonftances, & fur tout par la furprife énorme qui avoit été faite à l'Intimé? L'art. 38. du Reglement general fait au Parlement de Roüen en 1666 qui eft l'interpretation du vieil Coûtumier, de la nouvelle Coûtume, & des anciens Reglemens, porte bien que toute perfonne née en Normandie, foit mafle ou femelle eft cenfée majeure à 20. ans accomplis, & peut aprés ledit âge vendre & hypotequer fes biens meubles & immeubles fans efperance de reftitution; mais il ajoûte au même tems ces mots, *finon pour les caufes pour lefquelles les majeurs peuvent eftre reftituez.* Une furprife de la nature de celle qui avoit été faite à l'Intimé qui prétendoit n'avoir reçû aucune chofe des 800 livres, n'auroit-elle pas été capable de faire écouter les plaintes d'un majeur , le dol , la fraude , la mauvaife foy , & une lezion du tout au tout paroiffant manifeftement ? Quoiqu'il en foit il y a eu du particulier dans cet Arreft ; auffi la Cour aprés avoir mis l'Appellation au néant ajoûta, *& ce fans tirer à confeqnence.*

Ce fut en la cinquiéme Chambre des Enqueftes que l'Arreft du premier jour de Juin 1696 fut rendu : mais les circonftances qui l'accompagnent en rendent la citation trés infructueufe.

Mᵉ François Vildor Grenetier au Grenier à Sel de la Ville d'Eu époufant en feconde nôces damoifelle Marie Cantel fixa par fon contrat de mariage le douaire à 400 livres par chacun an. Quelques tems aprés il mourut , & laiffa pour fon préfomptif heritier François Vildor , qu'il avoit eu de fon premier lit. Ce fils étant mineur on lui donna pour Tuteur Jean Vildor qui confentit à l'execution du contrat de mariage , & fouffrit que la veuve fe fit payer de fon doüaire ainfi qu'il avoit été ftipulé.

Il arriva même que le fils étant en poffeffion de fes revenus , chargea dans un tems qu'il avoit plus de 20 ans accomplis un fermier , qui par un compte fait avec lui s'étoit trouvé redevable de quelques fommes , de les payer à fa belle-mere , en déduction de ce qui lui étoit dû de fon douaire de 400 livres par chacun an.

Mais dans la fuite il prétendit que ce douaire excedoit le tiers des biens dont fon pere joüiffoit au tems de fon mariage , & que par confequent on ne pouvoit le forcer à le payer fuivant la difpofition de la Coûtume ; ce qui fit la matiere d'une conteftation entre lui & la belle-mere , qui s'appuyant fur les actes paffez par fon tuteur & par lui , prétendit qu'il étoit non recevable à lui difputer fes 400 l. fur quoi Sentence intervint au Bailliage d'Eu le 1 Decembre 1694 , par laquelle il fut dit que fans avoir égard aux fins de non recevoir propofées par la belle-mere dont elle fut déboutée , il feroit procedé aux lots à douaire des biens ayant appartenu à fon mari, & qu'à cet effet les parties conviendroient d'Experts pour faire la liquidation & eftimation du revenu du tiers defdits biens qu'elle pouvoit legitimement prétendre pour fon doüaire ; laquelle eftimation feroit faite eu égard aux baux des heritages tels qu'ils étoient lors du décès de fon époux.

Elle n'appella point de cette Sentence : François Vildor fut le feul qui s'en rendit Appellant , & même incidemment il prit des Lettres de récifion contre les actes qui avoient été paffez tant par fon tuteur que par lui , & pourfuivit l'enterinement de ces Lettres , contre lefquelles fa belle-mere fournit auffi-tôt des deffenfes que j'ai vûes , par lefquelles elle reprefenta que c'étoit fort inutilement qu'il s'étoit pourvû contre ces actes *qui ne fubfiftoient plus, puifque le Juge d'Eu n'y avoit point eu egard par la Sentence dont elle n'eftoit point Appellante, ce qui lui devoit bien faire connoître qu'elle ne pretendoit point s'en prevaloir* ; que cependant puifqu'il lui oppofoit la Coûtume de Normandie qui regloit le douaire de la femme au tiers des biens de fon mari, il ne devoit pas trouver mauvais qu'elle s'en fift un moyen contre lui qui avoit approuvé fon Contrat de mariage depuis qu'il avoit atteint fa vingtiéme année ; mais enfin qu'elle ne vouloit point *s'oppofer à l'enterinement des Lettres*, pourvû qu'on mift refpectivement toutes les parties au même état où elles étoient avant les actes, *ce qu'elle réïtera* par une Requête du 28 Mai 1696 , par laquelle elle en demanda précisément acte *& en forma la demande.*

Cette Requête est inférée dans l'Arrêt qui suivit, par lequel il fut ordonné qu'avant faire droit sur la demande de François Vildor à fin de reduction du douaire, il seroit fait estimation par experts du revenu du tiers des biens laissez par son pere, eu égard à ce qu'ils pouvoient valoir de revenu au tems de son décès, par rapport aux forces & charges de la succession : & faisant droit sur les Lettres de récision de Vildor, sa demande à fin d'enterinement, & celle de sa belle-mere portée par sa Requête du 28 Mai, les parties furent remifes en tel & semblable état qu'elles étoient avant les actes contre qui les Lettres avoient été prises.

Ce n'a donc pas été la minorité du sieur Vildor qui a servi de fondement à l'Arrêt ; ç'a été *l'acquiescement* formel de sa belle-mere à la Sentence du 1 Decembre 1694, *& sa declaration* portée par ses deffenses, & réiterée par sa Requête qu'elle consentoit à l'enterinement des Lettres. *A joindre* que le sieur Vildor étoit extremement favorable dans sa demande touchant la reduction du doüaire, la Coûtume de Normandie ne permettant pas de donner en douaire à la femme au delà du tiers de ses biens ; quelques-uns des actes qu'il attaquoit par ses Lettres ayant été faits par son tuteur, qui ne pouvoit pas lui préjudicier ; & les autres ayant été passez par lui dans un tems qu'il n'avoit pas encore une pleine connoissance des forces & des charges de la succession de son pere, parce que son tuteur ne lui avoit point encore *rendu compte* de son administration, & ne lui en avoit point mis les titres entre les mains.

La datte de l'Arrêt qu'on dit avoir été rendu à son profit en la Grand'Chambre m'est échapée de la memoire ; mais il est de ma connoissance qu'il m'a dit lui-même qu'il n'avoit point jugé la question ; ce qu'on peut dire aussi de celui du 11 Avril 1701 , qui ne contient rien qui puisse faire presumer en la moindre façon qu'on ait agité la matiere , & qui bien loin d'avoir été rendu en faveur du sieur Vildor , prononce differentes condamnations contre lui , avec la moitié de tous les dépens tant des causes principales que d'appel , & des incidens sans avoir égard à ses fins de non reçevoir ; en sorte que si elles étoient tirées de ce qu'il étoit mineur , suivant l'Usage local du Comté d'Eu , la Cour se trouveroit avoir condamné cet Usage : & comment l'auroit-elle approuvé , puisqu'il est contraire au propre texte du vieil Coûtumier qui a regi le Comté d'Eu , & qu'elle a tant de fois rejetté ceux qui ne sont pas conformes aux dispositions de la Coûtume nouvelle.

Cet question au surplus ne peut point avoir été plus disertement jugée qu'elle l'a été par lArrest du 5 Avril 1721 rendu au rapport de M. Tubeuf en la cinquiéme Chambre des Enquêtes. Cet Arrest a été donné au profit de Catherine & de Marie-Jeanne Monnier contre Charles Monnier leur frere ; & je l'ai rapporté *au Chap.* XIV.

Si l'on sçavoit l'espece de l'Arrest du 14 Juillet 1701 par lequel on dit qu'il a été jugé contre l'article 505 de la Coûtume generale que des grains excrus sur un territoire situé dans le Comté d'Eu n'étoient pas meubles après le jour de S. Jean-Baptiste jusqu'à ce qu'ils fussent sciés & coupés, on ne l'opposeroit pas. J'en ai rapporté l'espece au Chap. XVII. où j'ai montré qu'il n'avoit aucunement jugé la Question.

Ce n'eſt pas raiſonner juſte lorſqu'on dit que Mᵉ Henry Baſnage n'a point déſaprouvé les Coûtumes locales du Comté d'Eu, ſur le fondement qu'il en a parlé dans ſon Commentaire ſur l'article 164 de la Coûtume de Normandie, & qu'il a dit qu'en cette Province l'aide de relief n'étoit dû qu'en cas de decès, & qu'au Comté d'Eu il étoit dû à toutes mutations, & ſous prétexte qu'il en a fait encore mention ſur *les articles 173 & 383 de ſon Commentaire.*

La remarque de ce Commentateur eſt bien une preuve qu'il s'y eſt gliſſé des Uſages qui ne ſe rapportent pas aux diſpoſitions de la Coûtume generale, mais elle n'eſt pas un témoignage de ſon approbation. *Bien loin d'avoir approuvé* ces Coûtumes, il rapporte ſur *l'article* 399 l'Arreſt du 31 Août 1683 qui a jugé qu'en execution de cet article qui fut ajoûté lors de la réformation de la Coûtume les enfans qui renonçoient à la ſucceſſion de leur pere devoient avoir un tiers coûtumier ſur les immeubles ſitués dans le Comté d'Eu, *& ſur l'article* 546 l'Arreſt du Parlement de Paris du 13 Août 1672 qui condamnant l'action en declaration d'hypoteque qui s'étoit introduite en ce Pays là, jugea que ſuivant l'article 120 du Reglement general de 1666 le tiers détempteur n'y pouvoit être dépoſſedé que par la voye de la ſaiſie réelle, comme dans tout le reſte de la Province.

Pour éviter la longueur & la repetition je ne m'arrêterai point à répondre en particulier à toutes les objections qui nous ſont faites touchant les Arreſts des 17 Juillet 1666, 1 Juillet 1669, 13 Août 1672, & 3 Mars 1674 ; 9 Mai 1676, & 16 Février 1692 ; 28 Juillet 1699 ; 22 Decembre 1682, & 7 Septembre 1701 dont les quatre premiers ont ſtatué ſur des demandes *en declaration d'hypoteque.*

Le

Le cinquiéme & le sixiéme sur des demandes en délivrance *de tiers coûtumier.* Le septiéme sur le fait de la majorité ; & les deux derniers sur des prétentions de maris
qui reclamoient *leur droit de Viduité* sur les biens de leurs
femmes, il me semble qu'elles se trouveront refutées si
l'on veut bien se donner la peine de concilier ce que j'ai
dit en expliquant les especes dans lesquelles ils ont été
rendus, avec les réponses que j'ai faites aux inductions
qu'on tire de ceux qu'on nous oppose.

Disons seulement que ce n'est pas sans raison qu'on
regarde comme des titres avantageux pour nous les Arrests de 1697, 1698, & 1699 par lesquels M. le Duc du
Maine a fait renvoyer au Bailliage d'Eu *les Saisies réelles*
de plusieurs Terres situées dans son Comté. J'avoue que
ces Arrests ont eu pour principe les privileges de la Province confirmés par les Lettres Patentes de 1604, &
1614. Mais il faut convenir aussi que ces Lettres ont eu
pour fondement en partie l'*art.* 594 de la Coûtume generale qui est du nombre de ceux qui furent ajoûtés au
titre des executions par decret dans la nouvelle revi-
sion qui en fut faite en 1600 en consequence des Lettres obtenues en 1599 par les Etats *où le Comté d'Eu avoit
été nommément compris* comme dans celles de 1577, &
1582.

L'Arrest du 29 Avril 1698 qui a confirmé *le don mobil*
fait au sieur Paon par la dame son épouse d'une partie
des biens qu'elle possedoit dans le Comté d'Eu, quoiqu'il n'eût pas été insinué, milite encore tout-à-fait pour
nous, parce qu'il a eu pour motif l'*art.* 74 du Reglement de 1666 dont les habitans du Comté d'Eu sont du
moins forcés de reconnoître les dispositions dans les
choses qui ne sont pas contraires à leurs Usages.

Tt

Enfin il eſt ridicule de vouloir inſinuer que la Cour en ſe conformant à l'Uſage local du Comté d'Eu , & en rejettant l'article 270 de la Coûtume generale , a jugé par ſon Arreſt du 23 Août 1701 que les ſieurs de Verton freres ne partageroient pas également l'Office de Grenetier au Grenier à Sel de la Ville d'Eu qui avoit appartenu à leur pere , & que l'aîné en auroit les deux tiers, & le puîné l'autre tiers.

Y a-t'il de l'apparence qu'elle eût approuvé un Uſage prétendu local dans le tems qu'elle en condamnoit expreſſément un , & ordonnoit en faveur de la femme de Mᵉ André de Beaumont , auparavant veuve du ſieur de Chiffreville , l'execution de l'article 329 de la Coûtume qui donne à la femme moitié en proprieté dans les conquets qui ont été faits en Bourgage ? Et peut on s'imaginer qu'elle eût admis & rejetté par le même Arreſt & entre les mêmes parties cet art. 270 qui porte que les freres partagent également dans toute la Province les biens ſitués en Bourgage , & en conſequence duquel elle a ordonné que les ſieurs de Verton partageroient par portions égales une Maiſon ſciſe en la Ville d'Eu , & des rentes conſtituées dûes par des perſonnes dont tous les biens y étoient aſſis.

Quand d'ailleurs elle auroit dit par ſon Arreſt que les deux tiers de la charge appartiendroient à l'aîné , & l'autre tiers au puîné , elle ne l'auroit ſelon toutes les apparences ainſi jugé que par la raiſon qu'elle n'auroit pas conſideré la Charge comme un bien ſcis en Bourgage, ce qui ne ſeroit pas fort extraordinaire , puiſque l'article 72 du Reglement general de 1666 qui eſt un interprétation de l'article 329 de la Coûtume , & qui regle la part que la femme a dans les Offices acquis pendant le mariage, ne luy donne que le tiers par ufufruit qui eft la portion que l'article 329 de la Coûtume generale lui donne dans les conquêts faits hors Bourgage, à l'exception de ceux qui font au Bailliage de Gifors où elle a la moitié en proprieté, & de ceux qui font fitués au Bailliage de Caux ou elle prend la moitié en ufufruit.

Enfin ce qui décide à cet égard eft l'Arreft des Bonnets que j'ai rapporté au Chapitre XV. par lequel il fut *folemnellement* jugé le 25 Juin 1716 en la Grand'Chambre au rapport de M l'Abbé Robert que *l'article* 270 de la Coûtume qui donne à tous les freres part égale dans les biens de cette qualité feroit exactement fuivi dans le Comté d'Eu.

Concluons donc que c'eft le texte de la Coûtume generale de Normandie qui doit regir les habitans du Comté d'Eu, & qu'il ne faut faire à cet égard aucune difference entre les articles qui font d'ancienne difpofition, & ceux qui furent ajoûtés lors de la reformation de la Coûtume. Auffi eft-ce le Sentiment de M<sup>e</sup> René Chopin fur *la Coûtume d'Anjou. Part.* 2 *de fes Remarques communes. Queft.* 4.

Quant à moi j'eftime que cette opinion eft la plus conforme aux principes. Le Comté d'Eu fait conftamment partie du Duché de Normandie ; il a été fujet à l'ancienne Coûtume de la Province ; il a été compris dans les Lettres accordées pour la rédaction de la nouvelle ; il y a été appellé ; fes habitans ont pareillement étés affignés pour affifter à la rédaction des Ufages locaux qui s'étoient introduits dans plufieurs Bailliages, Vicomtés, & Châtellenies ; les Commiffaires ont donné des Jugemens contr'eux ; & le Parlement de Paris a décidé dans une infinité de cas qu'ils devoient fuivre la

Coûtume generale de Normandie, nonobſtant leurs Uſages prétendus locaux ; ſur quel fondement donc voudroient-ils s'en deffendre ? Ces Uſages contraires à la Coûtume n'ont point été redigez par l'ordre du Prince, ni omologuez par aucun Arrêt du Conſeil ; & M. le Duc de Guiſe, Mademoiſelle de Monpenſier, & M. le Duc du Maine ont bien ſenti qu'ils ne pouvoient être d'aucune autorité ſans Lettres, ſans nomination de Commiſſaires, ſans aſſemblée des Etats, ſans redaction, & ſans Arreſt d'omologation.

*Sentence d'Aumale, du 16. Juin 1666.* L'AN de grace 1666. le 16. jour de Juin à Aumale, &c. *Lecture faite,* &c. Il eſt dit, &c. que ledit ſieur de Menilval fils eſt débouté *de ſon oppoſition,* à laquelle fin ſera procedé à l'ajudication actuelle & finale deſdits heritages, &c. ſauf à lui à s'oppoſer à l'état, pour prétendre *ledit tiers en argent* lui être jugé, ſi faire ſe doit, ſans dépens. Si donnons en mandement, &c.

*Arreſt du 23. Decembre 1666.* LOUIS, &c. après qu'il eſt apparu de la Procuration paſſée par ledit Bouchard devant les Tabellions de Foucarmont le 7. Octobre dernier, *appointé a été* du conſentement du Procureur General & deſditès Parties comparentes comme deſſus, que l'Appellation a été & eſt miſe au néant, en payant par ledit Bouchard l'amende moderée & taxée à la ſomme de ſix livres ; ſortira la Sentence ſon plein & entier effet, & ſera executée ſelon ſa forme & teneur, nonobſtant oppoſitions & appellations quelconques, avec depens de la cauſe d'Appel auſquels ledit Bouchard a été condamné, moderez à la ſomme de 75 livres, à prendre en privilege comme de ſuite de decret, ſauf le recours des oppoſans & non entrans ſuivant leurs ordres ; à laquelle fin les parties renvoyées devant le Vicomte d'Aumale pour être tiré outre audit decret, ſuivant les derniers erremens. Si donnons en mandement, &c. Donné, &c. le 23. Decembre 1666. &c.

F I N.